한국사능  모든 것
1위 해커스한국사

D-3 막판정리 LIVE

◀ 지금 바로 구독

추첨
제공

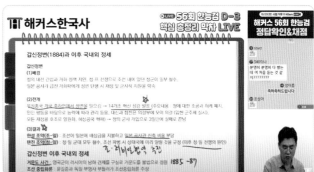

* 제공 상품은 회차별로 상이할 수 있습니다.

시험 당일 가답안 공개 & 라이브 해설까지!

21회 연속
정확도 100%
답안 공개

YouTube 또는 NAVER 에서 　해커스한국사 ▾ 검색

해커스

이명호

스토리로 암기하는

한국사
능력검정시험

심화
[1·2·3급]

상
선사-조선

해커스한국사

한국사능력검정시험을 준비하는 모든 수험생 여러분들에게

안녕하세요. 역사 전문가 이명호, 명호쌤입니다.

한국사를 가르치다 보면 한국사 과목 때문에 어려움을 겪는 많은 수험생들을 만나게 됩니다.

수험생들이 한국사 공부를 어려워하는 가장 결정적 이유는 바로 '암기'입니다.

수많은 나라 이름들, 인물 이름들, 엄청난 연도들 때문에 '이걸 정말 공부해야 되나' 싶기도 할 것입니다.

한국사는 왜 또 그렇게 '비교'가 많은가요. 삼국을 서로 비교하고, 고려와 조선을 비교하고, 심지어 조선 전기와 조선 후기도 비교합니다. 우리는 '비교'를 통해 각 시대의 특징이 무엇이 다른지 알아야 합니다.

암기를 잘하기 위해 가장 필요한 것이 바로 '이해'입니다. '이해'없는 '암기'는 없습니다.

그래서 저는 한국사를 어려워하는 학생들에게 '한국사는 재미있고, 한국사만의 공부 방법이 있다'는 것을 알려주고자 『해커스 이명호 스토리로 암기하는 한국사능력검정시험 심화』를 출간하게 되었습니다.

『해커스 이명호 스토리로 암기하는 한국사능력검정시험 심화』는 다음과 같은 특징이 있습니다.

1 명호쌤만의 스토리텔링 방식으로 개념을 설명합니다.

2 두 사건 사이의 일어난 사실을 알 수 있도록 정리되어 있습니다.

3 '이해'에 꼭 필요한 한자의 뜻을 풀이하여 서술합니다.

4 기출 문장 자체로 본문이 구성되어 있습니다.

『해커스 이명호 스토리로 암기하는 한국사능력검정시험 심화』를 통해

'한국사 참 재미있네!, 한국사능력검정시험도 잘 볼 수 있겠어!'라고 기대하게 된다면 저도 참 기쁠 것입니다.

여러 번 읽기만 해도 점수가 올라가는 신나는 경험을 하게 되길 바라며,

여러분 모두가 원하는 목표를 꼭 달성하시길 기원합니다. 모두 파이팅!

2022년 7월

이명호

차례

이 책의 구성과 활용법

① 스토리로 흐름과 기출 개념 한 번에 공부하기

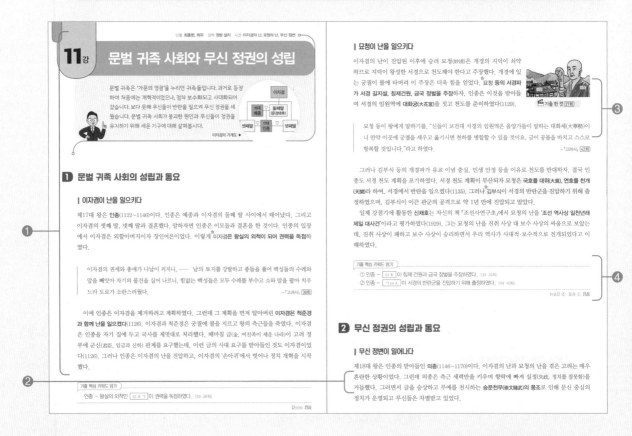

❶ 스토리텔링 서술

· 개념 학습 전, 해당 강(단원)에서 배울 주요 인물, 정책, 사건 등의 키워드가 제시되어 있어, 이번 강에 대해 무엇을 배울지 가볍게 확인할 수 있어요.

· 전체 사건과 역사적 사실들을 흐름에 맞게 스토리텔링 방식으로 서술했어요.

· 스토리를 사건 전후의 배경과 역사적 흐름으로 정리해 두 사건 사이의 일어난 사실을 쉽고 재미있게 알 수 있어요.

❷ 한자 뜻풀이

어려운 한자의 뜻을 풀어 설명해주어 개념을 정확하게 이해하며 암기할 수 있어요.

❸ 기출 문장·기출 사료·기출 삽화

· 본문 내용을 기출 문장으로 구성해 스토리를 읽기만 해도 기출 문제를 풀어본 효과를 느낄 수 있어요.

· 본문 이론에 관련 기출 사료와 삽화를 함께 구성해 스토리를 읽으며 자연스럽게 기출된 요소들을 익힐 수 있어요.

❹ 기출 핵심 키워드 암기

각 주제와 관련 있는 기출 문장을 초성 퀴즈로 풀며, 핵심 키워드를 한 번 더 암기할 수 있어요.

② 빈출 개념만 모아 암기하기

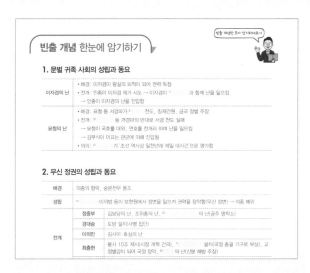

빈출 개념 한눈에 암기하기

· 매 강마다 빈출되는 핵심 개념만 모아 표로 요약 정리해 놓았어요.

· 스토리로 본문 이론을 학습한 후, 빈출 개념만 다시 한번 복습하며 암기할 수 있어요.

· 핵심 키워드를 빈칸에 채우며 스스로 암기했는지 점검해보세요.

③ 퀴즈와 대표 기출 문제로 실전 연습하기

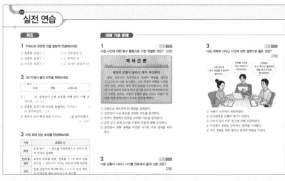

퀴즈와 대표 기출 문제

· 연결하기, 빈칸, 초성 등 다양한 유형의 퀴즈를 가볍게 풀면서 핵심 키워드를 제대로 암기했는지 점검할 수 있어요.

· 대표 기출 문제 풀이를 통해 합격 실력과 실전 감각을 한 번에 끌어올릴 수 있어요.

정답 및 문제풀이 방법

· 학습한 개념을 문제에 적용하는 방법을 알려주는 친절한 문제풀이 방법(첨삭 해설)을 꼼꼼히 확인 하면서 합격 실력을 완성해 보세요.

· '또 나올 암기 포인트'를 통해 빈출되는 핵심 포인 트만 빠르게 한 번 더 암기할 수 있어요.

I. 선사 시대

기원전	**BC 70만 년**	구석기 시대 시작
	BC 8천 년경	신석기 시대 시작
	BC 2333	고조선 건국
	BC 2천 년경	청동기 보급 (청동기 시대 시작)
	BC 5C경	철기 시대 시작
	BC 4C경	고조선의 성장
	BC 3C 초	연나라 장수 진개의 고조선 침입
	BC 194	위만 조선 성립
	BC 108	고조선 멸망

01강 선사 시대의 생활

구석기 시대에는 어디에서 살았을까요? 토기는 언제부터 만들었을까요? 고인돌은 어느 시대에 만들어진 무덤일까요? 계급, 사유 재산, 신앙, 국가 등은 도대체 어떤 과정을 통해 만들어졌을까요? 우리는 주먹도끼·가락바퀴 등 각 시대의 대표적인 유물을 보며 이런 질문들에 답할 수 있을 것입니다.

고인돌 ▶

1 구석기 시대

▌ 뗀석기를 사용하고 이동하며 생활하다

우리나라에 '사람'이 살기 시작한 것은 약 70만 년 전부터로, 이 시기를 구석기 시대라 한다. 구석기 시대에는 돌을 깨뜨려서 사용했는데, 깨진 돌조각의 날카로운 부분으로 사냥을 하기도 하고 음식을 조리하기도 했다. 이렇게 돌을 깨뜨려 만든 도구를 '**뗀석기**'라고 한다. 뗀석기는 찍개, 찌르개, 긁개, 밀개 등 도구의 명칭 뒤에 '~개'를 붙이는 경우가 많았으며, 구석기 시대의 가장 대표적인 뗀석기로는 주먹도끼와 찍개가 있다. 구석기 시대가 끝나갈 무렵에 '~개'가 하나 더 등장하였는데. 바로 사냥을 위한 슴베찌르개이다. 슴베란 볼펜 심처럼 뾰족한 돌조각으로, 구석기 시대 사람들은 아마도 뾰족한 슴베 뒤에 긴 나무 막대를 달아 '창'처럼 던졌을 것이다.

슴베찌르개

구석기 시대 사람들은 식량을 찾아 **이동 생활**을 했기 때문에 주로 동굴에 살았으며, **사냥**과 **채집**으로 배를 채웠다. 그래서 유명한 구석기 시대 유적에는 평남 상원 검은모루 동굴, 청원 두루봉 동굴 등 '동굴' 유적지가 많다. 또한 구석기 시대 사람들은 막집에 살기도 했는데, 막집은 제대로 된 집은 아니고 나뭇가지와 가죽 등으로 만든 '텐트' 같은 집이다.

기출 핵심 키워드 암기

① 구석기 시대 – 대표적인 도구로 ㅈㅁㄷㄲ , ㅉㄱ 등을 제작하였다. [49회]

② 구석기 시대 – 사냥을 위해 ㅅㅂㅉㄹㄱ 를 처음 제작하였다. [37회]

③ 구석기 시대 – 주로 ㄷㄱ 이나 ㅁㅈ 에서 거주하였다. [58·55회]

정답 ① 주먹도끼, 찍개 ② 슴베찌르개 ③ 동굴, 막집

❙ 아슐리안형 주먹도끼가 발견되다

1970년대에 **경기 연천 전곡리**에서 구석기 시대의 주요 유물인 아슐리안형 주먹도끼가 발견되었다. 이 발견은 동아시아에는 찍개 문화만 존재하였고 주먹도끼 문화는 존재하지 않았다는 미국 고고학자 모비우스(Movius)의 학설을 뒤집는 증거가 되었다.

주먹도끼

2 신석기 시대

❙ 간석기를 사용하다

우리나라의 신석기 시대는 기원전 8천 년경부터 시작되었다. **제주 한경 고산리 유적**이 바로 기원전 8천 년경의 유적으로 가장 오래된 신석기 시대 유적 중의 하나이다. 신석기 시대 사람들은 돌을 갈아서 만든 '**간석기**'를 사용했는데, 돌을 깨뜨려 운이 좋으면 원하는 모양을 얻는 구석기 시대보다 한층 발전한 것이었다.

갈돌과 갈판

❙ 농경과 목축을 시작하다

신석기 시대에는 **농경**(아직 벼농사는 시작되지 않음)과 **목축**을 시작하여 식량을 생산하였다. 사람들은 조, 피, 수수와 같은 잡곡류를 경작하기 시작했고, **돌괭이·돌삽·돌보습** 등의 농기구, **갈돌과 갈판** 등의 조리 도구를 사용하였다.

어떤 학자는 구석기 시대에서 신석기 시대로 넘어가는 것을 혁명(레볼루션!)이라고 부르기도 한다. 왜냐하면 농경을 시작하면서 자연스럽게 '**정착 생활**'을 **시작**했고, 이것은 삶의 전반에 변화를 가져왔기 때문이다.

첫째, 정착하면서 **강가나 바닷가**에 튼튼한 '**움집**'을 짓기 시작했다. 구석기 시대에는 겨우 '막집'을 지었지만, 이제 제대로 된 집을 짓기 시작한 것이다. 특히 신석기 시대에는 바닥이 원형이고, 화덕이 중앙에 있으며, 바닥이 깊은 움집을 지었다.

둘째, **토기**를 만들어 사용했다. 신석기 시대 사람들은 특히 바닥이 뾰족한 **빗살무늬 토기**를 만들어 식량을 저장하였다. 바닥이 뾰족하므로 빗살무늬 토기를 강가나 바닷가의 모래에 '푹' 파묻어 놓고 사용했을 것이다. 한강 변에 있는 신석기 시대 유적인 **서울 암사동 유적**에서도 빗살무늬 토기가 많이 발견되었다.

빗살무늬 토기

셋째, 사람들은 더 이상 동물의 가죽으로 몸을 덮는 것이 아니라 '옷'을 만들기 시작했다. '가락바퀴'로 실을 뽑고, '뼈바늘'로 바느질을 해서 다소 엉성한 그물이나 옷을 만들었다.

가락바퀴

| 계급이 없는 평등한 사회이다

신석기 시대에도 아직 **계급은 생기지 않았다**. 먹고 남은 '잉여 생산물'을 가진 정도에 따라 계급이 생겨나게 되는데, 신석기 시대에는 아직 사람들이 탐낼 정도의 '잉여 생산물'이 없었기 때문이다. 그래서 연장자나 경험이 많은 사람이 무리를 이끌면서 **평등한 공동체 생활**을 하였다.

3 청동기 시대

| 청동기가 보급되다

청동은 구리에 주석이나 아연을 섞은 합금이다. 고대의 사람들이 이렇게 합금을 만들었다는 것은 실로 놀라운 일이다. 한반도에는 기원전 2,000년에서 기원전 1,500년 사이에 청동기가 보급되었다. 그리고 밭농사가 농경의 중심이었으나 일부 저습지에서 **벼농사가 시작**되었다. 청동기 시대에는 재배되는 작물의 종류도 늘어났고 농기구도 다양해졌는데, 그중 가장 대표적인 청동기 시대의 농기구는 **반달 돌칼**이다.

반달 돌칼

청동기 사람들은 반달 돌칼을 손에 끼우고, 이삭을 훑는 방식으로 곡물을 수확하였다. 그리고 **민무늬 토기, 송국리식 토기, 미송리식 토기, 붉은 간 토기** 등을 만들었다.

민무늬 토기

청동의 사용이 늘어나면서 이때부터 **청동 거울**과 **청동 방울** 등 의례 도구도 청동으로 만들기 시작했다. 악기인 비파의 모양과 비슷한 **비파형동검**도 청동기 시대에 만들어졌는데, 생긴 모양으로 보아 전쟁용은 아니었던 것 같다.

비파형동검

그럼에도 불구하고 청동기 시대의 권력자들은 그 힘을 밖으로 분출하고 싶어했으며, 정복 활동이 활발해졌다. 하지만 누군가 '정복'하면, 상대방은 '방어'하기 마련이다. 그래서 청동기 시대 사람들은 나무 울타리를 세우거나 마을 둘레에 **'환호(環濠)'**라는 도랑을 파서 적을 막기도 했다.

| 최초로 계급이 출현하다

벼의 껍질을 벗기면 '쌀'이 된다. 쌀은 열량이 높고 소화가 잘되는 곡식이어서 재산적 가치가 높았다. 그래서 청동기 시대 사람들은 먹고 남은 쌀(잉여 생산물)로 재산을 축적했는데, 이 과정에서 **'계급'**이 생겼다. 그리고 **계급이 출현**하면서 권력을 가진 군장들이 백성을 다스리기 시작했다.

계급이 높은 사람들은 '고인돌'이라는 큰 무덤을 만들어서 그 위세를 떨치기도 했다. 그러나 고인돌은 '저곳에 도굴 대상이 있구나'를 대놓고 알려주는 것이었기 때문에 현재는 거의 도굴이 된 상태이다. 그래서 당시 사람들은 덮개돌과 굄돌 사이의 '돌관'을 지하로 내려보낸 형태의 돌널무덤을 만들기도 했다.

4 철기 시대

| 생활 모습이 변화하다

기원전 5세기경부터 철기가 유입되면서, 우리도 쟁기, 쇠스랑 등의 철제 농기구를 사용하기 시작했다. 철기 시대에는 단단한 철제 보습으로 밭을 갈았으므로, 깊이갈이도 가능해졌다.

또한 철기 시대에는 주거 형태에도 많은 발전이 있었는데, 집이 완전히 바닥 위로 올라온 **지상식 주거**가 등장하였다. 그리고 사람이 죽으면 항아리 무덤인 **'독무덤'**이나 나무로 관을 만든 **'널무덤'**의 무덤 양식을 사용하였다.

중국과 활발히 교류하다

중국과의 교류는 이전에도 간간이 있었으나, 철기 시대에 들어서면서 **중국과 '활발히' 교류**하게 되었다. 이때 철기 시대의 사람들은 **명도전(明刀錢)**, **반량전(半兩錢)**, 오수전(五銖錢) 등의 중국 화폐를 사용하였다.

명도전

한반도의 독자적 청동기 문화가 발전하다

철기 시대에 한반도의 '청동기 문화'는 독자적으로 발전하기 시작했다. 철기 시대의 사람들은 **거푸집**(청동 제품을 제작하는 틀로 청동기 시대 후기부터 사용함)을 이용하여 직접 청동 제품을 주조하기도 했다. 대표적인 것은 **세형동검**이다. 비파형동검은 악기 모양이었지만, 세형동검은 끝이 뾰족한 진짜 '칼' 모양이었다. 또 이 시대에는 거울 뒷면의 무늬가 가는 선으로 되어 있는 **잔무늬 거울**도 만들어졌다.

거푸집

세형동검

빈출 개념 한눈에 암기하기

구분	경제 · 사회	주거	유물	유적지
구석기 시대	• 사냥, 채집 • 이동 생활	동굴, 1)	뗀석기 사용: 2) (아슐리안형), 찍개, 슴베찌르개 등	평남 상원 검은모루 동굴, 청원 두루봉 동굴, 경기 연천 전곡리 등
신석기 시대	• 3)　　· 목축 시작 • 4)　　생활 • 평등 사회	• 강가, 바닷가 • 5)　　: 원형의 집터, 중앙에 화덕 위치	• 간석기 사용 • 농기구: 돌괭이, 돌보습, 돌삽 • 조리 도구: 갈돌, 갈판 • 토기: 6)　　(식량 저장) • 수공업 도구: 7)　　, 뼈바늘	제주 한경 고산리 등
청동기 시대	• 벼농사 시작 • 8)　　사회(군장)	• 마을 주변에 환호 설치 • 집단 취락 형성	• 농기구: 9) • 토기: 민무늬 토기, 송국리식 토기 등 • 의례 도구: 청동 거울, 방울 • 청동기: 비파형동검 • 무덤: 10)　　, 돌널무덤	충남 부여 송국리, 경기 여주 흔암리 등
철기 시대	중국과 교류(11)　　, 반량전, 오수전 등 중국 화폐 사용)	지상식 주거	• 농기구: 철제 농기구 • 청동기: 12)　　, 거푸집, 잔무늬 거울 • 무덤: 널무덤, 독무덤	경남 창원 다호리 등

정답 1) 막집 2) 주먹도끼 3) 농경 4) 정착 5) 움집 6) 빗살무늬 토기 7) 가락바퀴 8) 계급 9) 반달 돌칼 10) 고인돌 11) 명도전 12) 세형동검

실전 연습

1 키워드와 관련된 것을 알맞게 연결해보세요.

① 주먹도끼 • • ㉠ 신석기 시대

② 빗살무늬 토기 • • ㉡ 철기 시대

③ 세형동검 • • ㉢ 구석기 시대

2 〈보기〉에서 골라 빈칸을 채워보세요.

| 보기 |
| 막집   거푸집   농경 |

① 구석기 시대에는 주로 동굴이나 강가의 (　　　)에서 살았다. [51·50회]

② 신석기 시대에는 (　　　)과 목축을 시작하여 식량을 생산하였다. [49회]

③ 청동기 시대에는 (　　　)을 이용하여 청동 무기를 제작하였다. [50회]

3 아래 표에 있는 초성을 완성해보세요.

구분	청동기 시대의 생활 모습
경제	일부 지역에서 ㅂㄴㅅ가 시작됨
사회 모습	사유 재산에 따라 빈부 격차가 나타나면서 ㄱㄱ이 발생함
무덤	지배자의 무덤으로 많은 인력을 동원해 거대한 크기의 ㄱㅇㄷ을 축조함

4 아래 기출 자료와 관련 있는 시대를 써보세요.

경남 창원 다호리에서 다량의 유물들이 발견되었다. 널무덤에서 발견된 붓을 비롯하여 통나무 목관, 오수전, 감과 밤 등이 담긴 옻칠 제사 용기 등이 발굴되었다. [14회]

→ □ □ □ □

1 [59회 1번]

밑줄 그은 '이 시대'의 생활 모습으로 옳은 것은? [1점]

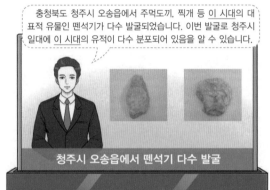

충청북도 청주시 오송읍에서 주먹도끼, 찍개 등 이 시대의 대표적 유물인 뗀석기가 다수 발굴되었습니다. 이번 발굴로 청주시 일대에 이 시대의 유적이 다수 분포되어 있음을 알 수 있습니다.

청주시 오송읍에서 뗀석기 다수 발굴

① 철제 무기로 정복 활동을 벌였다.

② 주로 동굴이나 막집에서 거주하였다.

③ 명도전을 이용하여 중국과 교역하였다.

④ 반달 돌칼을 사용하여 벼를 수확하였다.

⑤ 빗살무늬 토기를 제작하여 식량을 저장하였다.

2 [48회 1번]

(가) 시대의 생활 모습으로 옳은 것은? [1점]

특별 기획전

　(가)　 시대, 새로운 도구를 사용하다

우리 박물관에서는 농경과 정착 생활이 시작된 　(가)　 시대 특별전을 마련하였습니다. 당시 사람들이 사용하였던 도구를 통해 그들의 생활 모습을 살펴보는 기회가 되길 바랍니다.

· 기간: 2020.○○.○○. ~ ○○.○○.

· 장소: △△ 박물관 기획 전시실

· 주요 전시 유물

① 주로 동굴이나 강가의 막집에서 살았다.

② 지배층의 무덤으로 고인돌을 축조하였다.

③ 거푸집을 이용하여 세형동검을 제작하였다.

④ 빗살무늬 토기를 만들어 식량을 저장하였다.

⑤ 쟁기, 쇠스랑 등의 철제 농기구를 사용하였다.

3

51회 1번

(가) 시대의 생활 모습으로 옳은 것은?　[1점]

△△ 박물관 특별전

(가)　시대로 떠나는 시간 여행

⊙ 기간: 2021. ○○. ○○.~○○. ○○.
⊙ 장소: △△ 박물관 특별 전시실

모시는 글

우리 박물관에서는 농경과 정착 생활이 시작된 　(가)　 시대 특별전을 마련하였습니다. 덧무늬 토기, 흙으로 빚은 사람 얼굴상, 갈돌과 갈판 등 다양한 유물들을 전시하고 있으니 많은 관람 바랍니다.

① 가락바퀴를 이용하여 실을 뽑았다.
② 주로 동굴이나 강가의 막집에서 살았다.
③ 지배층의 무덤으로 고인돌을 축조하였다.
④ 거푸집을 이용하여 세형동검을 제작하였다.
⑤ 쟁기, 쇠스랑 등의 철제 농기구를 사용하였다.

4

46회 1번

(가) 시대의 생활 모습으로 옳은 것은?　[1점]

〈체험 프로그램 기획안〉

**　(가)　 시대 생활 체험 교실**

■ 기획 의도
　농경과 정착 생활이 시작된 　(가)　 시대를 대표하는 서울 암사동 유적에서 당시 사람들의 생활 모습을 재미있게 체험할 수 있는 기회를 마련함.

■ 주요 체험 프로그램
　○ 빗살무늬 토기 만들어 보기
　○ 갈대를 이용하여 움집 짓기
　○ 갈돌과 갈판으로 곡식 갈아보기

① 돌방무덤에 시신을 매장하였다.
② 가락바퀴를 이용하여 실을 뽑았다.
③ 명도전, 반량전 등의 화폐를 사용하였다.
④ 쟁기, 쇠스랑 등의 철제 농기구를 사용하였다.
⑤ 거푸집을 이용하여 비파형동검을 제작하였다.

5

49회 1번

(가) 시대의 생활 모습으로 옳은 것은?　[1점]

△△ 박물관 특별전

모시는 글

금속이 우리의 삶으로, 　(가)　 시대로의 여행

우리 박물관에서는 금속을 사용하기 시작한 　(가)　 시대 특별전을 마련하였습니다. 비파형동검, 거푸집, 민무늬 토기 등 당시의 생활 모습을 엿볼 수 있는 다양한 유물들을 준비하였으니 많은 관람 바랍니다.

■ 기간: 2020. ○○. ○○. ~○○. ○○.
■ 장소: △△ 박물관 특별 전시실

① 주로 동굴이나 막집에서 거주하였다.
② 지배층의 무덤으로 고인돌을 축조하였다.
③ 농경과 목축을 시작하여 식량을 생산하였다.
④ 쟁기, 쇠스랑 등의 철제 농기구를 사용하였다.
⑤ 대표적인 도구로 주먹도끼, 찍개 등을 제작하였다.

6

45회 1번

(가) 시대의 생활 모습으로 옳은 것은?　[1점]

부여 송국리에서는 비파형동검, 거푸집 등 　(가)　 시대의 대표적인 유물이 출토되었고, 다수의 집터 등 마을 유적과 고인돌이 남아 있습니다. 부여 송국리 유적이 선사 문화 체험 교육장으로 적극 활용될 수 있도록 많은 관심이 요구됩니다.

부여 송국리 유적, 교육 시설로 적극 활용 필요

① 주로 동굴이나 막집에 거주하였다.
② 철제 농기구를 제작하여 사용하였다.
③ 소를 이용한 깊이갈이가 일반화되었다.
④ 계급이 없는 평등한 공동체 생활을 하였다.
⑤ 반달 돌칼을 사용하여 곡물을 수확하였다.

대표 기출 문제의 정답 및 문제풀이 방법을 다음 페이지에서 확인하세요. ➜

대표 기출 문제 정답 및 문제풀이 방법

1	2	3	4	5	6
②	④	①	②	②	⑤

1 구석기 시대의 생활 모습

충청북도 청주시 오송읍에서 주먹도끼, 찍개 등 이 시대의 대표적 유물인 뗀석기가 다수 발굴되었습니다. 이번 발굴로 청주시 일대에 이 시대의 유적이 다수 분포되어 있음을 알 수 있습니다.

청주시 오송읍에서 뗀석기 다수 발굴

구석기 시대

② 주로 동굴이나 막집에 거주하였다.

구석기 시대 사람들은 주로 **동굴이나 강가의 막집**에 살았다. 그래서 하천이 많은 충청북도 지역에는 **단양 금굴, 제천 점말 동굴, 청주 두루봉 동굴, 단양 수양개** 등 구석기 시대의 유적지가 많다. 주먹도끼, 찍개 등 뗀석기가 다수 발굴된 충북 청주시 오송읍 유적지도 역시 구석기 시대 유적지이다.

오답 체크
① 철제 무기로 정복 활동을 벌였다. → **철기 시대**
③ 명도전을 이용하여 중국과 교역하였다. → **철기 시대**
④ 반달 돌칼을 사용하여 벼를 수확하였다. → **청동기 시대**
⑤ 빗살무늬 토기를 제작하여 식량을 저장하였다. → **신석기 시대**

✔ 또 나올 암기 포인트
구석기 시대

시기	약 70만 년 전부터 시작
도구	뗀석기(주먹도끼, 찍개, 슴베찌르개 등)
경제 생활	사냥, 채집
사회	평등 생활, 무리 생활, 이동 생활
주거	동굴, 바위 그늘, 막집
주요 유적	평남 상원 검은모루 동굴. 경기 연천 전곡리 유적

2 신석기 시대의 생활 모습

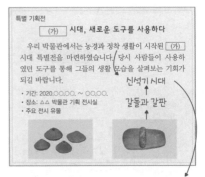

특별 기획전

(가) 시대, 새로운 도구를 사용하다

우리 박물관에서는 농경과 정착 생활이 시작된 **(가)** 시대 특별전을 마련하였습니다. 당시 사람들이 사용하였던 도구를 통해 그들의 생활 모습을 살펴보는 기회가 되길 바랍니다.

· 기간: 2020.○○.○○. ~ ○○.○○.
· 장소: △△ 박물관 기획 전시실
· 주요 전시 유물

신석기 시대

갈돌과 갈판

④ 빗살무늬 토기를 만들어 식량을 저장하였다.

농경과 정착 생활이 시작된 시기는 **신석기 시대**이며, 가락바퀴(왼쪽 사진), 갈돌과 갈판(오른쪽 사진)도 모두 신석기 시대의 유물이다. 신석기 시대에는 식량을 저장하기 위해 토기를 만들기 시작했는데, 그중 대표적인 것은 끝이 뾰족한 **빗살무늬 토기**이다.

오답 체크
① 주로 동굴이나 강가의 막집에서 살았다. → **구석기 시대**
② 지배층의 무덤으로 고인돌을 축조하였다. → **청동기 시대**
③ 거푸집을 이용하여 세형동검을 제작하였다. → **철기 시대**
⑤ 쟁기, 쇠스랑 등의 철제 농기구를 사용하였다. → **철기 시대**

3 신석기 시대의 생활 모습

△△ 박물관 특별전

(가) 시대로 떠나는 사람 여행

모시는 글

우리 박물관에서는 농경과 정착 생활이 시작된 **(가)** 시대 특별전을 마련하였습니다. 덧무늬 토기, 흙으로 빚은 사람 얼굴상, 갈돌과 갈판 등 다양한 유물들을 전시하고 있으니 많은 관람 바랍니다.

◉ 기간: 2021. ○○. ○○.~○○. ○○.
◉ 장소: △△ 박물관 특별 전시실

신석기 시대

① 가락바퀴를 이용하여 실을 뽑았다.

농경과 정착 생활이 시작된 시기는 **신석기 시대**이며, 덧무늬 토기(왼쪽 사진), 흙으로 빚은 사람 얼굴상(오른쪽 사진)도 모두 신석기 시대의 유물이다. 이 시대에는 **가락바퀴**를 이용하여 실을 뽑고, **뼈바늘**로 옷과 그물을 만들었다.

오답 체크
② 주로 동굴이나 강가의 막집에서 살았다. → **구석기 시대**
③ 지배층의 무덤으로 고인돌을 축조하였다. → **청동기 시대**
④ 거푸집을 이용하여 세형동검을 제작하였다. → **철기 시대**
⑤ 쟁기, 쇠스랑 등의 철제 농기구를 사용하였다. → **철기 시대**

4 신석기 시대의 생활 모습

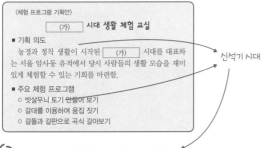

〈체험 프로그램 기획안〉

(가) 시대 생활 체험 교실

■ 기획 의도

농경과 정착 생활이 시작된 **(가)** 시대를 대표하는 서울 암사동 유적에서 당시 사람들의 생활 모습을 재미있게 체험할 수 있는 기회를 마련함.

■ 주요 체험 프로그램

　ㅇ 빗살무늬 토기 만들어 보기

　ㅇ 갈대를 이용하여 움집 짓기

　ㅇ 갈돌과 갈판으로 곡식 갈아보기

→ 신석기 시대

②가락바퀴를 이용하여 실을 뽑았다.

농경과 정착 생활이 시작된 시기는 **신석기 시대**이며, 서울 암사동 유적은 신석기 시대의 유적지이다. 빗살무늬 토기, 갈돌과 갈판은 모두 신석기 시대의 유물이다. 이 시대에는 **가락바퀴**를 이용하여 실을 뽑고, **뼈바늘**로 옷과 그물을 만들었다.

오답 체크

① 돌방무덤에 시신을 매장하였다. → **삼국 시대**

③ 명도전, 반량전 등의 화폐를 사용하였다. → **철기 시대**

④ 쟁기, 쇠스랑 등의 **철제 농기구**를 사용하였다. → **철기 시대**

⑤ **거푸집**을 이용하여 비파형동검을 제작하였다. → **청동기 시대**

5 청동기 시대의 생활 모습

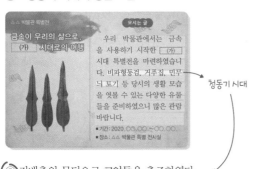

△△ 박물관 특별전

금속이 우리의 삶으로

(가) 시대로의 여행

모시는 글

우리 박물관에서는 금속을 사용하기 시작한 시대 특별전을 마련하였습니다. 비파형동검, 거푸집, 민무늬 토기 등 당시의 생활 모습을 엿볼 수 있는 다양한 유물들을 준비하였으니 많은 관람 바랍니다.

■기간: 2020. ○○.○○.~○○.○○.

■장소: △△ 박물관 특별 전시실

→ 청동기 시대

②지배층의 무덤으로 고인돌을 축조하였다.

금속을 사용하기 시작한 시기는 **청동기 시대**이며, 비파형동검(사진), 거푸집, 민무늬 토기는 모두 청동기 시대의 유물이다. 이 시대에는 잉여 생산물로 인해 **계급이 발생**하였는데, 그 증거는 지배층의 무덤으로 축조된 **고인돌**이다.

오답 체크

① 주로 동굴이나 막집에서 거주하였다. → **구석기 시대**

③ 농경과 목축을 시작하여 식량을 생산하였다. → **신석기 시대**

④ 쟁기, 쇠스랑 등의 **철제 농기구**를 사용하였다. → **철기 시대**

⑤ 대표적인 도구로 주먹도끼, 찍개 등을 제작하였다. → **구석기 시대**

6 청동기 시대의 생활 모습

부여 송국리에서는 **비파형동검, 거푸집 등** **(가)** 시대의 대표적인 유물이 출토되었고, 다수의 집터 등 마을 유적과 고인돌이 남아 있습니다. 부여 송국리 유적이 선사 문화 체험 교육장으로 적극 활용될 수 있도록 많은 관심이 요구됩니다.

부여 송국리 유적, 교육 시설로 적극 활용 필요

→ 청동기 시대

⑤반달 돌칼을 사용하여 곡물을 수확하였다.

부여 송국리는 **청동기 시대**의 유적이며, 비파형동검, 거푸집, 고인돌은 모두 청동기 시대의 유물이다. 이 시기에는 농경이 발달하여 추수 도구인 **반달 돌칼**로 곡물을 수확하였다.

오답 체크

① 주로 동굴이나 막집에 거주하였다. → **구석기 시대**

② 철제 농기구를 제작하여 사용하였다. → **철기 시대**

③ 소를 이용한 깊이갈이가 일반화되었다. → **고려 시대**

④ 계급이 없는 평등한 공동체 생활을 하였다. → **구석기, 신석기 시대**

✔ 또 나올 암기 포인트

청동기 시대

시기	한반도에서 기원전 2000년경에서 기원전 1500년경에 시작
도구	• 석기: 반달 돌칼, 돌도끼 등 • 청동기: 비파형동검, 청동 거울, 청동 방울 등 • 토기: 민무늬 토기, 송국리식 토기, 미송리식 토기, 붉은 간 토기 등
경제 생활	밭농사가 본격화되었으며, 일부 저습지를 중심으로 벼농사가 시작
사회	사유 재산 및 계급 발생
무덤 양식	고인돌, 돌널무덤 등
주요 유적	충남 부여 송국리, 경기 여주 흔암리

02강 고조선과 여러 나라의 성장

곰과 호랑이, 쑥과 마늘! 고조선의 단군 신화는 단순한 옛날 이야기가 아닙니다. 고조선은 실재(實在)하는 나라였거든요. 고조선 이후에 우리나라에는 부여, 초기 고구려, 옥저, 동예, 삼한 등의 여러 나라가 있었습니다. 이 단원을 공부하고 나면, 이 나라들의 제천 행사, 특산물, 장례와 혼인 풍속 등을 구분할 수 있을 것입니다.

여러 나라의 성장 ▶

1 고조선

┃ 우리나라 최초의 국가인 고조선이 건국되다

『삼국유사』에 따르면 고조선은 **단군왕검**에 의해 기원전 2333년에 세워졌다. '고조선이 건국되었다'라는 사실은 『삼국유사』 뿐만이 아니라 『동국통감』 등 여러 역사서에 기록되어 있다. (그러나 『삼국사기』는 그야말로 '고구려, 백제, 신라' 삼국의 역사만 쓰고 있으므로 고조선 건국 이야기가 없다.)

단군(檀君)은 제사장이고, 왕검(王儉)은 정치적 지배자인데, 한 사람의 이름에 단군과 왕검이 모두 들어가 있는 것을 보면, 고조선은 분명히 **제정일치 사회**였을 것이다. 단군 신화는 『삼국유사』, 『제왕운기』 등에 실려 있는데, 이 신화를 보면 환인이 아들 환웅을 세상에 내려보내 웅녀와 결혼하는 이야기가 등장한다. 환웅과 웅녀가 결혼해서 낳은 아들이 바로 단군왕검이다.

┃ 단군 조선이 세력을 확장하다

고조선 사람들은 **미송리식 토기, 탁자형(북방식) 고인돌, 비파형동검** 등을 사용했다. 이 유물들이 발견된 곳을 '점'으로 찍어 보면, 고조선의 세력 범위는 대략 북쪽의 요령부터 남쪽의 대동강까지라는 것을 알 수 있다.

기원전 4세기경에 고조선은 중국의 전국 7웅 중 하나인 **연나라와 대립**할 만큼 강해졌다. 그러자 기원전 3세기 초에 연나라 장수 진개가 고조선을 침략하였고, 아쉽게도 고조선은 패배하여 연나라에 서쪽 영토 2천여리를 빼앗겼다.

고조선의 세력 범위

기원전 3세기경에 *부왕, 준왕과 같은 강력한 왕이 등장하였다. 삼(三) 세기는 왕(王) 세기라고 할 만하다. 부왕의 아들이 준왕인데, 강력한 왕권을 바탕으로 이들은 **왕위를 세습**하였다. 당시 왕 밑에는 **상, 대부, 장군, 박사** 등의 관직이 있었는데, 이것을 보면 고조선에도 일찌감치 관료 조직이 있었다는 것을 알 수 있다.

기출 핵심 키워드 암기

① 고조선 – 연의 장수 | ㅈㄱ |의 공격을 받아 땅을 빼앗겼다. [52·41회]

② 고조선 – | ㅂㅇ |(좀王) 등 강력한 왕이 등장하여 왕위를 세습하였다. [42·30회]

정답 ① 진개 ② 부왕

8조법으로 사회 질서를 유지하다

고조선은 사회 질서를 유지하기 위해 *8조법(범금 8조)이라는 법을 만들었는데, 이 법에는 살인죄, 상해죄, 절도죄에 대한 처벌이 담겨 있다. 특이한 것은 도둑질을 하다 걸리면 노비가 된다는 것인데, 이것을 통해 당시에 이미 **형벌 제도**가 있었고 **계급**이 발생했으며, **생명과 노동력 및 사유 재산을 중시**했다는 것을 알 수 있다.

> 범금 8조가 있다. 남을 죽이면 즉시 죽음으로 갚고, 남을 상해하면 곡식으로 배상한다. 남의 물건을 훔친 자가 남자면 그 집의 노로 삼으며 여자면 비로 삼는데, 자신의 죄를 용서받으려는 자는 한 사람마다 50만[전]을 내야 한다.
>
> – 『한서』 39회

기출 핵심 키워드 암기

고조선 – 살인, 절도 등의 죄를 다스리는 | ㅂㄱ 8ㅈ |가 있었다. [57회]

정답 범금 8조(8조법)

위만이 고조선의 새로운 왕이 되다

고조선에는 크게 두 개의 고조선이 있다. 하나는 단군 조선이고, 다른 하나는 위만 조선이다. 중국의 진(秦)나라가 망하고 한(漢)나라가 세워지던 시기에 중국에서 *'위만'이라는 사람이 도망을 와서 접수한 나라가 바로 **위만 조선**이다. 위만은 처음에는 고조선의 준왕에게 항복하고 서쪽의 변방을 경계하는 일을 했지만, 얼마 지나지 않아 왕검성(고조선의 수도)에 쳐들어가 준왕을 몰아내고 위만 왕조를 세웠다.

그럼에도 불구하고 우리가 현재 위만 조선이 '단군 조선을 계승했다'고 말하는 이유는 위만이 고조선에 들어올 때 '오랑캐 옷'을 입었기 때문이다.

> 위만이 망명하여 호복(胡服)을 하고 동쪽으로 패수를 건너 준왕에게 투항하였다. …… 준왕은 그를 믿고 총애하여 …… 백 리의 땅을 봉해 주어 서쪽 변경을 지키도록 하였다. — 「삼국지」「동이전」 30회

중국에서 쓰여진 『삼국지』「동이전」의 일부로, 위만이 입은 옷을 호복(오랑캐의 옷)이라고 표현하고 있다. 중국의 입장에서 오랑캐 옷이라면 우리 입장에서는 위만을 우리나라 사람으로 보고 있는 것이다.

위만 조선은 **'철기 문화'**를 본격적으로 수용하여 농업, 수공업, 상업이 크게 발전하였으며, 철제 무기를 바탕으로 **진번**과 **임둔을 복속**시켜 세력을 확장해 나갔다. 또한 위만 조선의 서쪽에는 한나라가 있었고 남쪽에는 진(辰)이 있었는데, 위만 조선은 한(漢)과 진국(辰國) 사이에서 **중계 무역**으로 이익을 독차지했다.

우리를 통해 편리하게 무역해~

중계 무역으로 이익을 챙겨야겠군.

기출 한 컷 19회

기출 핵심 키워드 암기

① 고조선 – ㅇㅁ 이 준왕을 몰아내고 왕이 되었다. [41회]
② 고조선 – ㅈㅂ 과 ㅇㄷ 을 복속시켜 세력을 확장하였다. [52·50회]

정답 ① 위만 ② 진번, 임둔

▌한 무제의 공격으로 고조선(위만 조선)이 멸망하다

기원전 109년, 고조선이 한나라의 신하인 요동 도위 섭하를 살해하는 사건이 일어났는데, 이것을 이유로 **한** 무제가 고조선을 침략하여 **왕검성을 공격**하였다. 이 전쟁은 1년이나 지속되었고, 고조선에는 내분이 일어나기 시작했다. 항복하자고 주장하던 니계상 삼(參)이 결국 사람을 시켜 고조선의 마지막 왕인 **우거왕**을 살해하고 말았다. 이후 한나라에 의해 왕검성이 함락되고 고조선은 멸망하였다(기원전 108년). 고조선 멸망 이후 한나라는 고조선 영토에 **낙랑군, 진번군, 임둔군, 현도군을 설치**하여 자기 영역으로 삼았다.

기출 핵심 키워드 암기

① 고조선 – 한나라 ㅁㅈ 가 군대를 보내 왕검성을 공격하였다. [41·30회]
② 고조선 – ㅇㄱㅇ 이 한 무제가 파견한 군대에 맞서 싸웠다. [52회]

정답 ① 무제 ② 우거왕

② 여러 나라의 성장

▎부여, 송화강 유역에서 성장하다

고조선이 사라진 기원전 2세기에 우리 민족은 만주의 송화강 유역(길림시 일대)에 부여(扶餘)라는 나라를 세웠다. 부여에는 가(加)라는 귀족층의 힘이 셌다. 마가, 우가, 저가, 구가 등의 여러 가(加)들은 **사출도(四出道)**라는 지역을 따로 주관했는데, 왕이 다스리는 지역은 따로 있었다. 또 흉년이 들면 가(加)들은 제가 회의(諸加會議, 여러 가들이 모여서 하는 회의)를 열어 왕에게 그 책임을 물어 왕을 바꿔버리기도 했다. 부여는 이렇게 '왕은 있지만 왕권은 약한' **연맹 국가**였다.

부여에는 수렵 사회의 전통이 있어서 '1년 동안 사냥감을 많이 주셔서 감사하다'고 겨울에 제사를 지냈다. 그래서 은력 정월에 **영고(迎鼓)**라는 제천 행사를 지냈는데, '은력 정월'을 요즘 식으로 바꾸면 12월이 된다.

또한 부여에서는 전쟁을 하게 되면 제천 의식을 행하고, 소를 죽여 그 굽으로 길흉을 점쳤다(**우제점법**).

> 동이 지역 중에서 가장 평탄하고 넓은 곳으로 토질은 오곡이 자라기에 알맞다. 12월에 지내는 제천 행사에는 연일 크게 모여서 마시고 먹으며 노래하고 춤추는데, 전쟁을 하게 되면 그때에도 하늘에 제사를 지내고, 소를 잡아서 그 발굽으로 길흉을 점친다.
>
> – 「후한서」 [38회]

부여에서는 남의 물건을 훔치면 **1책 12법**이라 하여 물건값의 12배를 배상해야 했다. 10만 원을 훔치면 120만 원으로 배상해야 되는 것이었다. 부여는 참으로 '12'란 숫자와 친한 것 같다. 12월에 영고가 있는 나라가, 12배를 배상하게 된다!! (기억나는가? 고조선은 남의 물건을 훔치면 노비가 되었다.)

부여는 왕이나 귀족이 죽으면 신하나 노비를 함께 묻었는데, 이것을 **순장(殉葬)**이라고 한다. 사람이 죽은 후에도 살아 있을 때의 삶이 연장된다는 믿음으로 '순장'을 했는데, 어떤 때는 100여 명에 이르는 많은 사람을 함께 묻기도 했다. 이런 풍습은 암암리에 이루어지다가 6세기 신라 지증왕 때 금지되었다.

┌ 기출 핵심 키워드 암기 ┐

① 부여 – 여러 가(加)들이 별도로 | ㅅㅊㄷ |를 주관하였다. [55·54회]

② 부여 – 12월에 | ㅇㄱ |라는 제천 행사를 열었다. [52·51회]

③ 부여 – 도둑질한 자에게 | 12ㅂ |로 배상하게 하였다. [58·50회]

정답 ① 사출도 ② 영고 ③ 12배

초기 고구려, 압록강 일대에서 성장하다

고구려(高句麗)는 부여에서 탈출한 주몽이 건국하였다. 북쪽의 송화강 유역을 떠나서, 남쪽의 압록강 근처 **'졸본'**에 자리를 잡은 것이 고구려이다(기원전 37). 그래서『삼국지』「동이전」에서는 고구려를 '부여의 별종(別種)'이라고 말한다. 부여 사람들이 고구려를 만들어서인지, 부여와 고구려는 1책 12법, 제가 회의, 형사취수제 등 공통점이 많다.

부여에 마가, 우가, 저가, 구가 등의 가(加)가 있었다면, 고구려에는 **상가, 고추가** 등의 가(加)들이 있었다. 고구려에서도 역시 가(加)들의 힘은 강했는데, 가(加)들은 제가 회의를 열어 국가의 중대사를 결정하기도 했고, 힘이 더욱 강한 대가(大加)들은 **사자, 조의, 선인** 등의 관리들을 거느리고 있었다. 왕뿐만이 아니라 대가들도 관리를 거느리고 있었다는 사실은 가(加)들이 얼마나 강했는지를 보여준다.

> 나라에는 왕이 있고, 벼슬로는 상가·대로·패자·고추가·주부·우태·승·사자·조의·선인이 있다. 신분이 높고 낮음에 따라 각각 등급을 두었다. 왕의 종족으로서 대가는 모두 고추가로 불린다. 모든 대가들은 사자·조의·선인을 두었는데, 명단을 반드시 왕에게 보고해야 한다.
>
> – 『삼국지』「동이전」 48회

고구려는 북쪽으로 부여를 '노략질'하고, 동쪽으로는 부전 고원을 넘어 옥저를 '노략질'했다. 이렇게 고구려는 다른 나라를 약탈하여 먹을거리를 구했다. 그래서인지 고구려는 집집마다 곡식을 저장하는 작은 창고인 **부경(桴京)**을 두었는데, 각 집마다 2층짜리 창고가 있었다고 한다. 여기서 '京[경]'은 창고를 의미한다.

노동력을 중시한 고구려에는 **서옥제(婿屋制)**라는 데릴사위제 풍속이 있었다. 서옥제는 결혼을 하면 남자가 장인의 집 뒤에 '서옥(사위의 집)'이라는 작은 집을 짓고 살며 처가의 집안일을 도와주다가, 아이가 크면 아내와 아이들을 데리고 자신의 집으로 돌아오는 것이다.

고구려는 건국 시조인 주몽과 그 어머니 유화 부인을 조상신으로 섬겨 제사를 지냈다. 10월에는 추수 감사제인 **동맹(東盟)**이라는 제천 행사를 성대하게 치렀다. 그리고 굴을 성스러운 곳으로 여겨서 '나라의 동쪽에 있는 큰 굴', 즉 **국동대혈(國東大穴)**에서 수신(동굴 신)에게 제사를 지내기도 하였다.

기출 핵심 키워드 암기

① 고구려 – [ㄷ ㄱ]들이 사자, 조의, 선인 등의 관리를 거느렸다. [51·49회]

② 고구려 – 집집마다 [ㅂ ㄱ]이라는 창고가 있었다. [52·49회]

③ 고구려 – 혼인 풍습으로 [ㅅ ㅇ ㅈ]가 있었다. [56·52회]

④ 고구려 – 10월에 [ㄷ ㅁ]이라는 제천 행사를 열었다. [44·30회]

정답 ① 대가 ② 부경 ③ 서옥제 ④ 동맹

| 옥저와 동예, 읍군과 삼로가 나라를 다스리다

옥저(沃沮)는 함경남도 해안 지대부터 두만강 일대까지 동해안을 따라 남북으로 길게 늘어서 있던 나라이다. 옥저는 **해산물도 풍부**하고 농사도 잘되었지만, 고구려에게 약탈당하기 일쑤였다. 그래서 인지 현재 전해지는 제천 행사의 이름이 없다.

옥저의 혼인 풍습으로는 민며느리제가 있었다. 민며느리제는 여자가 어렸을 때 남자 집에 가서 살다가 성장한 후에 남자가 여자 집에 예물을 치르고 혼인을 하는 제도이다.

> 여자의 나이가 10살이 되기 전에 혼인을 약속하고, 신랑 집에서 맞이하여 장성할 때까지 기른다. (여자가) 성인이 되면 다시 여자 집으로 돌아가게 한다. 여자 집에서는 돈을 요구하는데, (신랑 집에서) 돈을 지불한 후에 다시 신랑 집으로 데리고 와서 아내로 삼는다. — 「삼국지」「동이전」 [30회]

또한 옥저에는 **가족 공동 무덤**이라는 장례 풍속이 있었는데, 사람이 죽으면 가매장하였다가, 살이 썩으면 가족들의 뼈가 함께 있는 나무 상자에 죽은 사람의 뼈를 넣는 방식으로 장례를 치렀다.

동예(東濊)는 옥저의 남쪽 동해안 지역에 있었다. 동예의 유명한 특산물에는 단궁, 과하마, 반어피가 있다. 단궁은 활이고, 과하마(果下馬)는 키가 작은 말이고, 반어피는 바다표범의 가죽이다.

동예 사람들은 읍락 간의 경계를 중요하게 여겨서 산과 강마다 각각 구분이 있었고 함부로 들어가지 않았다. 만약 **다른 부족의 생활권을 침범**해서 피해를 주면 **노비와 소, 말로 변상**하게 했다. 이런 변상 제도를 책화(責禍)라고 한다. 그러면서도 동예 사람들은 매년 10월이 되면 밤낮으로 술 마시고 노래 부르며 춤을 췄는데, 이런 제천 행사를 무천(舞天)이라고 한다.

옥저와 동예는 중국과 거리가 멀어서 선진 문물을 받아들이기는 어려웠다. 오히려 고구려와 가까워서 고구려의 압력을 받으며 살아야 했다. 결국 이 두 나라는 '이리 치이고 저리 치이는' 상황 속에서 왕도 한 명 선출하지 못하고 멸망하고 말았다. 즉 '**군장 국가**'에 머물렀다. 그래서 읍군(邑君)이나 삼로(三老)와 같은 지배자들이 중요했다.

기출 핵심 키워드 암기

① 옥저 – 혼인 풍속으로 □□ㄴㄹㅈ 가 있었다. [54·48회]
② 동예 – 특산물로 ㄷㄱ , ㄱㅎㅁ , ㅂㅇㅍ 가 유명하였다. [56·49회]
③ 동예 – 읍락 간의 경계를 중시하는 ㅊㅎ 가 있었다. [58·54회]
④ 동예 – 10월에 ㅁㅊ 이라는 제천 행사를 열었다. [45·38회]
⑤ 옥저, 동예 – ㅇㄱ 이나 ㅅㄹ 라는 지배자가 있었다. [50회]

정답 ① 민며느리제 ② 단궁, 과하마, 반어피 ③ 책화 ④ 무천 ⑤ 읍군, 삼로

삼한, 정치와 종교가 분리되다

고조선의 남쪽에는 진국(辰國)이 있었는데, 이 나라에 대한 기록은 거의 남아 있지 않다. 이후 진국이 있던 자리에는 마한(馬韓), 진한(辰韓), 변한(弁韓)이라는 연맹체들이 나타나기 시작했다(마한은 백제, 진한은 신라, 변한은 금관가야로 발전했다). 마한은 지금의 천안, 익산, 나주 지역에 있었고, 진한은 대구와 경주 지역에 있었고, 변한은 김해와 마산 지역에 있었다. 마한, 진한, 변한을 합하여 삼한(三韓)이라고 한다. 삼한 중에서는 마한의 세력이 가장 컸다. 마한을 이루고 있는 소국은 54개나 되었는데, 그중 **목지국(目支國)**의 지배자가 왕으로 추대되어 삼한 전체를 주도하였다. '왕'이 선출되었으니 이제 군장 국가에서 연맹 국가로 발돋움한 것이다.

삼한의 정치적 지배자 중에서 세력이 큰 것은 **신지**, **견지** 등으로 불렸고, 세력이 작은 것은 **읍차**, **부례** 등으로 불렸다. 또한 삼한에는 정치적 지배자 외에 **천군(天君)**이라는 제사장이 있었다. 천군은 **소도(蘇塗)**라는 구별된 지역에서 농경과 종교에 대한 의례를 주관했다. 고조선이 '제정일치' 사회였다면, 삼한은 제사장과 정치적 군장이 분리되어 있는 '**제정 분리**' 사회였다.

> 귀신을 믿기 때문에 국읍에 각각 천군을 세워서 천신의 제사를 주관하게 하였다. …… 그 지역(소도)으로 도망 온 사람은 누구든 돌려보내지 아니한다.
>
> – 『삼국지』 「동이전」 [13회]

삼한 지역에는 철기 시대부터 밀양 수산제, 제천 의림지 등 많은 저수지가 있었다. 그래서 이 지역에는 벼농사가 크게 발달하였다. 삼한은 **5월**에 씨를 뿌리고 난 후에 **수릿날**을 지내고, **10월**에 **계절제**를 열어 하늘에 제사를 지냈다.

삼한 중 **변한**에서는 **철이 많이 생산**되어 철을 화폐처럼 사용하기도 하고 **낙랑이나 왜에 수출**하기도 했다. 또한 변한에서는 아이가 태어나면 돌로 머리를 눌러서 납작하게 만들고(**편두**), 왜와 가까워서 그 영향을 받아 사람들이 **문신**을 새기기도 했다.

기출 핵심 키워드 암기

① 삼한 – ㅅㅈ , ㅇㅊ 등의 지배자가 있었다. [53·52회]

② 삼한 – 제사장인 ㅊㄱ 과 신성 지역인 ㅅㄷ 가 존재하였다. [51·50회]

③ 삼한 – 삼한 중 ㅂㅎ 은 철이 많이 생산되어 낙랑과 왜에 수출하였다. [50·46회]

정답 ① 신지, 읍차 ② 천군, 소도 ③ 변한

빈출 개념만 모아 암기하세요~!

빈출 개념 한눈에 암기하기

1. 고조선

건국	기원전 2333년 단군왕검이 고조선 건국
발전	• 미송리식 토기, 탁자형(북방식) 고인돌, 비파형동검 등 사용 • [기원전 4세기경] 연나라와 대립할 만큼 강성 → [기원전 3세기 초] 연의 장수 1)[[[ ]]]의 침략으로 영토 상실 → [기원전 3세기경] 왕위 세습(2)[[[ ]]], 준왕), 관직 정비(상·대부·장군 등)
사회	3)[[[ ]]] (범금 8조): 살인죄, 상해죄, 절도죄 → 생명 존중, 노동력 중시, 형벌·계급 존재
위만 조선	• 위만의 집권: 진·한 교체기에 위만이 고조선으로 이주 → 4)[[[ ]]]이 세력을 확대하여 준왕을 몰아내고 왕이 됨(위만 조선) • 위만 조선의 발전: 본격적인 철기 문화 수용, 농업·수공업·상업 발전, 5)[[[ ]]]과 임둔 복속, 한과 진 사이의 6)[[[ ]]] 전개
멸망	• 한 7)[[[ ]]]의 침략: 왕검성 공격 → 전쟁과 지배층의 내분으로 멸망 • 한 군현 설치: 낙랑군, 진번군, 임둔군, 현도군

2. 여러 나라의 성장

구분	위치	지배층	정치 형태	경제	풍속
부여	송화강 유역	• 왕 • 마가·우가·저가·구가(8)[[[ ]]] 주관)	• 5부족 연맹 • 연맹 왕국	농경·목축 발달	• 제천 행사: 9)[[[ ]]] (12월) • 순장, 1책 12법
초기 고구려	졸본	• 왕 • 상가·고추가 등의 10)[[[ ]]] 들이 사자·조의·선인 등의 관리를 거느림		약탈 경제(부경)	• 제천 행사: 11)[[[ ]]] (10월, 국동 대혈) • 서옥제(데릴사위제)
옥저	함경도 동해안 지역		군장 국가 (← 고구려의 압력)	해산물 풍부	민며느리제, 가족 공동 무덤
동예	강원도 동해안 지역	12)[[[ ]]], 삼로		특산물: 단궁, 과하마, 반어피	• 제천 행사: 13)[[[ ]]] (10월) • 14)[[[ ]]] (읍락 간의 경계 중시)
삼한	한반도 남부	• 신지, 견지(세력 大) • 부례, 읍차(세력 小)	제정 분리: 15)[[[ ]]] (제사장)이 소도(신성 시역) 주관	• 벼농사 발달 • 16)[[[ ]]]의 철 생산 多 → 낙랑과 왜에 수출	• 제천 행사: 수릿날(5월), 계절제(10월) • 편두, 문신

정답 1) 진개 2) 부왕 3) 8조법 4) 위만 5) 진번 6) 중계 무역 7) 무제 8) 사출도 9) 영고 10) 대가 11) 동맹 12) 읍군 13) 무천
14) 책화 15) 천군 16) 변한

실전 연습

1 키워드와 관련된 것을 알맞게 연결해보세요.

① 부여 •　　　　　• ㉠ 동맹
② 동예 •　　　　　• ㉡ 영고
③ 고구려 •　　　　　• ㉢ 무천

2 〈보기〉에서 골라 빈칸을 채워보세요.

┤ 보기 ├
　　민며느리제　　　사출도　　　부경

① 부여에서는 여러 가(加)들이 별도로 (　　　)를 주관
　하였다. [50·49회]
② 고구려에는 집집마다 (　　　)이라는 창고가 있었
　다. [49회]
③ 옥저의 혼인 풍습으로 (　　　　　)가 있었다. [54회]

3 아래 표에 있는 초성을 완성해보세요.

구분	삼한
정치	ㅅㅈ·ㅇㅊ 등의 군장이 다스림
경제	저수지를 축조하고 철제 농기구를 사용하여 ㅂ ㄴㅅ가 발달함
풍속과 문화	진한과 변한에는 남녀가 몸에 ㅁㅅ을 새기는 풍습이 있었음

4 아래 기출 사료와 관련 있는 국가를 써보세요.

　　누선장군 양복이 병사 7천 명을 거느리고 먼저 왕검
성에 이르렀다. 이 나라의 우거왕이 성을 지키고 있다
가 양복의 군사가 적음을 알고 곧 성을 나와 공격하자,
양복의 군사가 패배하여 흩어져 달아났다. 한 무제는 두
장군이 이롭지 못하다 생각하고, 이에 위산으로 하여금
군사의 위엄을 갖추고 가서 우거왕을 회유하도록 하였
다. 　　　　　　　　　　　　　　　　　　　　[44회]

　　　　　　　　　　　　　　　　→ □□□

1　　　　　　　　　　　　　　　　　49회 2번

(가) 나라에 대한 설명으로 옳은 것은?　　　[2점]

　　위만이 망명하여 호복을 하고 동쪽의 패수를 건너 준
왕에게 투항하였다. 위만은 서쪽 변경에 거주하도록 해
주면, 중국의 망명자를 거두어 　(가)　의 번병(藩屛)*이
되겠다고 준왕을 설득하였다. 준왕은 그를 믿고 총애하여
박사로 삼고 …… 백 리의 땅을 봉해 주어 서쪽 변경을 지키
게 하였다. 　　　　　　　　　　　－『삼국지』 동이전
　　　　　　　　　　　*번병: 변경의 울타리

① 국가 중대사를 정사암에서 논의하였다.
② 마립간이라는 왕의 칭호를 사용하였다.
③ 여러 가(加)들이 다스리는 사출도가 있었다.
④ 빈민을 구제하기 위해 진대법을 시행하였다.
⑤ 사회 질서를 유지하기 위해 범금 8조를 두었다.

2　　　　　　　　　　　　　　　　　47회 2번

(가) 나라에 대한 설명으로 옳은 것은?　　　[2점]

한국사 교양 강좌
고구려와 백제의 기원, 　(가)

　　우리 연구소에서는 고구려와 백제의 왕족이 자신들의 기원으로
삼았던 　(가)　을/를 주제로 한 역사 강좌를 3차에 걸쳐 마련하였
습니다. 고대사에 관심 있는 시민들의 많은 참여 바랍니다.

◆ 강좌 내용
　　제1강: 쑹화강 유역의 자연 환경과 경제 생활
　　제2강: 사출도를 통해 본 연맹 왕국의 구조
　　제3강: 1책 12법으로 알아보는 형벌 제도

◆ 일시: 2020년 6월 ○○일 ～ ○○일, 매주 목요일 저녁 7시
◆ 장소: △△ 연구소 대강당

① 신성 구역인 소도를 두었다.
② 영고라는 제천 행사를 열었다.
③ 혼인 풍속으로 민며느리제가 있었다.
④ 부족 간의 경계를 중시하는 책화가 있었다.
⑤ 목지국을 비롯한 많은 소국으로 이루어졌다.

3

48회 2번

밑줄 그은 '이 나라'에 대한 설명으로 옳은 것은?   [2점]

> 이 나라에는 왕이 있고 벼슬로는 상가·대로·패자·고추
> 가·주부·우태·승·사자·조의·선인이 있으며, 존비(尊卑)
> 에 따라 각각 등급을 두었다. 모든 대가들도 스스로 사자·
> 조의·선인을 두었는데, 그 명단은 모두 왕에게 보고하여야
> 한다. …… 범죄자가 있으면 제가들이 모여 회의하여 즉시
> 사형에 처하고, 그 처자는 노비로 삼는다.
>
> – 『삼국지』 「동이전」

① 집집마다 부경이라는 창고가 있었다.
② 12월에 영고라는 제천 행사를 열었다.
③ 혼인 풍속으로 민며느리제가 있었다.
④ 읍락 간의 경계를 중시하는 책화가 있었다.
⑤ 제사장인 천군과 신성 지역인 소도가 존재하였다.

5

54회 2번

다음 자료에 해당하는 나라에 대한 설명으로 옳은 것은?
          [2점]

> 대군장이 없고 관직으로는 후·읍군·삼로가 있다. …… 해
> 마다 10월이면 하늘에 제사를 지내는데, 밤낮으로 술 마시고
> 노래 부르며 춤추니 이를 무천이라 한다. …… 낙랑의 단궁이
> 그 지방에서 산출되고 무늬 있는 표범이 많다. 과하마가 있으
> 며 바다에서는 반어가 난다.
>
> – 『후한서』

① 신성 지역인 소도가 존재하였다.
② 혼인 풍습으로 민며느리제가 있었다.
③ 읍락 간의 경계를 중시하는 책화가 있었다.
④ 제가 회의에서 나라의 중대사를 결정하였다.
⑤ 여러 가(加)들이 별도로 사출도를 주관하였다.

4

46회 2번

(가), (나) 나라에 대한 설명으로 옳은 것은?   [2점]

① (가) – 여러 가(加)들이 별도로 사출도를 주관하였다.
② (가) – 가족의 유골을 한 목곽에 안치하는 풍습이 있었다.
③ (나) – 읍락 간의 경계를 중시하는 책화가 있었다.
④ (나) – 철이 많이 생산되어 낙랑과 왜에 수출하였다.
⑤ (가), (나) – 제사장인 천군과 신성 지역인 소도가 있었다.

6

49회 3번

(가)에 들어갈 내용으로 옳은 것은?   [1점]

① 혼인 풍속으로 민며느리제가 있었습니다.
② 대가들이 사자, 조의, 선인을 거느렸습니다.
③ 제사장인 천군과 신성 지역인 소도가 있었습니다.
④ 남의 물건을 훔쳤을 때는 12배로 갚게 하였습니다.
⑤ 단궁, 과하마, 반어피 등이 특산물로 유명하였습니다.

대표 기출 문제의 정답 및 문제풀이 방법을 다음 페이지에서 확인하세요. →

대표 기출 문제 정답 및 문제풀이 방법

1	2	3	4	5	6
⑤	②	①	②	③	③

1 고조선

> 위만이 망명하여 호복을 하고 동쪽의 패수를 건너 준왕에게 투항하였다. 위만은 서쪽 변경에 거주하도록 해 주면, 중국의 망명자를 거두어 중국의 번병(藩屛)*이 되겠다고 준왕을 설득하였다. 준왕은 그를 믿고 총애하여 박사로 삼고 …… 백 리의 땅을 봉해 주어 서쪽 변경을 지키게 하였다.
> ― 「삼국지」 동이전
>
> *번병: 변경의 울타리

— 고조선

⑤ 사회 질서를 유지하기 위해 범금 8조를 두었다.

위만이 망명하여 준왕에게 투항한 나라는 고조선이다. 특히 단군 조선에 이어 위만이 왕위에 오른 시대를 위만 조선이라 한다. 한편 고조선은 사회 질서를 유지하기 위해 범금 8조를 두어 살인죄, 상해죄, 절도죄 등을 처벌하였다.

오답 체크
① 국가 중대사를 정사암에서 논의하였다. → 백제
② 마립간이라는 왕의 칭호를 사용하였다. → 신라
③ 여러 개가(加)들이 다스리는 사출도가 있었다. → 부여
④ 빈민을 구제하기 위해 진대법을 시행하였다. → 고구려

✔️ 또 나올 암기 포인트

고조선

건국	기원전 2333년에 단군왕검이 건국
발전	• 기원전 4세기경: 요서 지방을 경계로 연나라와 대립 • 기원전 3세기 초: 연나라 장수 진개의 침략 • 기원전 3세기경: 부왕, 준왕과 같은 강력한 왕이 등장하여 왕위 세습
위만 조선 성립	위만이 무리를 이끌고 고조선으로 망명 → 세력을 확대하여 준왕을 축출(기원전 194)
멸망	• 한 무제가 고조선 침략 • 우거왕이 피살되고 왕검성이 함락되며 고조선 멸망(기원전 108)

2 부여

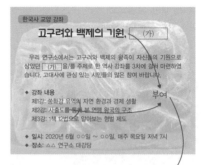

> 한국사 교양 강좌
> ### 고구려와 백제의 기원, (가)
> 우리 연구소에서는 고구려와 백제의 왕족이 자신들의 기원으로 삼았던 (가) 을/를 주제로 한 역사 강좌를 3차에 걸쳐 마련하였습니다. 고대사에 관심 있는 시민들의 많은 참여 바랍니다.
> ◆ 강좌 내용
> 제1강: 쑹화강 유역의 자연 환경과 경제 생활
> 제2강: 사출도를 통해 본 연맹 왕국의 구조
> 제3강: 1책 12법으로 알아보는 형벌 제도
> ◆ 일시: 2020년 6월 ○○일 ~ ○○일, 매주 목요일 저녁 7시
> ◆ 장소: △△ 연구소 대강당

— 부여

② 영고라는 제천 행사를 열었다.

고구려와 백제의 기원이 된 나라는 부여이다. 부여의 주몽이 고구려를 세웠고, 주몽의 아들인 온조가 백제를 세웠다. 부여는 쑹화강 유역에 자리잡았으며, 사출도와 1책 12법이 있었다. 한편 부여에서는 매년 12월에 영고라는 제천 행사를 열었다.

오답 체크
① 신성 구역인 소도를 두었다. → 삼한
③ 혼인 풍속으로 민며느리제가 있었다. → 옥저
④ 부족 간의 경계를 중시하는 책화가 있었다. → 동예
⑤ 목지국을 비롯한 많은 소국으로 이루어졌다. → 삼한 중 마한

3 고구려

> 이 나라에는 왕이 있고 벼슬로는 상가·대로·패자·고추가·주부·우태·승·사자·조의·선인이 있으며, 존비(尊卑)에 따라 각각 등급을 두었다. 모든 대가들도 스스로 사자·조의·선인을 두었는데, 그 명단은 모두 왕에게 보고하여야 한다. …… 범죄자가 있으면 제가들이 모여 회의하여 즉시 사형에 처하고, 그 처자는 노비로 삼는다.
> ― 「삼국지」 「동이전」

— 고구려
— 제가 회의

① 집집마다 부경이라는 창고가 있었다.

상가, 대로, 패자, 고추가, 주부, 우태, 승, 사자, 조의, 선인 등의 벼슬이 있었으며, 제가 회의를 열어 범죄자를 사형에 처하고, 그 가족들을 노비로 삼은 나라는 고구려이다. 고구려에는 집집마다 부경이라는 작은 창고가 있었다.

오답 체크
② 12월에 영고라는 제천 행사를 열었다. → 부여
③ 혼인 풍습으로 민며느리제가 있었다. → 옥저
④ 읍락 간의 경계를 중시하는 책화가 있었다. → 동예
⑤ 제사장인 천군과 신성 지역인 소도가 존재하였다. → 삼한

4 옥저와 고구려

②(가) – 가족의 유골을 한 목곽에 안치하는 풍속이 있었다.

민며느리제가 있었던 (가)는 옥저이고, 서옥제가 있었던 (나)는 고구려이다. 한편 옥저에는 가족의 유골을 한 목곽에 안치하는 **가족 공동 무덤**의 장례 풍습이 있었다.

오답 체크

① (가) – 여러 **가(加)**들이 별도로 **사출도**를 주관하였다. → **부여**
③ (나) – 읍락 간의 경계를 중시하는 **책화**가 있었다. → **동예**
④ (나) – 철이 많이 생산되어 낙랑과 왜에 수출하였다.
　　 → **변한, 금관가야**
⑤ (가), (나) – 제사장인 **천군**과 신성 지역인 소도가 있었다. → **삼한**

5 동예

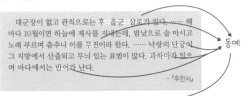

> 대군장이 없고 관직으로는 후·읍군·삼로가 있다. …… 해마다 10월이면 하늘에 제사를 지내는데, 밤낮으로 술 마시고 노래 부르며 춤추니 이를 무천이라 한다. …… 낙랑의 단궁이 그 지방에서 산출되고 무늬 있는 표범이 많다. 과하마가 있으며 바다에서는 반어가 난다.
> — 『후한서』

③읍락 간의 경계를 중시하는 **책화**가 있었다.

대군장이 없고 **후·읍군·삼로** 등의 관직이 있었으며, 10월에 **무천**이라는 제천 행사를 열었던 나라는 **동예**이다. 동예에는 특산물로 **단궁·과하마·반어피**가 많았으며, 다른 부족의 영역을 침범하면 노비나 소, 말 등으로 변상하게 하는 **책화**의 풍습이 있었다.

오답 체크

① 신성 지역인 소도가 존재하였다. → **삼한**
② 혼인 풍습으로 민며느리제가 있었다. → **옥저**
④ 제가 회의에서 나라의 중대사를 결정하였다. → **고구려**
⑤ 여러 **가(加)**들이 별도로 **사출도**를 주관하였다. → **부여**

6 삼한

③제사장인 **천군**과 신성 지역인 소도가 있었습니다.

신지, 읍차 등은 삼한의 지배자이다. 벼농사가 발달하였고, 5월과 10월에 제천 행사를 열었던 나라도 삼한이다. 삼한에는 제사장인 **천군**과 신성 지역인 소도가 있었다. 삼한은 정치적 지배자가 다스리는 지역과 제사장이 다스리는 지역이 구분된 **제정 분리** 사회였다.

오답 체크

① 혼인 풍습으로 민며느리제가 있었습니다. → **옥저**
② 대가들이 사자, 조의, 선인을 거느렸습니다. → **고구려**
④ 남의 물건을 훔쳤을 때는 12배로 갚게 하였습니다. → **부여, 고구려**
⑤ 단궁, 과하마, 반어피 등이 특산물로 유명하였습니다. → **동예**

✔ 또 나올 암기 포인트

삼한

정치	• 78개의 소국 연맹체로 형성됨(한반도 중남부 지방) • 마한 목지국의 지배자가 마한왕(진왕)으로 추대되어 삼한 연맹체를 주도함 • 지배 세력: 신지, 견지 등의 대군장과 읍차, 부례 등의 소군장이 있었음 • 제정 분리: 제사장인 천군이 다스리는 별도의 신성 지역인 소도가 존재함
경제	벼농사 발달, 철의 생산(변한)
제천 행사	수릿날(5월), 계절제(10월)

해커스 이명호 스토리로 암기하는 한국사능력검정시험 심화 상

II. 고대

기원전	BC 57	신라 건국
	BC 37	고구려 건국
	BC 18	백제 건국
기원후	42	금관가야 건국
300년	371	백제 근초고왕, 고구려 평양성 공격 (고구려 고국원왕 전사)
400년	400	고구려 광개토 대왕, 신라 구원
	427	고구려 장수왕, 평양 천도
	433	나·제 동맹 체결
	475	고구려 장수왕, 백제 한성 함락 백제, 웅진 천도
500년	512	신라 지증왕, 우산국 정복
	538	백제 성왕, 사비 천도
	554	관산성 전투(백제 성왕 전사)
600년	612	고구려 영양왕, 살수 대첩
	645	고구려 보장왕, 안시성 전투
	648	신라 진덕 여왕, 나·당 동맹 결성
	660	백제 멸망
	668	고구려 멸망
	676	신라 문무왕, 삼국 통일
	698	대조영, 발해 건국
800년	889	신라 진성 여왕, 원종과 애노의 난
900년	900	견훤, 후백제 건국
	901	궁예, 후고구려 건국

03강 고구려

우리는 이 단원에서 고구려의 건국과 위기, 전성기와 멸망까지 전 과정을 살펴볼 것입니다. 소수림왕이 국가적 위기를 극복하고, 광개토 대왕과 장수왕이 활발하게 영토 확장을 하는 모습을 보면서 '함께 신나는' 경험을 하게 될 것입니다.

5세기 고구려의 전성기 ▶

1 고구려의 건국과 발전

▌주몽이 나라를 세우다

고구려의 시조는 **동명성왕**(기원전 37~기원전 19), 주몽이다. 주몽은 어려서부터 부여의 왕자들과 함께 생활했는데, 주몽이 활도 잘 쏘고 똑똑하여 시기를 참 많이 받았다. 시기를 견디다 못한 주몽은 결국 부여를 탈출하여 남쪽으로 내려와 졸본에 고구려를 세웠다(기원전 37). 이후 주몽의 아들 유리왕이 압록강 유역의 국내성으로 도읍을 옮겼다(기원후 3).

▌국가 체제를 정비하다

제6대 왕은 유리왕의 손자인 **태조왕**(53~146)이다. 태조왕은 **동옥저를 정벌**하여 영토를 넓혔다. 옥저는 선진 문물을 전파해 줄 중국과 거리가 멀고, 고구려와는 가까워서 결국 약탈만 당하다가 일찍 멸망하였다.

제9대 왕은 **고국천왕**(179~197)이다. 고국천왕은 사냥을 나갔다가 흉년을 맞아 어려움을 겪는 백성들을 보고는 '내가 백성의 부모가 되어 백성들에게 어려움을 겪게 했으니, 이 모든 것이 나의 죄로구나'라며 마음 아파했다. 왕은 국상 **을파소**(乙巴素)의 건의로 봄에 곡식을 꿔주고 가을에 돌려받는 **진대법**(賑貸法)을 **시행**하였다(194). 고국천왕은 이외에도 왕위 계승을 형제 상속에서 부자 상속으로 바꾸고, **부족적 5부를 행정적 5부로 개편**하는 등 왕권을 강화했다.

기출 한 컷 [16회]

겨울 10월에 왕이 질산 남쪽에서 사냥을 하다가 …… 흉년이 들어 부모를 섬길 수 없다며 우는 사람을 보고 다음과 같은 명령을 내렸다. "아아! 내가 백성의 부모가 되어 백성들을 이 지경에 이르게 했으니, 이는 나의 죄다. …… 매년 봄 3월부터 가을 7월까지 관의 곡식을 내어 …… 빌려 주었다가 겨울 10월에 갚게 하는 것을 일정한 법으로 삼도록 하라." – 「삼국사기」 19회

제11대 왕은 **동천왕**(227~248)이다. 이때 중국은 위, 촉, 오 3국으로 분열되어 있었다. 동천왕은 중국의 분열을 틈타 중국에서 한반도로 들어가는 길목인 **서안평(西安平)을 공격**하였다(242). 그러나 이에 발끈한 위나라는 장수 **관구검**을 보내 동천왕을 뒤쫓았고, 동천왕은 오히려 국내성 앞에 있는 환도성도 빼앗기고 두만강 유역의 북옥저까지 피난을 가는 신세가 되었다.

제15대 왕은 **미천왕**(300~331)이다. 미천왕은 동천왕이 이루지 못한 숙제를 해야 했다. 당시 중국은 5호 16국 시대로 접어들었는데, 미천왕은 이러한 '분열'을 틈타 **서안평(西安平)을 점령**하여(311) 중국과 한반도의 경계를 끊어놓았다. 그 결과 한반도에 있는 중국인들은 고립되고 말았다. 미천왕은 내친김에 대동강 유역의 **낙랑군을 공격**하여 멸망시키고(313), 그 남쪽에 있는 **대방군도 정벌**하였다(314).

기출 핵심 키워드 암기

① 고국천왕 – 백성들에게 곡식을 빌려주는 ㅈㄷㅂ 을 실시하였다. [58회]
② 미천왕 – ㅅㅇㅍ 을 공격하여 영토를 확장하였다. [56·36회]

정답 ① 진대법 ② 서안평

국가적 위기를 극복하다

제16대 왕은 미천왕의 아들인 **고국원왕**(331~371)으로, 이름은 사유이다. 고국원왕은 선비족이 세운 전연(前燕)의 침입을 받아 고구려가 완전히 멸망할 뻔했다(342). 그리고 30년 정도 지났을 때, **백제 근초고왕의 공격**을 받아서 결국 **평양성에서 전사**하고 말았다(371). 이 전쟁에서 고국원왕은 '빗나간 화살'에 맞아 죽었다고 하는데, 이 정도 되면 우리는 고국'원'왕을 평생 '원한' 속에 살다 간 왕으로 생각해도 될 것 같다.

고국원왕이 평양성 전투에서 전사한 위기 속에서 그 아들 **소수림왕**(371~384)이 제17대 왕으로 왕위에 올랐다. 소수림왕은 즉위하자마자 국가적 위기를 극복하기 위해 내실을 다져갔다. 그는 우선 삼국 중 최초로 중국의 전진(前秦)으로부터 **불교를 수용**하였다(372). 전진의 왕 부견이 사신과 승려 **순도(順道)**를 고구려에 보내 불상과 경문을 전해 왔고, 소수림왕은 사신을 보내 사례하였다.

전진 왕 부견이 사신과 승려 순도를 파견하여 불상과 경문을 보내왔다. 왕이 사신을 보내 답례로 방물(方物)을 바쳤다. 태학을 세우고 자제를 교육시켰다. – 「삼국사기」 46회

소수림왕은 같은 해에 유학 교육 기관인 태학(太學)을 설치하였다(372). 국립 대학인 태학은 귀족 자제를 대상으로 유학 교육을 실시하였으며, 졸업 후 '왕을 위해' 일하는 관리가 되므로, 왕권을 강화하는 역할도 하였다. 또 소수림왕은 율령을 반포하였다(373). 왕은 이 모든 것을 즉위 후 3년 안에 해냈다.

2 고구려의 전성기

┃ 광개토 대왕이 영토를 확장하다

제19대 왕은 **광개토 대왕**(391~412)이다. 소수림왕이 국가의 기반을 잘 닦아 놓았기 때문에 광개토 대왕은 마음 놓고 영토 확장을 할 수 있었다. 광개토 대왕은 우리나라 최초의 연호인 영락(永樂)을 사용했다. 그러니까 391년은 영락 1년인 셈이다. 광개토 대왕은 '광개토(廣開土)'라는 이름에 걸맞게 주변 지역을 신나게 정복해 나갔다.

신라의 내물 마립간이 남부 해안으로 침입한 왜구를 격퇴해 달라고 광개토 대왕에게 간청한 적이 있다(399). 광개토 대왕은 5만의 군사를 이끌고 **신라에 침입한 왜구를 격퇴**하였다(400).

> 왕이 보병과 기병 등 5만 명을 보내 신라를 구원하게 하였다. 고구려군이 남거성을 거쳐 신라성에 이르렀는데, 그곳에 왜적이 가득하였다. 고구려군이 도착하자 왜적이 퇴각하였다.
>
> – 광개토 대왕릉비 비문 [46회]

그런데 이때 왜구의 잔당들이 게걸음을 쳐서 서쪽의 가야로 도망을 쳤고, 광개토 대왕의 고구려 군대가 끝까지 쫓아가서 왜구를 쳤는데, 이 과정에서 왜구와 함께 있던 **금관가야도** 크게 쇠퇴하였다.

이후 광개토 대왕은 고구려 군대를 경주에 머물게 하고, 신라에 정치적 영향력을 행사하였다. 경주에서 발견된 **호우명 그릇**에는 광개토 대왕의 이름이 새겨져 있는데, 이 유물을 통해 우리는 당시 신라에 대한 고구려의 영향력이 컸음을 확인할 수 있다.

호우명 그릇

또한 광개토 대왕은 **백제**를 공격하였는데, 당시 백제의 왕이었던 **아신왕**(392~405)은 결국 **한강 이북**을 광개토 대왕에게 **빼앗기고** 말았다.

한편, 선비족이 후연을 세워 요동 지역을 차지하고 있었는데, 광개토 대왕은 **후연을 격파하여 요동을 확보**하였고, 후연은 광개토 대왕에게 쫓겨서 서쪽으로 이동하였다.

고구려, 최대 영토를 확보하다

제20대 왕은 **장수왕**(412~491)이다. 장수왕은 광개토 대왕의 맏아들로 이름은 거련(巨連)이다. 장수왕은 수도를 **평양으로 천도**하고, **남진 정책**(한반도 남쪽으로 영토를 확장하는 정책)을 본격화했다(427).

장수왕의 남진 정책에 위협을 느낀 백제와 신라는 **나·제 동맹**을 체결하여 장수왕을 견제하려고 하였다(433). 장수왕은 나·제 동맹에도 불구하고 **백제의 수도 한성**을 **함락**시키고, 백제 왕인 **개로왕(부여경)**을 죽이고 남녀 8천 명을 포로로 잡아 돌아왔다(475).

> 고구려 왕 거련(장수왕)이 군사 3만 명을 이끌고 와서 왕도인 한성을 포위하였다. 왕(개로왕)이 성문을 닫고서 나가 싸우지 못하였다. 고구려 군사가 네 길로 나누어 협공하고, 바람을 타고 불을 놓아 성문을 불태웠다. 사람들이 매우 두려워하여 나가서 항복하려는 자들도 있었다. 왕이 어찌할 바를 몰라 수십 명의 기병을 거느리고 성문을 나가 서쪽으로 달아나니, 고구려 군사가 추격하여 왕을 해쳤다.
>
> – 『삼국사기』 [50회]

제21대 왕은 **문자왕**(491~519)이다. 문자왕은 부여 왕의 투항을 받아들여 **부여를 완전히 복속**하게 되었는데, 어쩌다 보니 이것이 '**고구려의 최대 영토**'가 되었다.

③ 고구려의 멸망

┃ 수나라의 침입을 격퇴하다

제26대 왕은 **영양왕**(590~618)이다. 평강 공주의 남편인 **온달**은 신라에게 빼앗긴 한강 유역(죽령 이북)의 영토를 되찾기 위해 영양왕이 즉위하자 "군사를 주신다면 반드시 우리 땅을 도로 찾아오겠습니다"라고 호언장담하며 남쪽으로 내려왔다. 그러나 온달은 한강을 되찾으려다 오히려 한강 유역의 **아단성(아차산성)**에서 전사하고 말았다(590).

수나라(581~618)가 중국을 통일하였다는 소식을 들은 영양왕은 **요서 지방을 선제공격**하였다(598). 자존심에 상처를 입은 수나라는 고구려를 네 차례나 공격했지만, 영양왕은 이것을 모두 막아냈다. 특히 두 번째 공격 때에는 수 양제가 수륙 양면으로 고구려를 공격했지만, **을지문덕**이 살수(지금의 청천강)에서 **크게 승리**하였다(살수대첩, 612). 이후 거듭된 전쟁으로 인한 국력 소모와 내란으로 결국 수나라는 멸망하고 당나라가 건국되었다.

도망치는 수나라 군대를 섬멸하라!

을지문덕

🎬기출 한 컷 [39회]

> 살수에 이르러 [수의] 군대가 반쯤 건너자 을지문덕이 군사를 보내 그 후군을 공격하였다. 우둔위 장군 신세웅을 죽이니, [수의] 군대가 걷잡을 수 없이 모두 무너져 9군의 장수와 병졸이 도망쳐 돌아갔다.
>
> – 『삼국사기』 [35회]

영양왕은 백제의 근초고왕, 신라의 진흥왕에 이어 역사서를 편찬했는데, **이문진**에게 『유기(留記)』 100권을 간추려 『**신집(新集)**』 5권을 편찬하게 했다(600).

기출 핵심 키워드 암기

을지문덕이 ㅅㅅ 에서 수의 군대를 크게 물리쳤다. [56회]

정답 수살 ⤴

┃ 연개소문이 권력을 장악하다

제27대 왕은 **영류왕**(618~642)이다. 영류왕은 새로 세워진 당나라(618~907)와 평화로운 관계를 유지하려고 노력했다. 그러면서도 **연개소문**을 보내 **당의 침략에 대비하여 천리장성을 축조**하기 시작했다. 그러나 영류왕의 마지막은 좋지 않았다. 천리장성을 쌓으며 덩치가 커진 **연개소문이 정변을 일으켜 권력을 장악**한 것이다. 연개소문은 궁궐로 달려가 영류왕을 죽이고, 장(藏, 보장왕)을 왕으로 세웠다(642).

[연개]소문은 부병(部兵)을 모두 모아놓고 마치 군대를 사열할 것처럼 꾸몄다. …… 손님이 이르자 모두 살해하니, 1백여 명이었다. [그리고] 말을 달려 궁궐로 들어가 왕을 시해하였다. …… [연개소문은] 왕제(王弟)의 아들인 장(臧)을 세워 왕으로 삼고 스스로 막리지가 되었다.

– 『구당서』 「동이전」 [52회]

당나라의 침입을 격퇴하다

제28대 왕은 고구려의 마지막 왕인 **보장왕**(642~668)이다. 보장왕이 즉위하던 해에 백제와 신라 사이에서는 대야성 전투가 벌어졌다(642). 선덕 여왕은 김춘추를 보장왕에게 보내 군대를 요청하였다. 그때 보장왕이 말하기를, "죽령 이북은 본래 우리 땅이니, 너희 신라가 돌려주지 않는다면 너는 돌아가지 못할 것이다"라고 했다. 신라가 고구려에게 빼앗은 땅을 반환하면 군대를 보내주겠다는 말이었다. 김춘추가 이를 거부하자, 보장왕은 김춘추를 감금시켰다.

사실 보장왕 재위 기간 중에 실권은 연개소문에게 있었다. 이에 당 태종은 연개소문을 꾸짖어야 한다며, 안시성을 공격하였다. 그러나 **안시성의 군사와 백성들이 당 태종(이세민)의 대군을 격파**하고, 안시성 성주 **양만춘**이 당 태종의 눈을 활로 쏘아 맞히면서 안시성 전투는 고구려의 승리로 끝났다(645).

여러 장수가 급히 안시성을 공격하였다. …… 황제가 여러 장수에게 명하여 안시성을 공격하였으나, 3일이 지나도록 이길 수 없었다.

– 『삼국사기』 [50회]

한편, 영류왕 때 축조가 시작된 **천리장성이 드디어 완공**되었다(631~647). 당의 침략에 대비하기 위해 16년 동안 쌓은 천리장성은 북쪽의 부여성에서 남쪽의 비사성에 이르렀다. 당나라와 고구려의 국경을 장성으로 모두 막은 것이다.

나·당 연합군에 의해 고구려가 멸망하다

연개소문은 나·당 연합군에 의해 백제가 멸망(660)하고 백제 부흥 운동이 일어났지만, 결과는 좋지 않았다는 소식을 들었다. 이후 연개소문이 죽자 그 아들들(남생, 남산, 남건) 사이에 권력 쟁탈전이 일어났다. 결국 나·당 연합군이 평양성을 공격하여 함락될 위기에 처하자, 연개소문의 아들 남산은 보장왕과 함께 당나라에 항복했다(668). 이렇게 고구려의 역사는 막을 내렸다.

> 계필하력이 먼저 군사를 이끌고 평양성 밖에 도착하였고, 이적의 군사가 뒤따라와서 한 달이 넘도록 평양을 포위하였다. …… 남건은 성문을 닫고 항거하여 지켰다. …… 5일 뒤에 신성이 성문을 열었다. …… 남건은 스스로 칼을 들어 자신을 찔렀으나 죽지 못했다. [보장]왕과 남건 등을 붙잡았다.
>
> — 『삼국사기』 42회

기출 핵심 키워드 암기

고구려 – □ ㄴ·ㄷ ㅇㅎㄱ □ 에 의해 멸망하였다. [45회]

정답 나·당 연합군

빈출 개념만 모아 암기하세요~!

빈출 개념 한눈에 암기하기

1. 고구려의 건국과 발전

동명성왕	주몽(동명성왕)이 졸본에서 고구려 건국
태조왕	동옥저 정벌
고국천왕	1)⬛⬛⬛ 실시(빈민 구제), 왕위 부자 상속 확립, 행정적 5부 개편
미천왕	서안평 점령, 낙랑군·대방군 축출
고국원왕	백제 2)⬛⬛⬛⬛⬛ 의 공격으로 평양성에서 전사
소수림왕	3)⬛⬛ 수용(전진의 순도가 전래), 태학 설립, 율령 반포

2. 고구려의 전성기

광개토 대왕	'4)⬛⬛⬛' 연호 사용, 5)⬛⬛ 구원(왜구 격퇴, 금관가야 공격), 백제 공격(한강 이북 점령), 후연 공격(요동 차지)
장수왕	6)⬛⬛ 천도, 남진 정책 추진, 백제 7)⬛⬛ 함락(개로왕 전사)
문자왕	부여 완전 복속, 고구려 최대 영토 확보

3. 고구려의 멸망

수나라의 침입 격퇴	• 고구려의 선제 공격: 고구려의 영양왕이 수나라의 요서 지방 선제 공격 • 살수 대첩: 8)⬛⬛⬛⬛ 이 살수에서 수나라 군대 격파
연개소문의 권력 장악	당의 침략에 대비하여 연개소문의 감독 하에 9)⬛⬛⬛ 축조 → 10)⬛⬛⬛ 이 정변을 일으켜 권력 장악
당나라의 침입 격퇴	11)⬛⬛⬛ 전투: 안시성의 군사와 백성들이 당 태종의 군대 격파
고구려의 멸망	12)⬛⬛⬛⬛⬛ 의 평양성 공격 → 고구려 멸망

정답 1) 진대법 2) 근초고왕 3) 불교 4) 영락 5) 신라 6) 평양 7) 한성 8) 을지문덕 9) 천리장성 10) 연개소문 11) 안시성
12) 나·당 연합군

실전 연습

1 키워드와 관련된 것을 알맞게 연결해보세요.

① 고국천왕   •   • ㉠ 서안평 공격

② 광개토 대왕 •   • ㉡ 신라 구원

③ 미천왕   •   • ㉢ 진대법 시행

2 〈보기〉에서 골라 빈칸을 채워보세요.

보기
연개소문　　관구검　　장수왕

① 동천왕 때 (　　　　)이 이끄는 위의 군대가 고구려를 침략하였다. [50회]

② (　　　　)이 백제를 공격하여 한성을 함락시켰다. [49회]

③ (　　　　)이 정권을 장악하고 신라를 압박하였다. [49회]

3 아래 표에 있는 초성을 완성해보세요.

구분	살수 대첩(612)
배경	수 ㅇㅈ가 대군을 이끌고 고구려에 침입함
전개	ㅇㅈㅁㄷ이 살수에서 수의 군대를 격파함
결과	수나라가 멸망하고 ㄷㄴㄹ가 건국됨

4 아래 기출 사료와 관련 있는 사건을 써보세요.

　　계필하력이 먼저 군사를 이끌고 평양성 밖에 도착하였고, 이적의 군사가 뒤따라 와서 한 달이 넘도록 평양을 포위하였다. …… 남건은 성문을 닫고 항거하여 지켰다. …… 5일 뒤에 신성이 성문을 열었다. …… 남건은 스스로 칼을 들어 자신을 찔렀으나 죽지 못했다. [보장] 왕과 남건 등을 붙잡았다.   -「삼국사기」 [42회]

→

1

46회 6번

다음 사실이 있었던 시기를 연표에서 옳게 고른 것은?   [2점]

　　전진 왕 부견이 사신과 승려 순도를 파견하여 불상과 경문을 보내왔다. 왕이 사신을 보내 답례로 방물(方物)을 바쳤다. 태학을 세우고 자제를 교육시켰다.

                     - 「삼국사기」

246	313	371	427	475	554
	(가)	(나)	(다)	(라)	(마)
관구검의 환도성 함락	낙랑군 축출	고국원왕 전사	평양 천도	개로왕 전사	관산성 전투

① (가)   ② (나)   ③ (다)   ④ (라)   ⑤ (마)

2

46회 3번

다음 자료를 활용한 탐구 활동으로 가장 적절한 것은?   [2점]

　　경자년에 왕이 보병과 기병 5만 명을 보내어 신라를 구원하게 하였다. [고구려군이] 남거성을 거쳐 신라성에 이르니, 그곳에 왜적이 가득하였다. 고구려군이 막 도착하니 왜적이 퇴각하였다. 그 뒤를 급히 추격하여 임나가라의 종발성에 이르니 성이 곧 항복하였다. …… 예전에는 신라 매금이 몸소 [고구려에 와서] 보고를 하며 명을 받든 적이 없었는데, …… 신라 매금이 …… 조공하였다.

① 백강 전투의 전개 과정을 살펴본다.

② 안동 도호부가 설치된 경위를 찾아본다.

③ 백제가 사비로 천도한 원인을 알아본다.

④ 나·당 연합군이 결성된 계기를 파악한다.

⑤ 가야 연맹의 중심지가 이동한 배경을 조사한다.

정답

1 ① ㉢ ② ㉡ ③ ㉠   2 ① 관구검 ② 장수왕 ③ 연개소문
3 양제, 을지문덕, 당나라   4 고구려 멸망

3

45회 4번

(가), (나) 사이의 시기에 있었던 사실로 옳은 것은? [3점]

> (가) 왕이 태자와 함께 정예군 3만 명을 거느리고 고구려를 침범하여 평양성을 공격하였다. 고구려 왕 사유(斯由)가 필사적으로 항전하다가 날아오는 화살에 맞아 죽었다. 왕이 병사를 이끌고 물러났다. — 『삼국사기』
>
> (나) 고구려 왕 거련(巨璉)이 병사 3만 명을 거느리고 와서 한성을 포위하였다. …… 왕은 상황이 어렵게 되자 어찌할 바를 모르다가 기병 수십 명을 거느리고 성문을 나가 서쪽으로 달아났는데, 고구려 병사가 추격하여 왕을 살해하였다. — 『삼국사기』

① 신라의 법흥왕이 불교를 공인하였다.
② 백제의 문주왕이 웅진으로 천도하였다.
③ 고구려의 태조왕이 옥저를 복속시켰다.
④ 고구려의 광개토 대왕이 백제를 공격하였다.
⑤ 백제와 고구려가 동맹을 맺고 신라에 대항하였다.

4

36회 3번

다음 검색창에 들어갈 왕의 업적으로 옳은 것은? [2점]

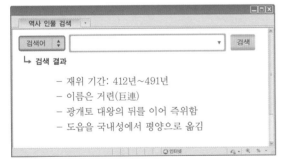

- 재위 기간: 412년~491년
- 이름은 거련(巨連)
- 광개토 대왕의 뒤를 이어 즉위함
- 도읍을 국내성에서 평양으로 옮김

① 수의 군대를 살수에서 크게 물리쳤다.
② 서안평을 공격하여 영토를 확장하였다.
③ 전진의 순도를 통해 불교를 수용하였다.
④ 백제의 한성을 공격하여 개로왕을 전사시켰다.
⑤ 당의 침략에 대비하여 천리장성을 축조하였다.

5

53회 3번

(가)~(다)를 일어난 순서대로 옳게 나열한 것은? [3점]

> (가) 온달이 왕에게 아뢰기를, "신라가 한강 이북 땅을 빼앗아 군현으로 삼았습니다. …… 저에게 군사를 주신다면 단번에 우리 땅을 반드시 되찾겠습니다."라고 하였다.
>
> (나) 10월에 백제 왕이 병력 3만 명을 거느리고 평양성을 공격해 왔다. 왕이 군대를 내어 막다가 날아온 화살에 맞아 이달 23일에 서거하였다.
>
> (다) 9월에 왕이 병력 3만 명을 거느리고 백제를 침략하여 도읍 한성을 함락하였다. 백제 왕 부여경을 죽이고 남녀 8천 명을 포로로 잡아 돌아왔다.

① (가) – (나) – (다)
② (가) – (다) – (나)
③ (나) – (가) – (다)
④ (나) – (다) – (가)
⑤ (다) – (나) – (가)

6

59회 4번

(가) 인물에 대한 설명으로 옳은 것은? [2점]

이 그림은 명 대 간행된 소설에 실린 「막리지비도대전」입니다. 그림에서 당 태종을 향해 위협적으로 칼을 날리고 있는 모습으로 묘사된 인물이 (가) 입니다.

(가) 은/는 영류왕을 시해하고 대막리지가 되어 권력을 장악한 뒤, 당의 침략을 격퇴하였습니다. 이 그림을 통해 당시 중국인들이 그를 어떤 존재로 인식하고 있는지 엿볼 수 있습니다.

① 천리장성 축조를 감독하였다.
② 살수에서 수의 군대를 막아냈다.
③ 등주를 선제 공격하여 당군을 격파하였다.
④ 황산벌에서 계백이 이끄는 군대를 물리쳤다.
⑤ 안승을 왕으로 추대하고 부흥 운동을 전개하였다.

대표 기출 문제의 정답 및 문제풀이 방법을 다음 페이지에서 확인하세요. →

실전 연습

대표 기출 문제 정답 및 문제풀이 방법

1	2	3	4	5	6
③	⑤	④	④	④	①

1 소수림왕의 불교 수용과 태학 설립

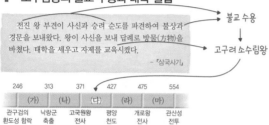

> 전진 왕 부견이 사신과 승려 순도를 파견하여 불상과 경문을 보내왔다. 왕이 사신을 보내 답례로 방물(方物)을 바쳤다. 태학을 세우고 자제를 교육시켰다.
> - 『삼국사기』

불교 수용
↓
고구려 소수림왕

246	313	371	427	475	554
(가)	(나)	(다)	(라)	(마)	
관구검의 환도성 함락	낙랑군 축출	고국원왕 전사	평양 천도	개로왕 전사	관산성 전투

③ (다)

전진 왕 부견이 순도를 보내 불교를 전해주고, 태학이 설립된 것은 소수림왕 때이다. 소수림왕은 고국원왕이 평양성 전투에서 전사한 상황에서 왕위에 올라 국가적 위기를 극복한 왕이므로, (다)에 들어갈 수 있다. 한편, 평양 천도는 장수왕 때이므로 (다)에는 소수림왕과 광개토 대왕이 모두 들어갈 수 있다.

2 광개토 대왕의 신라 구원 결과

> 경자년에 왕이 보병과 기병 5만 명을 보내어 신라를 구원하게 하였다. [고구려군이] 남거성을 거쳐 신라성에 이르니, 그곳에 왜적이 가득하였다. 고구려군이 막 도착하니 왜적이 퇴각하였다. 그 뒤를 급히 추격하여 임나가라의 종발성에 이르니 성이 곧 항복하였다. …… 예전에는 신라 매금이 몸소 [고구려에 와서] 보고를 하며 명을 받은 적이 없었는데, …… 신라 매금어 …… 조공하였다.

고구려 광개토 대왕의 신라 구원

⑤ 가야 연맹의 중심지가 이동한 배경을 조사한다.

경자년(400년)에 보병과 기병 5만 명으로 신라에 쳐들어온 왜적을 격퇴하였으며, 이를 추격하여 임나가라의 종발성까지 쫓아간 왕은 광개토 대왕이다. 그 결과 김해의 금관가야가 쇠퇴하고, 5세기 후반부터 가야 연맹의 중심지는 고령의 대가야로 이동하였다.

오답 체크
① 백강 전투의 전개 과정을 살펴본다. → **백제 부흥 운동**
② 안동 도호부가 설치된 경위를 찾아본다.
　→ **고구려 멸망 이후 당이 설치**
③ 백제가 사비로 천도한 원인을 알아본다. → **백제 성왕의 중흥 정책**
④ 나·당 연합군이 결성된 계기를 파악한다.
　→ **고구려와 백제의 신라 견제**

3 고국원왕 전사와 장수왕의 한성 함락 사이의 사실

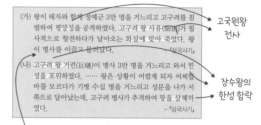

> (가) 왕이 태자와 함께 정예군 3만 명을 거느리고 고구려를 침범하여 평양성을 공격하였다. 고구려 왕 사유(斯由)가 필사적으로 항전하다가 날아오는 화살에 맞아 죽었다. 왕이 병사를 이끌고 물러났다.
> - 『삼국사기』
> (나) 고구려 왕 거련(巨璉)이 병사 3만 명을 거느리고 와서 한성을 포위하였다. …… 왕은 상황이 어렵게 되자 어찌할 바를 모르다가 기병 수십 명을 거느리고 성문을 나가 서쪽으로 달아났는데, 고구려 병사가 추격하여 왕을 살해하였다.
> - 『삼국사기』

고국원왕 전사

장수왕의 한성 함락

④ 고구려의 광개토 대왕이 백제를 공격하였다.

백제 근초고왕이 3만 명을 이끌고 고구려 왕 사유(고국원왕)를 죽인 (가)는 평양성 전투이고(371), 고구려 왕 거련(장수왕)이 3만 명을 이끌고 한성을 포위하여 백제 왕(개로왕)을 죽인 (나)는 그 복수이다(475). (가)와 (나) 사이에는 소수림왕과 광개토 대왕이 들어갈 수 있다. 광개토 대왕은 백제를 공격하여 한강 이북을 차지하였다.

오답 체크
① 신라의 법흥왕이 불교를 공인하였다. → **(나) 이후**
② 백제의 문주왕이 웅진으로 천도하였다. → **(나) 이후**
③ 고구려의 태조왕이 옥저를 복속시켰다. → **(가) 이전**
⑤ 백제와 고구려가 동맹을 맺고 신라에 대항하였다. → **(나) 이후**

✔ 또 나올 암기 포인트
4~5세기 고구려의 주요 왕

소수림왕	율령 반포, 불교 수용 및 공인, 태학 설립
광개토 대왕	• 요동 지역 확보, 백제 공격(한강 이북 지역 차지) • 신라를 공격한 왜 격퇴, '영락' 연호 사용
장수왕	• 국내성에서 평양으로 천도, 남진 정책 추진 • 백제의 수도 한성 함락, 개로왕 사살 • 광개토 대왕릉비 건립

4 장수왕

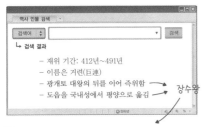

④ 백제의 한성을 공격하여 개로왕을 전사시켰다.

재위 기간이 5세기(412~491년)이고, 이름은 거련(巨連)이며, **광개토 대왕의 뒤를 이어 즉위**하였고, **평양으로 천도**한 왕은 **장수왕**이다. 백제의 개로왕이 북위에 국서를 보내 고구려 공격을 요청하자, 장수왕은 백제의 수도 한성을 공격하여 **개로왕을 전사**시켰다(475).

오답 체크

① 수의 군대를 살수에서 크게 물리쳤다. → **영양왕**

② 서안평을 공격하여 영토를 확장하였다. → **미천왕**

③ 전진의 순도를 통해 불교를 수용하였다. → **소수림왕**

⑤ 당의 침략에 대비하여 천리장성을 축조하였다. → **영류왕~보장왕**

5 고구려의 항쟁

(가) 온달이 왕에게 아뢰기를, "신라가 한강 이북 땅을 빼앗아 군현으로 삼았습니다. …… 저에게 군사를 주신다면 단번 에 우리 땅을 반드시 되찾겠습니다."라고 하였다. → 온달의 한강 공략

(나) 10월에 백제 왕이 병력 3만 명을 거느리고 평양성을 공 격해 왔다. 왕이 군대를 내어 막다가 날아온 화살에 맞아 이달 23일에 서거하였다. → 평양성 전투

(다) 9월에 왕이 병력 3만 명을 거느리고 백제를 침략하여 도 읍 한성을 함락하였다. 백제 왕 부여경을 죽이고 남녀 8 천 명을 포로로 잡아 돌아왔다. → 장수왕의 한성 함락

④ (나) − (다) − (가)
평양성 장수왕의 온달의
전투 한성 함락 한강 공략

(나) **평양성 전투(371)**: 백제 근초고왕이 평양성을 공격하자 고구려 고국 원왕이 이를 막다가 날아온 화살에 맞아 전사하였다.

(다) **장수왕의 한성 함락(475)**: 고구려 장수왕이 백제 개로왕(부여경)을 죽이고 백제의 수도 한성을 함락하였다.

(가) **온달의 한강 공략(590)**: 고구려 영양왕 때 온달이 신라에게 빼앗긴 한강 유역을 되찾기 위해 출정하였으나, 한강 유역 수복은 실패하였 다.

6 연개소문

이 그림은 명 대 간행된 소 설에 실린 「막리지비도대전」입 니다. 그림에서 당 태종을 향 해 위협적으로 칼을 날리고 있는 모습으로 묘사된 인물이 (가) 입니다.

(가) 은/는 영류왕을 시해하 고 대막리지가 되어 권력을 장악한 뒤, 당의 침략을 격퇴하였습니다. 이 그림을 통해 당시 중국인들이 그 를 어떤 존재로 인식하고 있는지 엿 볼 수 있습니다.

연개소문 (고구려)

① 천리장성 축조를 감독하였다.

「막리지비도대전」에서 당 태종을 향해 칼을 날리고 있는 (가)는 연 개소문이다. 연개소문은 영류왕을 시해하고 그 조카인 보장왕을 왕 으로 세우면서, 스스로 대막리지가 되어 권력을 장악하였다. 한편 연개소문은 영류왕 때부터 쌓기 시작하여 보장왕 때 완성한 천리 장성의 축조를 감독하였다.

오답 체크

② 살수에서 수의 군대를 막아냈다. → **을지문덕(고구려)**

③ 등주를 선제 공격하여 당군을 격파하였다. → **장문휴(발해)**

④ 황산벌에서 계백이 이끄는 군대를 물리쳤다. → **김유신(신라)**

⑤ 안승을 왕으로 추대하고 부흥 운동을 전개하였다.
→ **검모잠(고구려 부흥군)**

✔ 또 나올 암기 포인트

연개소문

권력 장악	• 천리장성의 축조 감독관으로 있던 중, 랴오둥(요동) 지방의 군사력을 바탕으로 정변을 일으켜 영류왕 을 제거하고 보장왕을 옹립함 • 대막리지가 되어 정권을 장악한 후 대당 강경책 을 추진함
도교 장려	불교와 결탁한 귀족 세력을 견제하기 위해 도교를 장려함

04강 백제

백제는 삼국 중 가장 먼저 전성기를 맞이한 나라입니다. 그 주인 공은 바로 근초고왕입니다! 물론 백제는 고구려 장수왕의 남 진 정책으로 인해 한강 유역에서 금강 유역으로 수도를 옮겨 야 했습니다. 그러나 이때 무령왕이 백제를 다시 '강국'으로 만들기도 하였답니다.

무령왕릉 ▶

1 백제의 건국과 발전

▌온조가 나라를 세우다

백제의 시조는 **온조왕**(기원전 18~기원후 28)이다. 온조는 고구려를 건국한 주몽의 셋째 아들이다. 첫째 아들인 유리가 부여에서 내려와 고구려의 태자가 되자, 온조는 형 비류와 함께 남쪽으로 내려 갔다. 비류가 자리 잡은 미추홀은 땅이 습하고 물이 짜서 편안히 살 수 없었던 반면에 온조는 **하남 위례성(한성)**에 정착하여 백제를 건국하였다(기원전 18). 그리고 그 왕족의 기원이 부여에서 나온 것 이므로, '부여'를 성씨로 삼았다.

▌국가 체제를 정비하다

제8대 왕은 **고이왕**(234~286)이다. 고이왕은 국가 체제를 정비하여 백제의 기반을 다져 놓은 왕으 로 중앙에 내신좌평, 위사좌평 등 **6좌평의 관제를 마련**하고, **16품의 관등제와 관리들의 공복 제도를 도 입**하였다. 또한 삼국 중 제일 먼저 **율령을 반포**하였다. 그리고 고이왕은 북쪽의 낙랑군, 대방군과 싸 웠으며, 마한의 **목지국을 정복**하고 한강 유역을 완전히 장악하였다.

> **기출 핵심 키워드 암기**
>
> 고이왕 - 내신좌평, 위사좌평 등 ⌈6ㅈㅍ⌋ 의 관제를 마련하였다. [51회]

평조6 답장

② 백제의 전성기

▌근초고왕이 삼국 중 가장 먼저 전성기를 열다

제13대 왕은 백제의 전성기를 이끌었던 **근초고왕**(346~375)이다. 고이왕이

칠지도

마한에서 세력이 가장 강했던 목지국을 정복하였다면, 근초고왕은 영산강

유역에 남아있던 **마한을 완전히 정벌**하였다(369). 근초고왕은 군대를 보내 함께 싸운 일본 왕에게 칠지도(七支刀)라는 칼을 내려주기도 했다.

근초고왕은 낙동강 유역의 가야에 대해 지배권을 행사하는 한편, **요서(遼西) 지방, 산둥 지방, 일본의 규슈 지방에까지 진출**하였고, 중국의 동진과 정식 외교 관계를 맺어 중국과의 직접적인 교류를 확대하였다.

고구려 고국원왕의 군대가 백제를 공격한 적이 있었다. 이에 격분한 근초고왕이 태자와 함께 3만 군사를 이끌고 **평양성을 공격하여 고국원왕을 전사**시켰는데, 이것을 **'평양성 전투'**라고 한다(371).

> 백제 왕(근초고왕)이 병력 3만을 거느리고 평양성을 공격해왔다. 왕(고국원왕)이 군대를 내어 막다
> 가 흐르는 화살에 맞아 이달 23일에 서거하였다. 고국(故國)의 들에 장사지냈다.　－「삼국사기」 [41회]

근초고왕 덕분에 백제의 왕권은 점차 강해졌고, 그 결과 **부자 상속에 의한 왕위 계승이 시작**되었다. 그리고 근초고왕은 박사 **고흥**으로 하여금 **역사서 『서기(書記)』를 편찬**하게 하기도 했다.

(기출 핵심 키워드 암기)
　① 근초고왕 – 평양성을 공격하여 ⌈ ㄱㄱㅇㅇ ⌉을 전사시켰다. [57·42회]
　② 근초고왕 – 고흥으로 하여금 『 ⌈ ㅅㄱ ⌉ 』를 편찬하게 하였다. [46·45회]

정답 ① 고국원왕 ② 서기

▌불교를 공인하다

제15대 왕은 **침류왕**(384~385)이다. 침류왕의 재위 기간은 1년 정도로 매우 짧지만, 침류왕은 중국 **동진**에서 온 인도 승려 **마라난타**를 통해 **불교를 공인**하였다(384). 이는 중앙 집권 체제를 사상적으로 뒷받침하기 위해서였다.

(기출 핵심 키워드 암기)
　침류왕 – 동진에서 온 마라난타를 통해 ⌈ ㅂㄱ ⌉를 수용하였다. [57회]

정답 불교

❸ 백제의 위기와 중흥

▎고구려에게 수도를 빼앗기다

제20대 왕은 **비유왕**(427~455)이다. 비유왕은 신라의 **눌지 마립간**(417~458)과 **나·제 동맹을 체결**하여 고구려에 대항하였다(433). 그다음 해에는 좋은 말 2필과 흰 매를 신라에 선물로 보냈고, 신라도 황금과 명주(明珠, 아름다운 구슬)로 답례했다. 이렇게 백제와 신라의 사이가 가까워진 것은 모두 장수왕의 평양 천도와 남진 정책 때문이었다.

제21대 왕은 **개로왕**(455~475)이다. 개로왕은 비유왕의 맏아들로, 이름은 '부여경'이다. 개로왕은 아버지처럼 신라, 왜, 송 등과 우호 관계를 유지하여 고구려를 견제하려고 하였다. 그래서 개로왕은 **북위**(北魏)**에 국서를 보내 군사적 원조를 요청**했으나, 북위는 개로왕의 요청을 거절했다. 오히려 북위에 국서를 보냈다는 사실이 장수왕을 자극하여, 화가 난 장수왕은 3만의 군사를 이끌고 내려와 한성을 함락하고 개로왕을 죽였다(475).

기출 핵심 키워드 암기

① 비유왕 – 백제가 신라와 ㄴㅈㄷㅁ 을 맺었다. [18회]
② 개로왕 – 고구려를 견제하고자 ㅂㅇ 에 국서를 보냈다. [38회]

정답 ① 나·제 동맹 ② 북위

▎웅진으로 수도를 옮기다

제22대 왕은 **문주왕**(475~477)이다. 아버지인 개로왕이 갑자기 죽자 왕위에 오른 문주왕은 즉시 **웅진**(지금의 공주)**으로 천도**하였다(475). 이른바 '웅진 시대'가 시작된 것이다.

제24대 왕은 **동성왕**(479~501)으로, 이름은 모대이다. 동성왕은 신라에 사신을 보내 '**나·제 결혼 동맹**'을 맺자고 요청하였다. 이에 신라의 **소지 마립간**은 이벌찬 비지의 딸을 동성왕과 결혼하게 하여, 백제와 신라는 사돈지간이 되었다(493). 이로써 나·제 동맹은 더욱 강화되었다.

제25대 왕은 **무령왕**(501~523)이다. 무령왕릉에서 발견된 지석(誌石)에서는 무령왕을 '사마왕'이라고 기록하고 있다. 외교적으로 친밀했던 **양나라**에서는 무령왕에게 '영동대장군'이라는 별칭을 붙여주기도 했다. 무령왕은 웅진 시대의 두 명의 왕(문주왕, 동성왕)이 신하에 의해 살해되는 것을 보면서, 왕권 강화의 필요성을 절실히 느꼈다. 그래서 지방에 **22담로라는 특수** 행정 구역을 설치하고 왕족을 파견하여 지방 통제를 강화했다.

지방의 22담로에 왕족을 파견하여 관리할 것이다!

무령왕

🎬 기출 한 컷 [12회]

백제는 마한의 족속이다. …… 도성을 고마(固麻)라 하였다. 읍(邑)을 일컬어 담로라 하였는데, 중국 군현과 같았다. 22담로를 두었는데, (왕)의 자제와 종족을 보내 다스렸다.

－「양직공도」 [40회]

사비로 수도를 옮기다

제26대 왕은 무령왕의 아들인 **성왕**(523~554)으로, 이름은 명농이다. 성왕은 **사비**(지금의 부여)로 천도하였다(538). 사비는 공주(웅진)보다 바다와 가까워서 대외 진출이 더 유리한 곳이었다. 그리고 **국호를 남부여**(南扶餘)**로 고쳤다**(538). '우리의 뿌리는 부여족'이라고 말하고 싶었던 것이다. 사비로 천도한 성왕은 **중앙 관청을 22부로 확대**하고, 수도와 지방의 행정구역을 각각 **5부(수도), 5방(지방)**으로 정비하였다.

성왕은 신라의 진흥왕과 협력하여 당시 고구려가 장악하고 있던 한강을 차지하였다. 이 덕분에 백제는 **한강 하류**를, 신라는 한강 상류를 차지하게 되었다. 그러나 **신라 진흥왕**은 오히려 고구려와 밀약을 맺고 백제를 공격하는 등 '배신'을 하여 한강 전체를 차지하려고 하였다. 이에 성왕은 신라에 보복하려 달려갔지만, 안타깝게도 진흥왕의 부하인 '고간 도도'의 공격을 받아 관산성에서 죽고 말았다(554). **백제가 관산성 전투에서 패배**하였으며, 이로 인해 거의 120년간 이어져 왔던 나·제 동맹도 깨지고 말았다.

한강 하류 지역을 신라에게 빼앗기다니. 참으로 원통하다!
성왕

기출 한 컷 [27회]

왕(성왕) 32년 가을, 신라를 습격하기 위해 왕이 직접 보병과 기병 50명을 거느리고 밤에 구천(狗川)에 이르렀는데, 신라 복병과 만나 싸우다가 신라군에게 살해되었다.

－「삼국사기」 [48, 45회]

4 백제의 멸망

백제가 멸망하다

제30대 왕은 **무왕**(600~641)이다. 무왕은 사비 남쪽의 익산(금마저라고도 불림)을 중요하게 여겨 **익산에 미륵사를 창건**하고 **미륵사지 석탑**을 세우기도 했다. 『삼국유사』의 '서동 설화'에는 선화 공주가 미륵사를 지었다고 기록되어 있다. 그러나 2009년 미륵사지 석탑 해체 과정에서 사리호와 사리 봉안기가 발견되었는데, 이 사리 봉안기에는 미륵사를 지은 인물이 '좌평 사택 적덕의 딸'로 기록되어 있다.

제31대 왕이자 마지막 왕은 **의자왕**(641~660)이다. 의자왕은 장군 **윤충**을 보내 지금의 경남 합천에 있는 **대야성(大耶城)을 공격하여 함락**시키고 성주 김품석과 그의 아내를 죽였다(642). 의자왕은 대야성 등 신라의 40여 성을 빼앗았다고 하니 그 세력이 대단했던 것 같다. 그러나 의자왕 재위 후반에 정치 기강이 문란해졌으며, 결국 **김유신**이 이끄는 신라군이 **황산벌**(지금의 충남 논산)로 진격해 왔을 때 백제의 **계백** 장군이 전사하면서 백제는 멸망하고 말았다(660).

기출 핵심 키워드 암기

① 무왕 – 익산에 ㅁㄹㅅ 를 창건하였다. [50·46회]

② 의자왕 – 윤충을 보내 ㄷㅇㅅ 을 함락하였다. [50·46회]

정답 ① 미륵사 ② 대야성

빈출 개념 한눈에 암기하기

1. 백제의 건국과 발전

온조왕	온조가 하남 위례성(한성)에서 백제 건국
고이왕	1) 과 16관등제 정비, 율령 반포, 마한의 목지국 정복

2. 백제의 전성기

근초고왕	마한 완전 정복, 일왕에게 칠지도 하사, 고구려 평양성 공격(2) 선사), 왕위 부자 상속 확립, 『3) 』편찬(고흥)
침류왕	4) 수용·공인(동진의 인도 승려 마라난타가 전래)

3. 백제의 위기와 중흥

비유왕	신라 눌지 마립간과 5) 체결
개로왕	6) 에 국서를 보내 군사적 원조 요청(고구려 견제 목적)
문주왕	7) (공주) 천도
동성왕	신라와 결혼 동맹 체결
무령왕	8) 설치(왕족 파견 → 지방 통제 강화)
성왕	9) (부여) 천도, 국호를 남부여로 개칭, 중앙 관청을 10) 로 확대, 수도·지방 행정 구역 정비, 한강 하류 지역 일시 회복, 관산성 전투 패배

4. 백제의 멸망

무왕	익산에 11) 창건, 미륵사지 석탑 건립
의자왕	신라 12) 공격(윤충), 황산벌 전투 패배(계백 전사) → 백제 멸망

정답 1) 6좌평 2) 고국원왕 3) 서기 4) 불교 5) 나·제 동맹 6) 북위 7) 웅진 8) 22담로 9) 사비 10) 22부 11) 미륵사 12) 대야성

실전 연습

퀴즈

1 키워드와 관련된 것을 알맞게 연결해보세요.

① 근초고왕 •   • ㉠ 사비 천도

② 침류왕 •   • ㉡ 마한 정벌

③ 성왕 •   • ㉢ 불교 공인

2 〈보기〉에서 골라 빈칸을 채워보세요.

> ┌─ 보기 ─
>   계백   마한   한강

① 근초고왕이 (   )을 정벌하였다. [36회]

② 성왕이 진흥왕과 연합하여 (   ) 하류 지역을 되찾았다. [50회]

③ (   )의 결사대를 보내 신라군에 맞서 싸웠다.

[55회]

3 아래 표에 있는 초성을 완성해보세요.

근초고왕의 업적	내용
고구려 공격	고구려의 ㅍㅇㅅ을 공격하여 고국원왕을 전사시키고 황해도 일대까지 진출함
대외 교류	큐슈(규슈) 지방까지 진출하였고, 이 시기에 왜왕에게 ㅊㅈㄷ를 하사하였을 것으로 추정됨
역사서 편찬	박사 고흥에게 역사서인 『ㅅㄱ』를 편찬하도록 함

4 아래 기출 사료와 관련 있는 사건을 써보세요.

> 백제왕 모대가 사신을 보내 혼인하기를 청하였다. [신라]왕은 이벌찬 비지(比智)의 딸을 보냈다.
> – 「삼국사기」 [48회]

→ □·□□□□ □□

대표 기출 문제

1

32회 2번

밑줄 그은 '왕'의 업적으로 옳은 것은? [2점]

> 고구려가 군사를 동원하여 공격해 왔다. 왕이 이를 듣고 패하(浿河) 강가에 군사를 매복시키고 그들이 오기를 기다려 급히 치니 고구려 군사가 패하였다. 그 해 겨울, 왕이 태자와 함께 정병 3만 명을 거느리고 고구려에 침입하여 평양성을 공격하였다. 고구려왕 사유가 힘을 다해 싸우다가 화살에 맞아 사망하였다.
> – 「삼국사기」

① 익산에 미륵사를 창건하였다.

② 신라를 공격하여 대야성을 함락시켰다.

③ 동진으로부터 전래된 불교를 수용하였다.

④ 사비로 천도하고 국호를 남부여로 고쳤다.

⑤ 고흥으로 하여금 『서기』를 편찬하게 하였다.

2

47회 3번

(가)~(다)를 일어난 순서대로 옳게 나열한 것은? [3점]

> 〈한국사 발표 대회〉
>
> 주제: 삼국의 발전과 경쟁
>
> 비유왕과 눌지왕이 동맹을 체결하였습니다. (가)
>
> 근초고왕이 평양성을 공격하여 고국원왕을 전사시켰습니다. (나)
>
> 광개토 대왕이 5만의 군대를 보내 신라를 지원하였습니다. (다)

① (가) – (나) – (다)

② (가) – (다) – (나)

③ (나) – (가) – (다)

④ (나) – (다) – (가)

⑤ (다) – (나) – (가)

3
46회 4번

(가) 왕에 대한 설명으로 옳은 것은? [2점]

사진은 백제의 왕릉에서 발견된 묘지석입니다. 『삼국사기』를 통해 묘지석에 보이는 사마왕이 (가) 이라는 사실이 확인되었습니다. 이를 통해 이 왕릉은 백제 왕릉 중 피장자가 밝혀진 최초의 사례가 되었습니다.

영동대장군 백제 사마왕은 나이가 62세가 되는 계묘년 5월 임진일인 7일에 돌아가셨다. ……

① 금마저에 미륵사를 창건하였다.
② 윤충을 보내 대야성을 함락하였다.
③ 지방에 22담로를 두어 왕족을 파견하였다.
④ 고흥으로 하여금 『서기』를 편찬하게 하였다.
⑤ 동진에서 온 마라난타를 통해 불교를 수용하였다.

5
48회 4번

(가), (나) 사이의 시기에 있었던 사실로 옳은 것은? [3점]

(가) 백제왕 모대가 사신을 보내 혼인하기를 청하였다. [신라]왕은 이벌찬 비지(比智)의 딸을 보냈다.
― 『삼국사기』

(나) 신라를 습격하기 위해 왕이 직접 보병과 기병 50명을 거느리고 구천(狗川)에 이르렀는데, 신라 복병을 만나 그들과 싸우다가 살해되었다. 시호를 성(聖)이라 하였다.
― 『삼국사기』

① 고구려가 낙랑군을 축출하였다.
② 백제가 동진으로부터 불교를 수용하였다.
③ 신라가 고구려의 도움으로 왜를 격퇴하였다.
④ 고구려가 동옥저를 정복하여 영토를 확장하였다.
⑤ 백제가 신라와 연합하여 한강 유역을 수복하였다.

4
45회 6번

밑줄 그은 '왕'의 업적으로 옳은 것은? [2점]

○ 왕의 이름은 명농이니 무령왕의 아들이다. 지혜와 식견이 뛰어나고 일을 처리함에 결단성이 있었다. 무령왕이 죽고 왕위에 올랐다.
― 『삼국사기』

○ 왕이 신라군을 습격하고자 몸소 보병과 기병 모두 50명을 거느리고 밤에 구천(狗川)에 이르렀다. 신라의 복병이 나타나 그들과 싸우다가 혼전 중에 왕이 신라군에게 살해되었다.
― 『삼국사기』

① 익산에 미륵사를 창건하였다.
② 동진으로부터 불교를 수용하였다.
③ 신라를 공격하여 대야성을 점령하였다.
④ 사비로 천도하고 국호를 남부여로 고쳤다.
⑤ 고흥으로 하여금 『서기』를 편찬하게 하였다.

6
55회 4번

(가), (나) 사이의 시기에 있었던 사실로 옳은 것은? [2점]

(가) 고구려 병사는 비록 물러갔으나 성이 파괴되고 왕이 죽어서 [문주가] 왕위에 올랐다. …… 겨울 10월, 웅진으로 도읍을 옮겼다.
― 『삼국사기』

(나) 왕이 신라를 습격하고자 몸소 보병과 기병 50명을 거느리고 밤에 구천(狗川)에 이르렀는데, 신라 복병을 만나 그들과 싸우다가 살해되었다.
― 『삼국사기』

① 익산에 미륵사가 창건되었다.
② 흑치상지가 임존성에서 군사를 일으켰다.
③ 동진에서 온 마라난타를 통해 불교가 수용되었다.
④ 지방을 통제하기 위하여 22담로에 왕족이 파견되었다.
⑤ 계백이 이끄는 결사대가 황산벌에서 신라군에 맞서 싸웠다.

대표 기출 문제의 정답 및 문제풀이 방법을 다음 페이지에서 확인하세요. →

정답 및 문제풀이 방법

1	2	3	4	5	6
⑤	④	③	④	⑤	④

1 근초고왕

> 고구려가 군사를 동원하여 공격해 왔다. 왕이 이를 듣고 패하(浿河) 강가에 군사를 매복시키고 그들이 오기를 기다려 급히 치니 고구려 군사가 패하였다. 그 해 겨울, 왕이 태자와 함께 정병 3만 명을 거느리고 고구려에 침입하여 평양성을 공격하였다. 고구려왕 사유가 힘을 다해 싸우다가 화살에 맞아 사망하였다.
> ― 『삼국사기』

→ 백제 근초고왕

⑤ 고흥으로 하여금 『서기』를 편찬하게 하였다.

고구려가 먼저 군사를 동원하여 공격해 오자 패하(浿河) 강가에서 이를 막고, 평양성에 반격해 들어가 **고구려왕 사유(고국원왕)**를 전 사시킨 백제의 왕은 **근초고왕**이다(평양성 전투, 371). 근초고왕은 박 사 **고흥**으로 하여금 역사서인 『**서기**』를 편찬하게 하였다.

오답 체크
① 익산에 미륵사를 창건하였다. → **무왕**
② 신라를 공격하여 대야성을 함락시켰다. → **의자왕**
③ 동진으로부터 전래된 불교를 수용하였다. → **침류왕**
④ 사비로 천도하고 국호를 남부여로 고쳤다. → **성왕**

2 근초고왕의 평양성 공격과 나·제 동맹 체결 사이의 사실

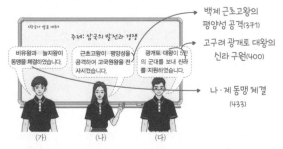

→ 백제 근초고왕의 평양성 공격(371)
→ 고구려 광개토 대왕의 신라 구원(400)
→ 나·제 동맹 체결(433)

④ (나) ─ (다) ─ (가)
근초고왕의   광개토 대왕의   나·제 동맹
평양성 공격 ─ 신라 구원   ─   체결

(나) **근초고왕의 평양성 공격**: 근초고왕이 고국원왕을 전사시켜 고 구려는 큰 위기를 맞았지만(371), 소수림왕이 이 위기를 극복하 였다.

(다) **광개토 대왕의 신라 구원**: 광개토 대왕은 신라에 쳐들어온 왜구 를 격퇴하였다(400).

(가) **나·제 동맹 체결**: 장수왕이 남진 정책을 추진하자, 이를 계기로 나·제 동맹이 결성되었다(433).

3 무령왕

> 사진은 백제의 왕릉에서 발견된 묘지석입 니다. 『삼국사기』를 통해 묘지석에 보이는 사 마왕이 [(가)]라는 사실이 확인되었습니 다. 이를 통해 이 왕릉은 백제 왕릉 중 피장자 가 밝혀진 최초의 사례가 되었습니다.

→ 백제 무령왕

> 영동대장군 백제 사마왕은 나이 가 62세가 되는 계묘년 5월 임진일 인 7일에 돌아가셨다. ……

③ 지방에 22담로를 두어 왕족을 파견하였다.

왕릉에서 **사마왕**이라고 적힌 묘지석이 발견되었는데, 『삼국사기』 를 통해 사마왕이 **무령왕**이라는 사실이 밝혀졌다. 중국으로부터 **영동대장군**이라는 칭호를 얻은 왕도 무령왕이다. 무령왕은 지방의 **22담로**에 왕족을 파견함으로써 지방에 대한 통제를 강화하였다.

오답 체크
① 금마저에 미륵사를 창건하였다. → **무왕**
② 윤충을 보내 대야성을 함락하였다. → **의자왕**
④ 고흥으로 하여금 『서기』를 편찬하게 하였다. → **근초고왕**
⑤ 동진에서 온 마라난타를 통해 불교를 수용하였다. → **침류왕**

4 성왕

> ○ 왕의 이름은 명농이니 무령왕의 아들이다. 지혜와 식견 이 뛰어나고 일을 처리함에 결단성이 있었다. 무령왕이 죽고 왕위에 올랐다.
> ― 『삼국사기』
>
> ○ 왕이 신라군을 습격하고자 몸소 보병과 기병 모두 50명 을 거느리고 밤에 구천(狗川)에 이르렀다. 신라의 복병 이 나타나 그들과 싸우다가 혼전 중에 왕이 신라군에게 살해되었다.
> ― 『삼국사기』

→ 백제 성왕

관산성 전투

④ 사비로 천도하고 국호를 남부여로 고쳤다.

무령왕의 아들인 '명농'은 성왕이다. 성왕은 보병과 기병 50명을 거 느리고 **구천(관산성)**에 이르렀다가 신라군에게 살해되었다(관산성 전투, 554). 한편 성왕은 대외 진출이 쉬운 **사비(부여)로 천도**하고, 백 제의 기원이 부여라는 이유로 국호도 **남부여**로 고쳤다.

오답 체크
① 익산에 미륵사를 창건하였다. → **무왕**
② 동진으로부터 불교를 수용하였다. → **침류왕**
③ 신라를 공격하여 대야성을 점령하였다. → **의자왕**
⑤ 고흥으로 하여금 『서기』를 편찬하게 하였다. → **근초고왕**

5 나·제 결혼 동맹과 관산성 전투 사이의 사실

동성왕
(가) 백제왕 모대가 자신을 보내 혼인하기를 청하였다. → 나·제 결혼 동맹
[신라]왕은 이벌찬 비지(比智)의 딸을 보냈다. (493)
└ 소지 마립간 └ 백제 성왕
(나) 신라를 습격하기 위해 왕이 직접 보병과 기병 50명을 → 관산성 전투(554)
거느리고 구천(狗川)에 이르렀는데, 신라 복병을 만나
그들과 싸우다가 살해되었다. 시호를 성(聖)이라 하였
다. - 『삼국사기』

⑤ 백제가 신라와 연합하여 한강 유역을 수복하였다. → 551년

(가)에서 '백제왕 모대'는 동성왕이고, 이벌찬 비지의 딸을 백제에 시집 보낸 신라의 왕은 소지 마립간이다. 이것은 **결혼 동맹**을 말한다(493). (나)는 **성왕**이 보병과 기병 50명을 거느리고 **구천(관산성)** 에 이르렀다가 포위되어 살해된 **관산성 전투**이다(554). (가), (나) 사이의 시기에 백제가 신라와 연합하여 한강 유역을 수복하였다(551). ⑤의 결과가 (나)이다.

오답 체크
① 고구려가 낙랑군을 축출하였다. → **4세기 미천왕, (가) 이전**
② 백제가 동진으로부터 불교를 수용하였다. → **4세기 침류왕, (가) 이전**
③ 신라가 고구려의 도움으로 왜를 격퇴하였다.
　 → **4세기 말 내물 마립간, (가) 이전**
④ 고구려가 동옥저를 정복하여 영토를 확장하였다.
　 → **1세기 태조왕, (가) 이전**

✔ 또 나올 암기 포인트

나·제 동맹의 변화

나·제 동맹 체결(433)

↓

고구려 장수왕의 한성 함락(475)

↓

나·제 결혼 동맹 체결(493)

↓

백제의 한강 하류 지역 일시 회복(551)

↓

신라 진흥왕의 배신으로 백제가 한강 유역 상실(553)

↓

관산성 전투에서 백제 성왕 전사, 나·제 동맹 결렬(554)

6 백제의 웅진 천도와 관산성 전투 사이의 사실

(가) 고구려 병사는 비록 물러갔으나 성이 파괴되고 왕이 죽어서 [문주가] 왕위에 올랐다. …… 겨울 10월, 웅진으로 도읍을 옮겼다.
└ 백제의 웅진 천도(문주왕) - 『삼국사기』
(나) 왕이 신라를 습격하고자 몸소 보병과 기병 50명을 거느리고 밤에 구천(狗川)에 이르렀는데, 신라 복병을 만나 그들과 싸우다가 살해되었다.
└ 관산성 전투(성왕) - 『삼국사기』

④ 지방을 통제하기 위하여 22담로에 왕족이 파견되었다.
　　　　　　　　　　　　　　　　　　　　→ 백제 무령왕

(가)는 문주왕이 웅진으로 도읍을 옮긴 **웅진 천도**이다(475). (나)는 **성왕**이 구천(관산성)에서 살해된 **관산성 전투**이다(554). 문주왕, 동성왕, 무령왕, 성왕의 순서이므로, (가), (나) 사이의 시기에는 무령왕의 업적이 들어갈 수 있다. **무령왕**은 지방을 통제하기 위하여 **22담로에 왕족을 파견**하였다.

오답 체크
① 익산에 미륵사가 창건되었다. → **백제 무왕, (나) 이후**
② 흑치상지가 임존성에서 군사를 일으켰다.
　 → **백제 멸망 이후, (나) 이후**
③ 동진에서 온 마라난타를 통해 불교가 수용되었다.
　 → **백제 침류왕, (가) 이전**
⑤ 계백이 이끄는 결사대가 황산벌에서 신라군에 맞서 싸웠다.
　 → **백제 의자왕, (나) 이후**

✔ 또 나올 암기 포인트

5~6세기의 백제 왕

문주왕	장수왕의 남하 정책으로 한강 유역을 상실하고 웅진으로 천도
동성왕	신라 이벌찬 비지의 딸을 왕비로 맞아들임(나·제 결혼 동맹)
무령왕	• 지방에 22담로를 두고 왕족을 파견함 • 중국 남조의 양나라와 수교
성왕	• 사비로 천도(538)하고 남부여로 국호를 변경 • 체제 정비: 22부(중앙 관청) 설치, 5부(수도)·5방(지방) 설치 • 신라와 연합하여 일시적으로 한강 하류 지역을 회복하였으나 진흥왕의 배신으로 한강 유역 상실(553), 신라와의 관산성 전투에서 전사함(554)

해커스 이명호 스토리로 암기하는 한국사능력검정시험 심화 상

Ⅱ. 고대

05강 신라와 가야 연맹

신라가 빛을 발한 시대는 6세기입니다. 지증왕, 법흥왕, 진흥왕을 거치며 신라는 전성기를 맞이하였습니다. 이때 신라는 '한강의 주인'이 되기도 합니다. 6세기는 신라의 서쪽에 있던 가야가 멸망한 시대이기도 합니다. 그래서 우리는 '일찍 멸망한' 가야를 빼고, 이 시대를 삼국 시대라고 부릅니다.

첨성대 ▶

1 신라의 성립

박혁거세가 나라를 세우다

신라(사실은 아직까지 사로국이다)의 시조는 **박혁거세**(기원전 57~기원후 4)이다. 신라는 **경주 지역의 토착민 세력과 유이민 집단의 결합**을 바탕으로 박혁거세가 건국하였다(기원전 57). 신라 초기에 왕권이 약해 **박·석·김의 3성**이 번갈아 가며 왕위를 차지하였으며, 유력 집단의 우두머리가 연장자를 뜻하는 이사금으로 추대되었다. 신라의 왕호는 거서간 → 차차웅 → 이사금 순으로 지배자의 칭호가 바뀌었다.

마립간 시대가 열리다

제17대 왕은 처음으로 마립간(대군장)이라는 호칭을 쓴 **내물 마립간**(356~402)이다. 내물 마립간 시기에 백제에는 근초고왕(346~375)이 있었고, 고구려에는 광개토 대왕(391~412)이 있었다. 이렇게 '강력한' 왕들이 백제와 고구려를 통치하고 있을 때, 신라는 마립간이라는 호칭이 무색할 정도로 상대적으로 약했다.

　그래도 믿을 나라는 고구려밖에 없었다. 왜가 신라 남부로 쳐들어오자 내물 마립간은 자신을 '노객(奴客)'이라고 낮추며 **광개토 대왕**에게 긴급히 구원을 요청했다. 광개토 대왕은 **신라에 침입한 왜를 격퇴**하고, 가야까지 도망간 왜의 잔당도 처리하였다(400). 하지만 왜를 격퇴한 광개토 대왕은 고구려 군대를 경주에 주둔시켰는데, 이로 인해 신라는 고구려의 정치적 영향을 받게 되었다.

　제19대 왕은 **눌지 마립간**(417~458)이다. 장수왕의 남진 정책은 계속되고 있었고, 눌지 마립간은 백제의 비유왕과 **나·제 동맹**을 맺어 고구려의 간섭에서 벗어나려고 했다(433).

제21대 왕은 **소지 마립간**(479~500)이다. 소지 마립간은 백제의 동성왕이 사신을 보내 혼인을 청해 오자 이(벌)찬 비지의 딸을 보냈다. 이른바 '**나·제 결혼 동맹**'을 맺어 나·제 동맹을 강화한 것이다(493).

2 신라의 전성기

지증왕, '신라'가 시작되다

제22대 왕은 **지증왕**(500~514)이다. 지증왕의 이름은 지대로(智大路)이다. 이름 때문인지 지증왕은 즉위하자마자 지대로(제대로) 정치를 했다. 지증왕은 나라 이름부터 사로국(斯盧國)에서 **신라(新羅)**로 바꿨다(503). 여러 신하들이 신(新)은 '덕업이 날로 새로워진다'는 뜻이고, 라(羅)는 '사방을 망라한다'는 뜻이어서 나라 이름으로 좋다고 하자, 왕이 이것을 따른 것이다. 지증왕은 왕의 칭호도 마립간에서 중국식 왕호인 **왕(王)**으로 바꿨다(503).

신들의 생각으로는 국호를 '신라'로 정하는 것이 합당합니다.

그대들의 말을 따르겠소!

지증왕

기출 한 컷 [35회]

지증왕은 농업과 상업에 관심이 많았는데, 우선 노동력 확보를 위해 **순장(殉葬)을 금지**하는 명령을 내렸다(502).

> 영을 내려서 순장을 금지하였다. 이전에는 국왕이 죽으면 남녀 각각 다섯 명씩을 순장하였는데, 이때에 이르러 금지하였다.
>
> – 『삼국사기』 [46회]

그리고 이와 동시에 **우경(牛耕)을 시작**(장려)하여 소를 이용해 논밭을 갈게 하였다(502). 또한 경주의 동쪽에 **동시(東市)를 설치**하고, 시장을 감독하는 관청인 **동시전(東市典)**을 두었다(509). 이로 인해 경주는 상업 도시의 면모를 갖추게 되었다.

지증왕은 국토를 정비하고 확장하는 데에도 열심이었다. 우선 주(州)·군(郡)·현(縣)을 개편하여 지방 제도를 정비하였다. 그 일환으로 지금의 강원도 삼척에 **실직주(悉直州)를 설치**하고 여기에 **이사부를 군주(軍主)로 임명**하였다(505). 그리고 이사부를 시켜 **우산국(지금의 울릉도)을 정벌**하여 신라의 영토로 편입하였다(512). 우산국을 정벌할 때 나무로 만든 가짜 사자를 배에 가득 싣고 가서 엄포를 놓자, 우산국 사람들이 속아서 항복했다고 한다.

법흥왕, 국가 체제를 정비하다

제23대 왕은 **법흥왕**(514~540)이다. 법흥왕은 **병부(兵部)를 설치**(517)하였는데, 병부는 신라가 처음으로 만든 중앙 관청으로 지금의 '국방부'와 비슷하다. 또 법흥왕은 **상대등(上大等)을 처음으로 설치**하였다(531). 상대등은 지금의 '국회의장'과 비슷한 자리로서, 당시 신라의 귀족 회의인 '화백 회의'의 대표이다. 그리고 법흥왕은 통치 질서 확립을 위해 **율령을 반포**하고 **백관의 공복(자색·비색·청색·황색)을 제정**하였다(520). 또 법흥왕은 **이차돈**의 순교를 계기로 **불교를 공인**하였다(527). 눌지 마립간 때 묵호자가 불교를 전했지만, 귀족들의 반대로 불교가 공인되지 못하였다. 그러나 법흥왕이 불교의 진흥을 위해 희생하기로 결심한 이차돈의 목을 베자, 우윳빛처럼 흰 피가 하늘로 솟구쳤다고 한다. 이 사건을 계기로 불법이 처음 시행되었다. 이런 면에서 보면, 법흥왕은 고구려의 소수림왕과 많이 닮아 있다. 두 사람 모두 불교를 공인했고, 율령을 반포했기 때문이다.

기출 핵심 키워드 암기

① 법흥왕 – 병부와 ㅅㄷㄷ 을 설치하였다. [50·46회]
② 법흥왕 – 이차돈의 순교를 계기로 ㅂㄱ 를 공인하였다. [54·51회]

정답 ① 상대등 ② 불교

법흥왕, 금관가야를 복속하고 '건원' 연호를 사용하다

법흥왕 재위 후반기에는 금관가야의 왕 김구해(금관가야의 마지막 왕)가 왕비 및 세 아들과 함께 와서 항복하였는데, 왕은 이 항복을 받아 주고 이들에게 토지를 내려 주었다. 이렇게 법흥왕은 **금관가야를 복속**하여 영토를 확대하였다(532). 그리고 몇 년 후 법흥왕은 처음으로 **독자적인 연호**를 사용하여 **건원(建元)** 원년이라 하였다(536). 당시에 독자적인 연호를 사용했다는 것은 중국 연호를 쓰지 않겠다는 의지의 표시였다.

기출 핵심 키워드 암기

법흥왕 – ㄱㅇ 이라는 독자적 연호를 사용하였다. [52·49회]

정답 건원

진흥왕, 『국사』를 편찬하다

신라의 제24대 왕은 **진흥왕**(540~576)이다. 진흥왕은 37년간의 긴 재위 기간 동안에 참으로 많은 일을 했는데, 가장 먼저 한 일은 역사서 편찬이었다. 이찬 이사부가 "국사라는 것은 임금과 신하들의 선악을 기록하여, 좋고 나쁜 것을 만대 후손들에게 보여 주는 것입니다."라고 하자 진흥왕이 깊이 동감하고, **거칠부에게 명하여** ☆**『국사(國史)』를 편찬**하게 했다(545).

진흥왕, 영토를 확장하고 순수비를 세우다

진흥왕은 왕이 된 지 12년이 되는 해부터 '영토 확장'에 나섰는데, 가장 먼저 공략한 지역은 단양이었다. 진흥왕의 군사가 소백산맥의 죽령을 넘어 단양에 이르렀을 때 야이차(也爾次)라는 단양 토박이가 도와서 전쟁을 승리로 이끌었다. 그 기념으로 단양에 세운 비석이 **단양 적성비**이다(551). 이렇게 한강 상류 지역에 교두보를 마련한 진흥왕은 백제와 힘을 합쳐 고구려가 차지하고 있던 한강을 빼앗았다.

그리고 진흥왕은 백제의 동북 변경을 빼앗아 신주(新州)를 설치하고, 김무력을 군주로 임명했다(553). 이에 백제의 성왕은 '배신자' 진흥왕에게 보복하기 위해 관산성(管山城)을 공격했지만, 오히려 진흥왕이 **관산성 전투**에서 승리함으로써 **성왕이 전사**하고 말았다(554). 이 일로 인해 신라와 백제의 동맹은 완전히 깨졌다.

진흥왕의 입장에서 '성가신 존재'였던 백제 성왕까지 제거하고 나서, '이제 한강 지역은 완전히 내꺼!'라면서 **북한산에 순수비**를 세웠다(555). 순수(巡狩)라는 말은 왕이 직접 행차했을 때 쓴다. 단양에는 부하들만 보냈기 때문에 단양 적성비는 '순수비'가 아니지만, 북한산비, 창녕비 등은 모두 순수비이다. (사람들은 북한산 순수비를 무학 대사의 비석으로 오해하고 있었으나, 조선 후기에 김정희가 『금석과안록』에서 북한산비가 진흥왕 순수비임을 밝혔다.) 진흥왕은 계속해서 가야 지역에 **창녕비**를 세우고(561), '관경(觀境)을 순수(巡狩)'하여 **마운령, 황초령** 등에도 순수비를 세웠다(568). 단양 적성비, 북한산비, 창녕비, 황초령비, 마운령비 등 비석은 진흥왕이 정복 활동을 얼마나 활발하게 했는지를 보여준다.

정복한 영토에 순수비를 세우겠노라!

진흥왕

기출 한 컷 [27회]

진흥왕, 대가야를 정복하고 화랑도를 개편하다

진흥왕은 ☆**대가야를 정복**하여 영토를 확장했다(562). 대가야가 신라에 대항하려고 하자, 진흥왕은 이사부 장군에게 대가야를 토벌하게 하고, 청년 사다함에게 이사부를 돕게 하였다. 이렇게 가야가 멸망하자, 대가야뿐만이 아니라 가야 연맹 전체가 신라에 완전히 병합되었다.

진흥왕은 말년에 화랑도(花郎徒)를 국가적인 조직으로 개편했다. 화랑도는 원래 원화(源花)라는 여성 조직이었으나 지도자들이 질투하는 등 폐단이 많아 이것을 남성 조직으로 바꾸고 화랑도(花郎徒), 국선도(國仙徒), 풍월도(風月徒) 등으로 부르기 시작했다.

진평왕, 수나라에 걸사표를 보내다

제26대 왕은 **진평왕**(579~632)이다. 진평왕은 중국을 통일한 수나라의 도움을 받기 위해 승려인 **원광**에게 **걸사표(乞師表)**를 쓰게 하였다(608). 걸(乞)은 '요청하다'는 의미로, 영어의 ask(요청하다)와 같은 표현이다. 즉, 걸사표는 수나라에게 고구려를 공격할 군대를 '요청'하는 글이다. 이 편지는 사신을 통해 수나라에 보내졌다(611). 그러나 걸사표에 '힘을 얻어' 고구려를 공격했던 수나라는 오히려 '살수 대첩'으로 크게 당하였다(612).

선덕 여왕, 우리나라 최초의 여왕이 등극하다

제27대 왕은 **선덕 여왕**(632~647)이다. 우리나라 역사상 여왕(女王)은 세 명이 있다. 신라의 선덕 여왕, 진덕 여왕, 진성 여왕, 이렇게 세 명이다. 신라에는 남녀 개념보다 더 강한 '골품제'라는 신분제가 있었기 때문에 선덕 여왕은 성골(聖骨)로서 왕위에 오를 수 있었다.

선덕 여왕은 **첨성대**를 세워 천체를 관측하였다. 첨성대는 창문 위쪽으로 12단, 가운데 3단, 창문 아래쪽으로 12단이 쌓여 있는데, 합하면 모두 27단이다. 그리고 공교롭게도 선덕 여왕은 '신라의 제27대 왕'이다.

선덕 여왕, 대야성이 함락당하고 황룡사 9층 목탑을 건립하다

선덕 여왕 때, 백제의 의자왕이 신라를 공격하여 대야성을 함락시켰다(642). 대야성 전투는 선덕 여왕에게 큰 충격을 주었다. 그런데 그만큼의 충격을 받은 사람은 바로 김춘추였다. 사실 대야성 전투에서 죽은 김품석과 그 아내는 김춘추의 사위와 딸이었다. 김춘추는 대야성 전투 후 고구려에 동맹을 요청하러 갔지만, 보장왕(실권자는 연개소문)에 의해 오히려 억류당했다(642).

선덕 여왕은 대야성 전투로 나라가 흔들리자 당나라에서 유학하고 있던 자장(590~658)을 급히 귀국시켜 불교 사상을 통해 왕권을 강화하려 했다. **자장**은 선덕 여왕에게 **황룡사 9층 목탑 건립**을 **건의**하였다. 그러면 주변의 9개 국가·민족이 와서 무릎을 꿇을 것이라고 기대했다. 선덕 여왕이 '오케이'했고, 신라는 백제 사람 아비지(阿非知)를 데려와 9층 목탑을 완성하였다(645).

진덕 여왕, 나·당 동맹을 맺고, 집사부를 설치하다

제28대 왕은 **진덕 여왕**(647~654)이다. 진덕 여왕은 고구려에 잡혀서 고생하다가 가까스로 탈출한 김춘추를 이번에는 당나라로 보냈다. 진덕 여왕은 당 태종으로부터 군사 원조를 약속받았고, 드디어 **나·당 동맹(나·당 연합군)**을 맺었다(648).

진덕 여왕은 **집사부(執事部)**를 설치하고, **장관을 중시**라고 하였다(651). 집사부는 지금의 '대통령 비서실'과 비슷한 것으로 왕명 출납을 주로 하는 관청이다. 그러나 진덕 여왕은 나·당 동맹을 체결하고, 집사부도 설치하였지만 이런 것들을 제대로 사용하지 못하고 재위 8년 만에 죽고 말았다. 그래서 '나·당 동맹과 집사부'는 김춘추가 왕이 되어 사용하게 된다.

3 가야 연맹

금관가야가 건국되다

김해의 구야국(狗邪國)을 중심으로 변한의 소국들이 발전하여 '6가야 연맹'을 이루었다. 6개의 가야 소국 중 가장 먼저 세워진 나라는 **김해의 금관가야**이다(42). 『삼국유사』의 「가락국기」(금관가야에 관한 기록)에 전해지는 김수로왕의 설화를 보면, 하루는 아홉 추장과 사람들이 구지봉에서 "거북아 거북아 머리를 내놓아라. 만약 내놓지 않으면 구워 먹으리."라는 노래를 불렀다고 한다. 그러자 하늘에서 금상자가 내려왔고, 그 안에는 '황금알 여섯 개'가 들어 있었다. 가장 먼저 알에서 나온 수로(首露)가 나라를 세웠다고 한다. 이 설화를 보면, (금관)가야를 세운 사람은 **김수로왕**이며, 그 왕비는 인도의 북쪽에 있었던 아유타국에서 온 허왕후(허황옥)이다.

금관가야, 전기 가야 연맹을 이끌다

금관가야는 낙동강과 남해안을 이용한 수상 교통과 해상 교통이 활발하였다. 이 지역에서는 **철이 많이 생산**되어 **낙랑과 왜에 수출**하기도 하였다. 금관가야의 대표적인 유적지는 **김해 대성동 고분군**인데, 여기에서 **철제 갑옷, 청동솥** 등이 발견되었다.

철제 갑옷   청동솥

　5세기 초, 신라에 쳐들어온 왜를 격퇴하기 위해 남쪽으로 내려온 **광개토 대왕**의 고구려 군대에게 금관가야도 함께 공격을 당했다. 이로 인해 금관가야의 세력은 약화되고 5세기 후반부터 대가야가 가야 연맹의 주도 세력이 되었다.

> **기출 핵심 키워드 암기**
>
> 금관가야 - 철이 많이 생산되어 [ㄴㄹ]과 [ㅇ]에 수출하였다. [50·46회]

정답: 낙랑, 왜

대가야, 후기 가야 연맹을 이끌다

가야는 5세기 후반에 **고령의 대가야** 중심으로 세력이 재편되었다. 이것을 **후기 가야 연맹**이라고 한다. 대가야의 시조는 **이진아시왕**인데, 금관가야의 시조인 김수로왕과 형제이다. 대가야의 대표적인 유적지는 **고령 지산동 고분군**인데, 여기에서 **금동관과 판갑옷·투구** 등이 발견되었다.

금동관   판갑옷·투구

　가야 연맹의 새로운 맹주가 된 대가야는 소백산맥을 넘어 서쪽으로 진출하기도 했고, **신라와 결혼 동맹**을 맺으면서 활로를 찾으려고 했다. 그러나 이런 시도는 오래가지 못하였다.

가야가 멸망하다

가야는 백제와 신라 사이에 '샌드위치'처럼 끼어 있어서 정치적으로 불안했다. 결국 '광개토 대왕' 때문에 약해진 **금관가야**가 먼저 **법흥왕에 의해 신라에 복속**되었다(532). 당시 금관가야의 왕이었던 김구해가 왕비 및 세 아들과 함께 와서 항복했는데, 이들은 **신라의 진골로 편입**되었다.

　대가야는 금관가야가 신라에 복속된 지 30년이 지난 **진흥왕 때 이사부 장군의 공격으로 멸망**하였다(562). 그리고 이즈음에 다른 가야의 소국들도 함께 멸망하였다.

> **기출 핵심 키워드 암기**
>
> ① 금관가야 - 일부 왕족이 멸망 후 신라의 [ㅈㄱ]로 편입되었다. [33회]
> ② 대가야 - [ㅈㅎㅇ] 때 신라에 복속되었다. [45회]

정답: ① 진골 ② 진흥왕

빈출 개념만 모아 암기하세요~!

빈출 개념 한눈에 암기하기

1. 신라의 성립

박혁거세	경주 지역의 토착민 세력과 유이민 집단을 결합하여 신라 건국
내물 마립간	'1)⬛⬛⬛'(대군장) 칭호 사용, 왜 격퇴(고구려 2)⬛⬛⬛⬛의 구원)
눌지 마립간	백제 비유왕과 나·제 동맹 체결
소지 마립간	백제와 결혼 동맹 체결

2. 신라의 전성기

지증왕	국호 '신라', 왕호 '왕'으로 변경, 우경 장려, 순장 금지, 동시·3)⬛⬛⬛(시장 감독 관청) 설치, 4)⬛⬛⬛ 복속(이사부)
법흥왕	'건원' 연호 사용, 병부·상대등 설치, 율령 반포, 공복 제정, 5)⬛⬛ 공인(이차돈의 순교), 금관 가야 정복
진흥왕	『6)⬛⬛』 편찬(거칠부), 한강 유역 확보, 단양 적성비·북한산비·창녕비·황초령비·마운령비 건립, 대가야 정복, 7)⬛⬛⬛를 국가적 조직으로 개편
진평왕	수나라에 걸사표(원광)를 보내 군사 지원 요청
선덕 여왕	8)⬛⬛⬛ 설치(천체 관측), 9)⬛⬛⬛⬛⬛⬛ 건립(자장의 건의)
진덕 여왕	나·당 동맹 체결, 집사부 설치

3. 가야 연맹

구분	금관가야(전기)	대가야(후기)
건국	김수로왕이 김해에서 건국	이진아시왕이 고령에서 건국
발전 및 쇠퇴	• 10)⬛이 많이 생산되어 낙랑과 왜에 수출 • 광개토 대왕의 공격으로 쇠퇴	신라와 결혼 동맹 체결
유적지	김해 대성동 고분군	고령 지산동 고분군
멸망	신라 법흥왕의 공격으로 멸망, 일부 왕족이 신라의 11)⬛⬛로 편입	신라 12)⬛⬛⬛의 공격으로 멸망

정답 1) 마립간 2) 광개토 대왕 3) 동시전 4) 우산국 5) 불교 6) 국사 7) 화랑도 8) 첨성대 9) 황룡사 9층 목탑 10) 철 11) 진골 12) 진흥왕

해커스 이명호 스토리로 암기하는 한국사능력검정시험 심화 상

실전 연습

1 키워드와 관련된 것을 알맞게 연결해보세요.

① 지증왕 •　　　　　　　• ⊙ 율령 반포

② 법흥왕 •　　　　　　　• ⓒ 신라로 국호 변경

③ 진흥왕 •　　　　　　　• ⓒ 화랑도 개편

2 〈보기〉에서 골라 빈칸을 채워보세요.

┌─ 보기 ─────────────────────────┐
│ 대가야　　　　황룡사 9층 목탑　　　군사 동맹 │
└──────────────────────────────┘

① 진흥왕 때 (　　　)를 정복하여 영토를 확장하였다.
[51회]

② 선덕 여왕 때 자장의 건의로 (　　　　　)을 건립하였다. [51회]

③ 진덕 여왕 때 신라가 당과 (　　　　　)을 체결하였다.
[47회]

3 아래 표에 있는 초성을 완성해보세요.

구분	금관가야
건국	김수로왕이 ㄱㅎ 지역에서 건국함
발전과 쇠퇴	3세기경 금관가야를 중심으로 전기 가야 연맹이 결성됨 → 고구려 ㄱㄱㅌ ㄷㅇ의 신라 구원 과정에서 공격을 받아 쇠퇴함
멸망	신라 ㅂㅎㅇ의 공격으로 멸망함

4 아래 기출 사료와 관련 있는 왕을 써보세요.

> 왕 6년 가을 7월에 이찬 이사부가 아뢰기를, "국사(國史)라는 것은 군주와 신하의 선악을 기록하며 만대에 포폄(褒貶)을 보여주는 것이니 편찬하지 않으면 후대에 무엇을 보이겠습니까?"라고 하였다. 이에 왕이 진실로 그렇다고 여겨서 대아찬 거칠부 등에게 명하여 널리 문사들을 모아서 [이를] 편찬하도록 하였다.
> – 『삼국사기』 [37회]

→ □□□

[정답]
1 ① ⓒ ② ⊙ ③ ⓒ　　2 ① 대가야 ② 황룡사 9층 목탑 ③ 군사 동맹
3 김해, 광개토 대왕, 법흥왕　　4 진흥왕

1　　　　　　　　　　　　　　　　　　[51회] [3번]

밑줄 그은 '왕'의 업적으로 옳은 것은?　　[2점]

> 여러 신하들이 아뢰기를 "…… 신(新)은 '덕업이 날로 새로워진다'는 뜻이고, 라(羅)는 '사방(四方)을 망라한다'는 뜻이므로 이를 나라 이름으로 삼는 것이 마땅하다고 여겨집니다. 또 살펴보건대 옛날부터 국가를 가진 이는 모두 제(帝)나 왕(王)을 칭하였는데, 우리 시조께서 나라를 세운 지 지금 22대에 이르기까지 방언으로만 부르고 높이는 호칭을 정하지 못하였으니, 이제 여러 신하들이 한 마음으로 삼가 신라국왕(新羅國王)이라는 칭호를 올립니다."라고 하였다. 왕이 이를 따랐다.
> – 『삼국사기』

① 병부를 설치하고 율령을 반포하였다.

② 이사부를 보내 우산국을 복속시켰다.

③ 대가야를 병합하여 영토를 확장하였다.

④ 국학을 설립하여 유학 교육을 진흥시켰다.

⑤ 자장의 건의로 황룡사 구층 목탑을 건립하였다.

2　　　　　　　　　　　　　　　　　　[46회] [7번]

다음 정책을 추진한 왕의 재위 기간에 있었던 사실로 옳은 것은?　　[2점]

> ○ 영을 내려서 순장을 금지하였다. 이전에는 국왕이 죽으면 남녀 각각 다섯 명씩을 순장하였는데, 이때에 이르러 금지하였다.
> ○ 주주(州主)와 군주(郡主)에게 각각 명하여 농사를 권장케 하였고, 처음으로 소를 부려서 농사를 지었다.
> – 『삼국사기』

① 병부와 상대등이 설치되었다.

② 이사부가 우산국을 복속시켰다.

③ 불국사 삼층 석탑이 건립되었다.

④ 화랑도가 국가적인 조직으로 개편되었다.

⑤ 지방관 감찰을 목적으로 외사정이 파견되었다.

3

49회 5번

밑줄 그은 '왕'의 업적으로 옳은 것은? [3점]

금관국의 김구해가 세 아들과 함께 나라의 보물을 가지고 와서 항복하였다고 하네.

나도 들었네. 우리 왕께서 그들을 예로써 대접하여 높은 벼슬을 주고, 그가 다스리던 금관국을 식읍으로 삼게 하였다는군.

① 관료전을 지급하고 녹읍을 폐지하였다.
② 건원이라는 독자적인 연호를 제정하였다.
③ 지방에 22담로를 두어 왕족을 파견하였다.
④ 독서삼품과를 시행하여 인재를 등용하였다.
⑤ 자장의 건의로 황룡사 구층 목탑을 건립하였다.

4

47회 4번

밑줄 그은 '왕'의 재위 시기에 있었던 사실로 옳은 것은? [2점]

○ 왕이 다시 명령을 내려 좋은 가문 출신의 남자로서 덕행이 있는 자를 뽑아 명칭을 고쳐서 화랑이라고 하였다. 처음으로 설원랑을 받들어 국선(國仙)으로 삼으니, 이것이 화랑 국선의 시초이다. ─ 『삼국유사』
○ 왕이 이찬 이사부에게 명령하여 가라국(加羅國)을 습격하게 하였다. 이때 사다함은 나이가 15~16세였는데 종군하기를 청하였다. …… 그 나라 사람들은 뜻하지 않은 병사들의 습격에 놀라 막아내지 못하였다. 대군이 승세를 타서 마침내 그 나라를 멸망시켰다. ─ 『삼국사기』

① 거칠부가 『국사』를 편찬하였다.
② 김헌창이 웅천주에서 반란을 일으켰다.
③ 이차돈의 순교를 계기로 불교가 공인되었다.
④ 최고 지배자의 호칭이 마립간으로 바뀌었다.
⑤ 자장의 건의로 황룡사 9층 목탑이 건립되었다.

5

44회 9번

밑줄 그은 '나라'에 대한 설명으로 옳은 것은? [1점]

김구해가 아내와 세 아들, 즉 큰 아들 노종, 둘째 아들 무덕, 셋째 아들 무력과 함께 나라의 창고에 있던 보물을 가지고 와서 항복하였다. [법흥]왕이 예로써 그들을 우대하여 높은 관등을 주고 본국을 식읍으로 삼도록 하였다.
─ 『삼국사기』

① 만장일치제로 운영된 화백 회의가 있었다.
② 빈민을 구제하기 위해 진대법을 실시하였다.
③ 박, 석, 김의 3성이 번갈아 왕위를 차지하였다.
④ 시조 김수로왕의 설화가 『삼국유사』에 전해진다.
⑤ 오경박사, 의박사, 역박사 등을 일본에 파견하였다.

6

45회 3번

밑줄 그은 '이 나라'에 대한 설명으로 옳은 것은? [2점]

사진은 경상북도 고령을 중심으로 발전하였던 이 나라의 지산동 44호분입니다. 배치도를 보면 으뜸 돌방을 중심으로 30여 기의 순장 돌덧널을 확인할 수 있습니다. 이 고분의 발굴을 통해 이 나라에서 행해졌던 순장의 실체가 확인되었습니다.

← 지산동 44호분 발굴 현장

: 으뜸 돌방
: 순장 돌덧널

↑ 지산동 44호분 무덤 배치도

① 진흥왕 때 신라에 복속되었다.
② 나·당 연합군에 의해 멸망하였다.
③ 대가들이 사자, 조의, 선인을 거느렸다.
④ 빈민을 구제하기 위해 진대법을 시행하였다.
⑤ 박, 석, 김의 3성이 교대로 왕위를 계승하였다.

대표 기출 문제의 정답 및 문제풀이 방법을 다음 페이지에서 확인하세요. →

대표 기출 문제 정답 및 문제풀이 방법

1	2	3	4	5	6
②	②	②	①	④	①

1 지증왕

> 여러 신하들이 아뢰기를 "…… 신(新)은 '덕업이 날로 새로워진다'는 뜻이고, 라(羅)는 '사방(四方)을 망라한다'는 뜻이므로 이를 나라 이름으로 삼는 것이 마땅하다고 여겨집니다. 또 살펴보건대 옛날부터 국가를 가진 이는 모두 제(帝)나 왕(王)을 칭하였는데, 우리 시조께서 나라를 세운 지 지금 22대에 이르기까지 방언으로만 부르고 높이는 호칭을 정하지 못하였으니, 이제 여러 신하들이 한 마음으로 삼가 신라국왕(新羅國王)이라는 칭호를 올립니다."라고 하였다. 왕이 이를 따랐다.
> ─ 『삼국사기』

→ 지증왕

② **이사부를 보내 우산국을 복속시켰다.**

국호를 한자식 표현인 **신라(新羅)**로 바꾸고, 왕의 칭호도 마립간에서 **중국식 왕호인 왕(王)**으로 바꾼 신라국왕은 **지증왕**이다. 지증왕은 **이사부**를 보내 **우산국**(울릉도)을 복속시켰다(512).

오답 체크
① 병부를 설치하고 율령을 반포하였다. → **법흥왕**
③ 대가야를 병합하여 영토를 확장하였다. → **진흥왕**
④ 국학을 설립하여 유학 교육을 진흥시켰다. → **신문왕**
⑤ 자장의 건의로 황룡사 구층 목탑을 건립하였다. → **선덕 여왕**

2 지증왕 재위 기간의 사실

> ○ 영을 내려서 순장을 금지하였다. 이전에는 국왕이 죽으면 남녀 각각 다섯 명씩을 순장하였는데, 이때에 이르러 금지하였다.
> ○ 주주(州主)와 군주(郡主)에게 각각 명하여 농사를 권장케 하였고, 처음으로 소를 부려서 농사를 지었다.
> ─ 『삼국사기』

우경 → 신라 지증왕

② **이사부가 우산국을 복속시켰다.**

순장을 금지한 왕은 **지증왕**이다. '처음으로 소를 부려서 농사를 지었다'는 것은 **우경을 장려**했다는 것인데, 이것도 **지증왕** 때의 일이다. 지증왕은 **이사부**를 보내 **우산국**(울릉도)을 복속시켰다(512).

오답 체크
① 병부와 상대등이 설치되었다. → **법흥왕**
③ 불국사 삼층 석탑이 건립되었다. → **경덕왕**
④ 화랑도가 국가적인 조직으로 개편되었다. → **진흥왕**
⑤ 지방관 감찰을 목적으로 외사정이 파견되었다. → **문무왕**

3 법흥왕

금관국의 김구해가 세 아들과 함께 나라의 보물을 가지고 와서 항복하였다고 하네.

나도 들었네. 우리 왕께서 그들을 예로써 대접하여 높은 벼슬을 주고, 그가 다스리던 금관국을 식읍으로 삼게 하였다는군.

→ 금관가야 정복
→ 법흥왕

② **건원이라는 독자적인 연호를 제정하였다.**

금관국(금관가야)의 김구해가 항복하였다는 것은 **법흥왕**이 금관가야를 정복하였다는 것이다(532). 법흥왕은 **신라 최초로 건원이라는 독자적인 연호**를 제정하였다.

오답 체크
① 관료전을 지급하고 녹읍을 폐지하였다. → **통일 신라 신문왕**
③ 지방에 22담로를 두어 왕족을 파견하였다. → **백제 무령왕**
④ 독서삼품과를 시행하여 인재를 등용하였다. → **통일 신라 원성왕**
⑤ 자장의 건의로 황룡사 구층 목탑을 건립하였다. → **신라 선덕 여왕**

4 진흥왕

> ○ 왕이 다시 명령을 내려 좋은 가문 출신의 낭자로서 덕행이 있는 자를 뽑아 명칭을 고쳐서 화랑이라고 하였다. 처음으로 설원랑을 받들어 국선(國仙)으로 삼으니 이것이 화랑 국선의 시초이다. ─ 『삼국유사』
> ○ 왕이 이찬 이사부에게 명령하여 가라국(加羅國)을 습격하게 하였다. 이때 사다함은 나이가 15~16세였는데 종군하기를 청하였다. …… 그 나라 사람들은 뜻하지 않은 병사들의 습격에 놀라 막아내지 못하였다. 대군이 승세를 타서 마침내 그 나라를 멸망시켰다.
> ─ 『삼국사기』

→ 화랑도 정비
+
→ 대가야 정복
→ 신라 진흥왕

① **거칠부가 『국사』를 편찬하였다.**

화랑도를 국가적인 조직으로 정비한 왕은 **진흥왕**이다. 이사부가 가라국을 습격하고 사다함이 종군하였다는 것은 진흥왕이 **대가야**를 정복하였다는 것이다(562). 진흥왕은 **거칠부**에게 명하여 역사서인 **『국사』**를 편찬하게 하였다.

오답 체크
② 김헌창이 웅천주에서 반란을 일으켰다. → **헌덕왕**
③ 이차돈의 순교를 계기로 불교가 공인되었다. → **법흥왕**
④ 최고 지배자의 호칭이 마립간으로 바뀌었다. → **내물 마립간**
⑤ 자장의 건의로 황룡사 9층 목탑이 건립되었다. → **선덕 여왕**

✔️ 또 나올 암기 포인트

6세기의 신라 왕

지증왕	• 체제 정비: 국호를 신라, 지배자의 칭호를 왕으로 개칭 • 우산국(울릉도) 정벌(512, 이사부) • 우경 보급, 순장 금지 • 동시, 동시전 설치
법흥왕	• 체제 정비: 병부와 상대등 설치, 율령 반포, 공복 제정 • 왕권 강화: 연호 사용(건원), 이차돈의 순교를 계기로 불교 공인 • 금관가야 정복(532)
진흥왕	• 한강 유역 장악, 대가야 정복(562) • 단양 신라 적성비·순수비(북한산비, 창녕비 등) 건립 • 화랑도를 국가적 조직으로 정비 • 역사서 『국사』(거칠부) 편찬

✔️ 또 나올 암기 포인트

가야 연맹

구분	금관가야(전기)	대가야(후기)
시조	김수로왕	이진아시왕
발전	철 생산 多 → 낙랑·왜에 수출	신라와 결혼 동맹 체결
멸망	신라 법흥왕의 공격으로 멸망	신라 진흥왕의 공격으로 멸망
유적	김해 대성동 고분군	고령 지산동 고분군
문화 유산		

5 금관가야

> 김구해가 아내와 세 아들, 즉 큰 아들 노종, 둘째 아들 무덕, 셋째 아들 무력과 함께 나라의 창고에 있던 보물을 가지고 와서 항복하였다. [법흥]왕이 예로써 그들을 우대하여 높은 관등을 주고 본국을 식읍으로 삼도록 하였다.
> — 『삼국사기』

→ 금관가야

④ 시조 김수로왕의 설화가 『삼국유사』에 전해진다.

김구해가 법흥왕에게 항복하였다면 밑줄 그은 '나라'는 **금관가야**이다. 금관가야를 세운 시조 **김수로왕**의 설화는 『삼국유사』「가락국기」에 전해진다.

오답 체크

① 만장일치제로 운영된 화백 회의가 있었다. → **신라**
② 빈민을 구제하기 위해 진대법을 실시하였다. → **고구려**
③ 박, 석, 김의 3성이 번갈아 왕위를 차지하였다. → **신라**
⑤ 오경박사, 의박사, 역박사 등을 일본에 파견하였다. → **백제**

6 대가야

> 사진은 경상북도 고령을 중심으로 발전하였던 이 나라의 지산동 44호분입니다. 배치도를 보면 으뜸 돌방을 중심으로 30여 기의 순장 돌덧널을 확인할 수 있습니다. 이 고분의 발굴을 통해 이 나라에서 행해졌던 순장의 실체가 확인되었습니다.

← 지산동 44호분 발굴 현장

■ : 으뜸 돌방
■ : 순장 돌덧널

↑ 지산동 44호분 무덤 배치도

→ 대가야

① 진흥왕 때 신라에 복속되었다.

경상북도 고령을 중심으로 발전한 '이 나라'는 **대가야**이다. 대가야의 대표적인 유적지는 고령 **지산동 고분군**이다. 대가야는 **진흥왕** 때 이사부와 사다함에 의해 **신라에 복속**되었다(562).

오답 체크

② 나·당 연합군에 의해 멸망하였다. → **백제, 고구려**
③ 대가들이 사자, 조의, 선인을 거느렸다. → **고구려**
④ 빈민을 구제하기 위해 진대법을 시행하였다. → **고구려**
⑤ 박, 석, 김의 3성이 교대로 왕위를 계승하였다. → **신라**

06강 신라의 삼국 통일과 발전

사람들은 경주를 '신라 천년의 고도'라고 부릅니다. 신라가 삼국 통일을 한 후에도 수도를 바꾸지 않았으므로, 경주는 약 천년 간 신라의 수도였던 셈입니다. 이 단원에서는 '통일 신라'가 어떻게 왕권을 강화하고, 행정구역을 개편했는지 살펴볼 것입니다.

9주 5소경 ▶

1 신라의 삼국 통일

백제가 멸망하고 부흥 운동이 일어나다

신라의 김유신과 당의 소정방이 이끄는 나·당 연합군이 백제를 공격했다(660). **황산벌 전투**에서 계백의 결사대가 김유신의 군대에 맞서 싸웠으나 결국 지고 **사비성이 함락**되면서 **백제는 멸망**하였다. 당나라는 백제의 옛 땅에 **웅진 도독부**(660~676)를 설치하고, 의자왕의 셋째 아들인 '부여융'을 웅진 도독으로 삼았다.

기출 한 컷 33회

백제는 분명히 멸망했는데, '아직 멸망하지 않았다'면서 백제 부흥 운동을 전개한 사람들이 있었다(660~663). 금강 유역의 **주류성**에서 **복신과 도침**은 의자왕의 아들인 **'부여풍'을 왕으로 추대**하면서 부흥 운동을 전개하였으며, 태안반도 근처의 **임존성**에서는 **흑치상지**가 부흥 운동을 일으켜 소정방이 지휘하는 당군을 격퇴하기도 하였다. 백제 부흥군은 왜군의 지원을 받아 나·당 연합군과 싸우기도 했으나 **백강**(지금의 금강) **전투**에서 크게 패배한 후 백제 부흥 운동은 거의 소멸하였다(663).

백강 전투가 일어나던 해에 당나라는 한반도에 미심쩍은 조치를 했는데, 경주에 **계림 도독부를 설치**하고 문무왕을 **계림주 대도독**으로 삼은 것이다(663). 이는 신라의 왕을 당나라 지방 정부의 한 관리처럼 취급한 것이다.

기출 핵심 키워드 암기

① 백제 부흥 운동 – □ㅅ 과 □ㅊ 등이 부여풍을 왕으로 추대하였다. [49·48회]

② 백제 부흥 운동 – 신라와 당의 연합군이 □ㄱ 에서 왜군을 물리쳤다. [42·40회]

정답 ① 복신, 도침 ② 백강

고구려가 멸망하고 부흥 운동이 일어나다

나·당 연합군은 고구려의 평양성을 공격했다. 고구려군은 나·당 연합군에 항전하였으나, 결국 **평양성이 함락**되고, 보장왕과 남산(연개소문의 막내 아들)이 항복하면서 **고구려도 멸망**했다(668). 당은 이때 평양에 **안동 도호부(668~758)를 설치**했다. 백제 멸망 후 웅진 도독부를 설치하고(660), 신라에 계림 도독부를 설치하더니(663), 이제 고구려 옛 땅에 안동 도호부를 설치한 것이다(668). 당나라는 한반도를 통째로 차지하려는 야욕을 점점 더 노골적으로 드러내기 시작했다.

고구려 멸망 이후 지금의 황해도 지역에서 **검모잠**이 보장왕의 서자 **안승을 왕으로 추대**하며 부흥 운동을 시작하였다(670). 그러나 당군에 대처하는 방식을 둘러싸고 대립하다가 결국 안승이 검모잠을 죽이고, 신라에 도움을 요청하였다. 당나라의 도움을 받아 삼국 통일을 하려다가 한반도 전체를 빼앗기게 된 신라는 뒤늦게라도 고구려 부흥 운동을 도와주기 시작했다. 그래서 문무왕은 **금마저(지금의 익산)**에 **보덕국(報德國)**을 세우고 **안승을 보덕왕으로 임명**하였다(674).

> 검모잠이 남은 백성들을 거두어 신라로 향하였다. 안승을 맞아들여 임금으로 삼았다. …… 신라 왕은 그들을 금마저에 정착하게 하였다.
>
> – 「삼국사기」 [55회]

신라가 나·당 전쟁에서 승리하고 삼국 통일을 이루다

나·당 연합군(나·당 동맹군)이 백제와 고구려를 차례대로 멸망시켰지만, 삼국 통일이 완성된 것은 아니었다. 두 나라가 무너진 직후에 당나라가 신라를 배신했기 때문이다. 신라는 이제 '나·당 전쟁'을 통해 당나라 군대를 한반도에서 쫓아내야 했다. 그래서 백제 멸망(660, 무열왕), 고구려 멸망(668, 문무왕), 당군 축출(676, 문무왕)의 3단계를 모두 거쳐야 비로소 삼국 통일이 될 수 있었다.

'배신자' 당나라를 처단하기 위한 **나·당 전쟁**이 일어났다. 신라는 당나라의 이근행이 20만 대군을 이끌고 쳐들어오자 **매소성**에서 이를 크게 격파하였다(675). 그리고 다음 해에는 신라군이 소부리주 **기벌포**에서 당의 설인귀와 싸워서 이겼다(676). 이렇게 매소성 전투와 기벌포 전투에서 이기며 신라는 나·당 전쟁을 마무리하고, **삼국 통일**을 이루어냈다(676). 통일 이후의

우리 신라 수군이 기벌포에서 당군을 격퇴하였습니다!

기벌포에서 당군 격퇴

🎬 기출 한 컷 [35회]

신라를 통일 이전과 구분하여 '통일 신라'라고 부르기도 한다. 그러나 '통일 신라'의 국경은 대동강과 원산만을 경계로 그 이남의 땅을 차지하는 데 그쳤다. 옛 고구려 땅을 대부분 잃어버린 '많이 아쉬운' 삼국 통일이 된 것이다.

> **기출 핵심 키워드 암기**
>
> ① 나·당 전쟁 – 신라군이 당의 군대에 맞서 [ㅁㅅㅅ]에서 승리하였다. [50·44회]
> ② 나·당 전쟁 – 신라군이 [ㄱㅂㅍ]에서 적군을 격파하였다. [47회]

2 통일 신라의 발전

무열왕, 최초의 진골 출신 왕이 탄생하다

제29대 왕은 **무열왕**(654~661)으로 이름은 김춘추이다. 백제와의 대야성 전투(642)에서 사위와 딸을 잃은 김춘추는 고구려에 동맹을 요청하러 갔다가 오히려 고구려에 억류당하는 수모를 겪었으나, 진덕 여왕 때 당에 건너가 당 태종으로부터 군사 원조를 약속받고 '나·당 동맹(나·당 연합군)'을 맺었다(648). 진덕 여왕 사후 상대등 알천 등의 추대로 왕위에 올랐는데(654), **최초의 진골 출신 왕**이자 신라 '중대'(『삼국사기』의 표현에 따르면 태종 무열왕 때부터 혜공왕 때까지를 신라 중대라고 한다.)의 첫 번째 왕이 탄생한 것이다.

무열왕은 왕권을 강화하기 위해 집사부의 장관인 **시중의 기능을 강화**했으며, 관리를 감찰하는 **사정부를 설치**하기도 했다(659). 그리고 당과 연합하여 사비성을 함락하고 **백제를 멸망**시켰다(660).

문무왕, 외사정을 파견하다

제30대 왕은 **문무왕**(661~681)이다. 문무왕은 재위 기간에 백제 부흥 운동, 고구려 부흥 운동, 나·당 전쟁을 모두 겪고, 마침내 **삼국 통일을 완성**하였다(676).

문무왕은 지방의 행정 통제와 관리 감찰을 위해 **외사정(外司正)을 최초로 파견**하였다(673). 아버지인 무열왕이 중앙의 관리를 감찰하기 위해 사정부를 설치하였다면, 문무왕은 지방의 관리들을 감찰하기 위해 외사정을 파견하였던 것이다.

문무왕은 자신이 죽으면 동해 입구의 큰 바위에서 장례를 치르고, 화장(火葬)을 하라고 유언하였다. 그래서 만들어진 것이 대왕암(문무왕릉)이다.

> 왕의 유언에 따라 동해 입구의 큰 바위 위에서 장례를 치렀다. ······ 유조(遺詔)는 다음과 같다. "과인은 나라의 운이 어지럽고 전란의 시기를 맞이하여, 서쪽을 정벌하고 북쪽을 토벌하여 영토를 안정시켰다. ······ 서국의 의식에 따라 화장을 하라." – 『삼국사기』 31회

기출 핵심 키워드 암기

문무왕 – 지방관을 감찰하기 위해 ○ㅅㅈ 을 파견하였다. [54·53회]

정답 외사정

신문왕, 전제 왕권을 확립하다

제31대 왕은 **신문왕**(681~692)이다. 신문왕이 즉위하던 해, 왕의 장인인 **김흠돌이 반역**을 일으켰다(681). 신문왕은 이 사건을 계기로 진골 귀족 세력을 숙청하면서 왕권을 전제화하는 바탕을 마련하였다.

역모를 꾸민 김흠돌 등 요망한 무리들을 숙청하라!

신문왕

기출 한 컷 [40회]

즉위 2년차에 신문왕은 문무왕 때부터 짓기 시작한 **감은사를 완공**하고, 문무왕의 은혜에 감사하는 마음을 담아 감은사라는 이름을 붙였다. 이후 신문왕은 감은사 행차에서 돌아와 '낮에는 둘로 나뉘고 밤에는 하나로 합쳐지는' 신비한 대나무로 피리를 만들게 하였다. 이 피리를 불면 파도가 잠잠해진다고 해서, 이를 **만파식적(萬波息笛)**이라고 한다. 이 설화가 실제는 아닐 수 있다. 그러나 이 정도로 신라는 정치적 불안을 잠재우고 평화의 시대가 되기를 소망하고 있었다.

> 용이 검은 옥대를 바쳤다. …… 왕이 놀라고 기뻐하여 오색 비단·금·옥으로 보답하고, 사람을 시켜 대나무를 베어서 바다로 나오자, 산과 용은 홀연히 사라져 보이지 않았다. 왕이 감은사에서 유숙하고 …… 행차에서 돌아와 대나무로 피리를 만들어 월성의 천존고에 보관하였다. 이 피리를 불면 적병이 물러가고 병이 나으며, 가물 때 비가 오고 비올 때 개며, 바람이 잦아들고 파도가 평온해졌다. 이를 만파식적(萬波息笛)이라 부르고 국보로 삼다.
>
> – 「삼국유사」 [50회]

> **기출 핵심 키워드 암기**
>
> 신문왕 – 왕의 장인인 □ㅎㄷ 이 반란을 도모하였다.

정답: 김흠돌

신문왕, 통치 체제를 정비하다

신문왕은 통치 체제를 정비했다. 우선 유학 교육을 위해 **국학(國學)을 설립**하였다(682). 또 영토를 효과적으로 지배하기 위한 9주 체제를 완성하였다(685). 그리고 지방에는 '작은 서울'인 5소경을 두어서, 지방 행정 조직을 **9주 5소경 체제로 완비**하였으며, 군사 조직을 **9서당의 중앙군과 10정의 지방군으로 편성**하였다.

또한 신문왕은 왕권을 강화하고 귀족의 권한은 약화시키는 방향으로 토지 제도를 개혁하였는데, 토지에 대해 수조권(토지에서 조세를 걷을 수 있는 권리)만 주는 **관료전을 지급**하고(687), 노동력 징발까지 가능한 **녹읍을 폐지**하였다(689).

우리가 꼭 기억해야 할 '신문왕 때 활동한 사람'이 있다. 바로 원효와 요석 공주 사이에서 태어난 **설총**이다. 설총은 한자의 음훈을 빌려 우리말을 표기할 수 있도록 **이두(吏讀)를** 정리한 인물이다. 그런데 그 설총이 신문왕에게 담대하게 「화왕계」를 지어 바쳤다. 「화왕계」(풍왕서)에는 '꽃의 왕'인 모란이 등장한다. 장미를 간신에 비유하고, 할미꽃을 충신에 비유하면서 충신을 가까이할 것을 권고하는 글이다.

성덕왕, 정전을 지급하다

제33대 왕은 신문왕의 둘째 아들인 **성덕왕**(702~737)이다. 성덕왕은 농민의 경제를 안정시키기 위해 백성들에게 **정전(丁田)을 지급**하였는데(722), 이것은 백성들에게 땅의 '소유권'을 준 것이었다.

경덕왕, 한화 정책을 시행하고 녹읍을 부활시키다

제35대 왕은 **경덕왕**(742~765)으로 성덕왕의 셋째 아들이다. 경덕왕은 당시 재상이었던 **김대성**으로 하여금 **석굴암과 불국사**를 창건(創建, 짓기 시작)하게 했다(751). 이는 불교의 힘으로 나라를 발전시키기 위해서였다. 그리고 경덕왕은 집사부 장관의 명칭을 중시에서 **시중(侍中)으로** 바꾸고(747), 지방 9주의 명칭과 중앙 관부의 관직명도 중국식으로 바꾸었다. 이렇게 우리나라의 지명과 관직명을 중국식으로 바꾸는 것을 **한화 정책(漢化政策)이라고** 한다. 또한 경덕왕은 유교 교육을 강화하기 위해 국학의 명칭을 태학감으로 바꾸기도 하였다.

그런데 이런 경덕왕의 개혁은 **'녹읍 부활'로** 많이 퇴색되었다. 왜냐하면 경덕왕은 중앙과 지방의 여러 관리들에게 매달 주던 녹봉을 없애고 다시 녹읍을 주었기 때문이다(757). 귀족들은 백성들에게 조세를 받는 것에 만족하지 못하고 노동력까지 징발하고 싶어 했는데, 경덕왕은 이런 귀족의 요구에 굴복하고 말았다.

▍혜공왕, 무열왕계 왕위 계승이 끊기다

제36대 왕은 **혜공왕**(765~780)이다. 혜공왕은 즉위했을 때의 나이가 겨우 8세였다. 그래서 이때는 왕실의 권위가 약했고, 정치적 반란이 많이 일어났는데, 일길찬 **대공**과 그의 동생 아찬 **대렴**이 반란을 일으켰다(768). 이 반란에 귀족들이 동참하여 전국적으로 확산이 되었고(768), 또 이찬 **김지정**도 반란을 일으켰다(780). 김지정의 반란은 **김양상이 진압**하였으나, 반란 중에 **혜공왕이 피살**되면서 무열왕 직계 자손의 왕위 계승이 끊기게 되었다.

③ 통일 신라의 통치 체제

▍중앙 통치 조직, 14부 체제가 완성되다

통일 신라는 중앙에 **집사부를 비롯한 14부**를 두었다. 왕명 출납을 하는 집사부와 13부가 각각의 행정 업무를 분담하였다. 법흥왕 때 병부가 제일 먼저 설치되었고, 진평왕 때 인사 업무를 다루는 위화부를 비롯해 여러 부서가 설치되었다. 진덕 여왕 때 집사부가 설치되고, 무열왕 때 사정부가 설치되었다. 문무왕 때 지금의 법무부와 같은 좌·우이방부가 완성되었다. 신문왕이 공장부와 예작부를 설치하면서 중앙의 14부가 완성되었다.

▍지방 행정 조직, 9주 5소경 체제로 통치하다

통일 신라는 지방 행정 조직을 9주 5소경 체제로 정비하였다. 전국을 9주로 나누고, 주 아래에는 군이나 현을 두어 지방관을 파견하였다. 그러나 수도의 위치가 치우친 것을 보완하기 위해 5소경을 설치하였다. 통일 신라는 넓어진 영토와 늘어난 인구를 효율적으로 다스리고, 지방 세력을 견제하기 위해 **상수리 제도를 실시**하였다. 이 제도는 각 주의 호족을 수도의 여러 관청에 보내어 일정 기간 근무하게 하는 '인질' 제도였다. 무진주(광주)의 지방 세력이었던 안길이 경주에 와서 근무를 했다는 『삼국유사』의 기록은 상수리 제도의 특징을 잘 보여준다.

🎬 기출 한 컷 47회

(거득공이) 무진주를 순행하니, 주의 향리 안길이 그를 정성껏 대접하였다. …… 거득공이 떠나면서 "…… 도성에 올라오면 찾아오라."하고, 서울로 돌아와 재상이 되었다. 나라의 제도에 해마다 주의 향리 한 사람을 도성에 있는 여러 관청에 올려 보내 지키게 하였다. 지금의 기인이다. 안길이 올라가 지킬 차례가 되어 도성으로 왔다.

－「삼국유사」 [25회]

기출 핵심 키워드 암기

① 통일 신라 － 9ㅈ 5ㅅㄱ 의 지방 제도를 운영하였다. [51·49회]
② 통일 신라 － ㅅㅅㄹ ㅈㄷ 를 시행하여 지방 세력을 견제하였다. [56·51회]

정답 ① 9주 5소경 ② 상수리 제도

군사 제도, 9서당 10정을 갖추다

통일 신라는 9서당 10정의 군사 조직을 갖추었다. 통일 신라는 황금서당, 벽금서당, 적금서당 등 옷 깃 색을 기준으로 9서당이라는 중앙군을 완비했다. 9서당은 신라인 3서당, 고구려인 3서당, 백제 인 2서당, 말갈인 1서당으로 구성된 **'민족 융합적'** 군대였다. 한편 지방에 배치된 군대는 10정(十停) 이었다. 지방의 9주마다 1정의 군대를 두었는데, **국경 지역인 한산주에는 2정**을 두어서 모두 10정 이 되었다.

기출 핵심 키워드 암기

통일 신라 － 9ㅅㄷ 10ㅈ 의 군사 조직을 갖추었다. [51·50회]

정답 9서당 10정

빈출 개념만 모아 암기하세요~!

빈출 개념 한눈에 암기하기

1. 신라의 삼국 통일

백제의 멸망과 부흥 운동	• 멸망: 황산벌 전투의 패배와 나·당 연합군의 공격으로 사비성 함락
	• 부흥 운동
	  – 1) 과 도침이 주류성에서 부여풍을 왕으로 추대
	  – 흑치상지가 임존성에서 소정방이 지휘하는 당군 격퇴
	  – 2) 전투: 백제 부흥군이 왜군의 지원을 받았으나 나·당 연합군에 패배함

고구려의 멸망과 부흥 운동	• 멸망: 나·당 연합군의 공격으로 평양성 함락
	• 부흥 운동
	  – 3) 이 안승을 왕으로 추대
	  – 신라 문무왕이 안승을 보덕국의 왕으로 임명

나·당 전쟁과 삼국 통일	신라가 당의 20만 대군을 4) 에서 격파 → 당의 설인귀가 이끄는 군대를 5) 에서 격파 → 신라의 삼국 통일

2. 통일 신라의 발전

무열왕	최초의 진골 출신 왕, 시중의 기능 강화, 백제 멸망
문무왕	삼국 통일 완성, 6) 파견(지방관 감찰)
신문왕	7) 진압(→ 왕권 강화), 감은사 완공, 만파식적 설화, 8) 설립(유학 교육), 9주 5소경 체제 완비, 9서당 10정 편성, 관료전 지급, 녹읍 폐지
성덕왕	백성에게 9) 지급
경덕왕	한화 정책 시행, 석굴암·10) 창건, 국학을 태학감으로 개칭, 녹읍 부활
혜공왕	귀족들의 반란 多(대공·대렴의 난, 김지정의 난)

3. 통일 신라의 통치 체제

중앙 통치 조직	집사부를 비롯한 14부를 두어 행정 업무 분담
지방 행정 조직	11) 체제, 12) 실시(지방 세력 견제)
군사 조직	9서당(중앙군) 10정(지방군) 체제

정답 1) 복신 2) 백강 3) 검모잠 4) 매소성 5) 기벌포 6) 외사정 7) 김흠돌의 난 8) 국학 9) 정전 10) 불국사 11) 9주 5소경
12) 상수리 제도

실전 연습

퀴즈

1 키워드와 관련된 것을 알맞게 연결해보세요.

① 경덕왕 •　　　　　　　• ㉠ 관료전 지급

② 성덕왕 •　　　　　　　• ㉡ 녹읍 부활

③ 신문왕 •　　　　　　　• ㉢ 정전 지급

2 〈보기〉에서 골라 빈칸을 채워보세요.

┌─ 보기 ─────────────────┐
　　불국사　　　　국학　　　　외사정
└───────────────────────┘

① 문무왕은 지방관을 감찰하기 위해 (　　　　)을 파견
하였다. [50·49회]

② 신문왕은 (　　　)을 설립하여 유학을 교육하였다.
[51회]

③ 경덕왕 때 (　　　) 삼층 석탑이 건립되었다. [46회]

3 아래 표에 있는 초성을 완성해보세요.

구분	나·당 전쟁
원인	당이 백제와 ㄱㄱㄹ 멸망 이후 한반도 전체를 지배하려는 야심을 드러냄
전개	당의 20만 대군을 매소성에서 격파함 → 설인귀가 이끄는 당의 수군을 ㄱㅂㅍ에서 섬멸함
결과	신라 ㅁㅁㅇ 때 대동강에서 원산만에 이르는 영토를 차지하며 삼국 통일을 달성함

4 아래 기출 사료와 관련 있는 사건을 써보세요.

> 흑치상지가 좌우의 10여 명과 함께 [적을] 피해 본부로 돌아가 흩어진 자들을 모아 임존산(任存山)을 지켰다. 목책을 쌓고 굳게 지키니 열흘 만에 귀부한 자가 3만여 명이었다. 소정방이 병사를 보내 공격하였는데, 흑치상지가 죽음을 두려워하지 않고 막아 싸우니 그 군대가 패하였다. 흑치상지가 본국의 2백여 성을 수복하니 소정방이 토벌할 수 없어서 돌아갔다. [43회]

→  □□□ □□□

대표 기출 문제

1　　　　　　　　　　　　　　　　　54회 6번

(가), (나) 사이의 시기에 있었던 사실로 옳은 것은? [2점]

> (가) 잔치를 크게 열어 장수와 병사들을 위로하였다. 왕과 [소]정방 및 여러 장수들은 당상(堂上)에 앉고, 의자와 그 아들 융은 당하(堂下)에 앉혔다. 때로 의자에게 술을 따르게 하니 백제의 좌평 등 여러 신하는 모두 목이 메어 울었다.
>
> (나) 사찬 시득이 수군을 거느리고 설인귀와 소부리주 기벌포에서 싸웠으나 잇달아 패배하였다. [시득은] 다시 진군하여 크고 작은 22번의 싸움에서 승리하고 4천여 명의 목을 베었다. － 『삼국사기』

① 고국원왕이 평양성에서 전사하였다.

② 성왕이 관산성 전투에서 피살되었다.

③ 김춘추가 당과의 군사 동맹을 성사시켰다.

④ 을지문덕이 살수에서 수의 군대를 물리쳤다.

⑤ 안승이 신라에 의해 보덕왕으로 임명되었다.

2　　　　　　　　　　　　　　　　　37회 6번

(가)~(라)를 일어난 순서대로 옳게 나열한 것은? [2점]

> (가) 의자왕은 당과 신라 군사들이 이미 백강과 탄현을 지났다는 소식을 듣고 장군 계백을 시켜 결사대 5천 명을 거느리고 황산으로 가서 신라 군사와 싸우게 하였다.
>
> (나) 유인원과 신라왕 김법민은 육군을 거느려 나아가고, 유인궤와 부여융은 수군과 군량을 실은 배를 거느리고 …… 백강으로 가서 육군과 합세하여 주류성으로 갔다. 백강 어귀에서 왜의 군사를 만나 …… 그들의 배 4백 척을 불살랐다.
>
> (다) 이근행이 군사 20만 명을 이끌고 매소성에 진을 쳤다. 신라군이 (이근행의 군사를) 공격하여 패주시키고, 말 3만여 필과 그 만큼의 다른 병기를 얻었다.
>
> (라) 검모잠이 남은 백성들을 모아서 …… 당의 관리와 승려 법안 등을 죽이고 신라로 향하였다. …… 안승을 한성 안으로 맞아들여 받들어 왕으로 삼았다.

① (가) － (나) － (다) － (라)

② (가) － (나) － (라) － (다)

③ (나) － (가) － (라) － (다)

④ (나) － (다) － (가) － (라)

⑤ (다) － (라) － (나) － (가)

3

(가) 왕의 업적으로 옳은 것은? [3점]

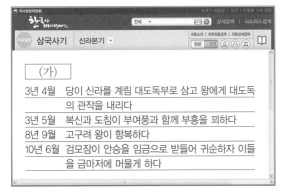

① 백성에게 정전을 지급하였다.
② 이사부를 보내 우산국을 복속시켰다.
③ 매소성에서 당의 군대를 격파하였다.
④ 유학 교육을 위하여 국학을 설립하였다.
⑤ 인재를 등용하기 위하여 독서삼품과를 실시하였다.

4

(가)에 들어갈 내용으로 옳은 것은? [2점]

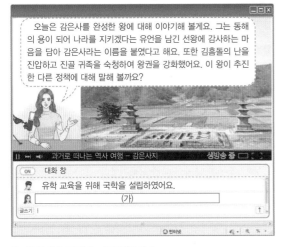

① 백성에게 정전을 지급하였어요.
② 건원이라는 독자적인 연호를 사용하였어요.
③ 독서삼품과를 실시하여 관리를 채용하였어요.
④ 지방 행정 제도를 9주 5소경으로 정비하였어요.
⑤ 시장을 감독하는 관청인 동시전을 설치하였어요.

5

밑줄 그은 '왕'의 재위 기간에 있었던 사실로 옳은 것을 〈보기〉에서 고른 것은? [2점]

- 왕 10년 대상(大相) 대성이 불국사를 처음 창건하였다.
- 왕 16년 중앙과 지방의 여러 관리들에게 매달 주던 녹봉을 없애고 다시 녹읍을 주었다.

〈보기〉
ㄱ. 독서삼품과를 실시하여 관리를 채용하였다.
ㄴ. 지방 행정 구역의 명칭을 중국식으로 바꾸었다.
ㄷ. 성덕 대왕 신종을 완성하여 봉덕사에 안치하였다.
ㄹ. 국학을 태학감으로 변경하여 유교 교육을 강화하였다.

① ㄱ, ㄴ   ② ㄱ, ㄷ   ③ ㄴ, ㄷ
④ ㄴ, ㄹ   ⑤ ㄷ, ㄹ

6

교사의 질문에 대한 학생의 답변으로 옳은 것은? [3점]

① 중앙군을 2군 6위로 조직했습니다.
② 지방관으로 안찰사를 파견했습니다.
③ 중앙 관제를 3성 6부로 정비했습니다.
④ 관리 감찰을 위해 사정부를 두었습니다.
⑤ 유학 교육 기관으로 주자감을 설치했습니다.

대표 기출 문제의 정답 및 문제풀이 방법을 다음 페이지에서 확인하세요. ➜

대표 기출 문제 정답 및 문제풀이 방법

1	2	3	4	5	6
⑤	②	③	④	④	④

1 백제 멸망과 기벌포 전투 사이의 사실

(가) 잔치를 크게 열어 장수와 병사들을 위로하였다. 왕 과 [소]정방 및 여러 장수들은 당상(堂上)에 앉고, 의 자와 그 아들 융은 당하(堂下)에 앉혔다. 때로 의자 에게 술을 따르게 하니 백제의 좌평 등 여러 신하는 모두 목이 메어 울었다.
→ 백제 멸망(660)

(나) 사찬 시득이 수군을 거느리고 설인귀와 소부리주 기 벌포에서 싸웠으나 잇달아 패배하였다. [지득은] 다 시 진군하여 크고 작은 22번의 싸움에서 승리하고 4천여 명의 목을 베었다. - 「삼국사기」
기벌포 전투
(676)

⑤ 안승이 신라에 의해 보덕왕으로 임명되었다. **→ 674년**

(가)는 백제 멸망의 모습(660), (나)는 기벌포 전투(676)이다. (가), (나) 사이의 시기에 문무왕은 금마저(익산)에 보덕국을 세우고 안승을 보 덕왕으로 임명하였다(674).

오답 체크
① 고국원왕이 평양성에서 전사하였다. **→ 371년, (가) 이전**
② 성왕이 관산성 전투에서 피살되었다. **→ 554년, (가) 이전**
③ 김춘추가 당과의 군사 동맹을 성사시켰다. **→ 648년, (가) 이전**
④ 을지문덕이 살수에서 수의 군대를 물리쳤다. **→ 612년, (가) 이전**

✔ 또 나올 암기 포인트

삼국 통일 과정

백제 멸망	황산벌 전투의 패배와 나·당 연합군의 공격으로 사 비성 함락
↓	
백제 부흥 운동	• 복신과 도침이 주류성에서 부여풍을 왕으로 추대 • 흑치상지가 임존성에서 소정방이 지휘하는 당군 을 격퇴 • 백강 전투: 백제 부흥군이 왜군의 지원을 받았으 나 나·당 연합군에 패배함
↓	
고구려 멸망	나·당 연합군의 공격으로 평양성 함락
↓	
고구려 부흥 운동	• 검모잠이 안승을 왕으로 추대 • 신라 문무왕이 안승을 보덕국의 왕으로 임명
↓	
나·당 전쟁과 삼국 통일	신라가 당의 20만 대군을 매소성에서 격파 → 당의 설인귀가 이끄는 군대를 기벌포에서 격파 → 신라의 삼국 통일

2 신라의 삼국 통일 과정

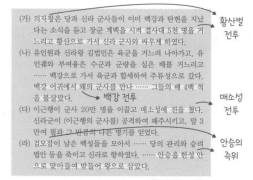

(가) 의자왕은 당과 신라 군사들이 이미 백강과 탄현을 지났 다는 소식을 듣고 장군 계백을 시켜 결사대 5천 명을 거 느리고 황산으로 가서 신라 군사와 싸우게 하였다.
→ 황산벌 전투

(나) 유인원과 신라왕 김법민은 육군을 거느려 나아가고, 유 인궤와 부여융은 수군과 군량을 실은 배를 거느리고 …… 백강으로 가서 육군과 합세하여 주류성으로 갔다. 백강 어귀에서 왜의 군사를 만나 …… 그들의 배 4백 척 을 불살랐다.
→ 백강 전투

(다) 이근행이 군사 20만 명을 이끌고 매소성에 진을 쳤다. 신라군이 (이근행의 군사를) 공격하여 패주시키고, 말 3 만여 필과 그 만큼의 다른 병기를 얻었다.
→ 매소성 전투

(라) 검모잠이 남은 백성들을 모아서 …… 당의 관리와 승려 법안 등을 죽이고 신라로 향하였다. …… 안승을 한성 안 으로 맞아들여 받들어 왕으로 삼았다.
→ 안승의 즉위

② (가) - (나) - (라) - (다)
황산벌   백강   안승의   매소성
전투   전투   즉위   전투

(가) **황산벌 전투**(660) : 의자왕은 **계백**을 보내 **황산벌**에서 신라 **김 유신**의 군대와 싸우게 하였으나 결국 패배하였다(백제 멸망).

(나) **백강 전투**(663) : 백제 부흥군은 왜의 수군과 함께 **백강** 어귀에 서 **나·당 연합군**과 전투를 벌였으나 패배하였다.

(라) **안승의 즉위**(670) : 검모잠은 안승을 왕으로 삼으며 **고구려 부 흥 운동**을 일으켰다.

(마) **매소성 전투**(675) : 당의 이근행이 매소성을 공격하자 신라군이 이를 격파하였다.

3 문무왕

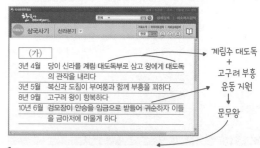

(가)	
3년 4월	당이 신라를 계림 대도독부로 삼고 왕에게 대도독 의 관작을 내리다
3년 5월	복신과 도침이 부여풍과 함께 부흥을 꾀하다
8년 9월	고구려 왕이 항복하다
10년 6월	검모잠이 안승을 임금으로 받들어 귀순하자 이들 을 금마저에 머물게 하다

→ 계림주 대도독
+ 고구려 부흥 운동 지원
→ 문무왕

③ 매소성에서 당의 군대를 격파하였다.

즉위 3년에 **계림주 대도독**으로 임명되었으며(663), 즉위 10년에 검 모잠이 안승을 임금으로 받들어 귀순하자, 안승을 금마저에 머물게 한 왕은 **문무왕**이다(670). 문무왕은 매소성 전투(675), 기벌포 전투 (676)에서 당군을 몰아내고 삼국을 통일하였다.

오답 체크
① 백성에게 정전을 지급하였다. **→ 성덕왕**
② 이사부를 보내 **우산국**을 복속시켰다. **→ 지증왕**
④ 유학 교육을 위하여 **국학**을 설립하였다. **→ 신문왕**
⑤ 인재를 등용하기 위하여 독서삼품과를 실시하였다. **→ 원성왕**

4 신문왕의 9주 5소경 정비

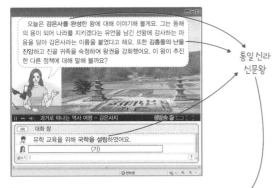

오늘은 감은사를 완성한 왕에 대해 이야기해 볼게요. 그는 동해의 용이 되어 나라를 지키겠다는 유언을 남긴 선왕에 감사하는 마음을 담아 감은사라는 이름을 붙였다고 해요. 또한 김흠돌의 난을 진압하고 진골 귀족을 숙청하여 왕권을 강화했어요. 이 왕이 추진한 다른 정책에 대해 말해 볼까요?

통일 신라 신문왕

대화 창
유학 교육을 위해 국학을 설립하였어요.
(가)

④ 지방 행정 제도를 9주 5소경으로 정비하였어요.

감은사는 문무왕 때 짓기 시작하여 **신문왕** 때 완성되었다. 김흠돌의 난을 진압하고, 국학을 설립한 왕도 **신문왕**이다. 신문왕은 영토를 효율적으로 관리하기 위해 **지방 행정 제도를 9주 5소경**으로 정비하였다.

오답 체크

① 백성에게 정전을 지급하였어요. → **성덕왕**
② 건원이라는 독자적인 연호를 사용하였어요. → **법흥왕**
③ 독서삼품과를 실시하여 관리를 채용하였어요. → **원성왕**
⑤ 시장을 감독하는 관청인 동시전을 설치하였어요. → **지증왕**

✔ 또 나올 암기 포인트

신문왕의 업적

왕권 강화	김흠돌의 난을 계기로 진골 귀족 세력을 숙청하고 정치 세력을 왕권 중심으로 재편성
체제 정비	• 중앙 관제 정비: 집사부를 비롯한 14부 체제 완성 • 지방 제도 정비: 9주 5소경 체제 완비 • 군사 조직 정비: 9서당 10정 편성 • 교육 기관 정비: 국학을 설치하여 유학 교육 실시 • 토지 제도 개편: 관료전을 지급하고 녹읍 폐지

5 경덕왕 재위 기간의 사실

• 왕 10년 대상(大相) 대성이 불국사를 처음 창건하였다.
• 왕 16년 중앙과 지방의 여러 관리들에게 매달 주던 녹봉을 없애고 다시 녹읍을 주었다.

경덕왕

④ ㄴ. 지방 행정 구역의 명칭을 중국식으로 바꾸었다.
ㄹ. 국학을 태학감으로 변경하여 유교 교육을 강화하였다.

김대성이 불국사를 창건(짓기 시작)한 것은 **경덕왕** 때이다. 귀족들에게 다시 녹읍을 지급한(녹읍을 부활시킨) 왕도 **경덕왕**이다. 경덕왕은 **지방 행정 구역과 관직의 명칭을 중국식으로 바꾸었다**(한화정책). 그리고 **국학을 태학감으로 변경**하여 유교 교육을 강화하였다.

오답 체크

ㄱ. 독서삼품과를 실시하여 관리를 채용하였다. → **원성왕**
ㄷ. 성덕 대왕 신종을 완성하여 봉덕사에 안치하였다. → **혜공왕**

6 통일 신라의 통치 제도

지도와 같은 지방 행정 구역을 마련한 국가의 통치 제도에 대해 말해 볼까요?

9주 5소경

통일 신라

④ 관리 감찰을 위해 사정부를 두었습니다.

수도인 금성이 있으며, 고구려의 옛 땅에 한주·삭주·명주를 두고, 백제의 옛 땅에 웅주·전주·무주를 두고, 신라의 옛 땅에 상주·강주·양주를 두어 **지방의 최상급 행정 단위를 9주로 정비**한 나라는 **통일 신라**이다. 북원경, 중원경, 서원경, 남원경, 금관경의 **5소경**을 둔 나라도 통일 신라이다. 통일 신라는 관리의 감찰을 위해 **사정부**를 두었다.

오답 체크

① 중앙군을 2군 6위로 조직했습니다. → **고려**
② 지방관으로 안찰사를 파견했습니다. → **고려**
③ 중앙 관제를 3성 6부로 정비했습니다. → **발해**
⑤ 유학 교육 기관으로 주자감을 설치했습니다. → **발해**

07강 신라 하대의 상황과 후삼국 시대

고려 시대의 김부식은 『삼국사기』를 쓰면서 신라 말의 혼란한 정국을 부각하였습니다. 신라가 멸망해야 고려가 건국되기 때문입니다. 우리는 이 단원을 통해서 신라 말의 독특한 상황뿐만 아니라, 통일 신라와 고려를 연결하는 '후삼국 시대'에 대해서도 살펴볼 것입니다.

후삼국 시대 ▶

1 신라 하대의 상황

왕권이 약화되기 시작하다

제37대 왕은 **선덕왕**(780~785)이다. 선덕왕(삼국 시대의 선덕 여왕과 헷갈리면 안 된다!)의 이름은 김양상으로 바로 **김지정의 반란**을 진압한 인물이다. 선덕왕은 내물 마립간의 10대손인데, 내물계 진골 귀족이 왕이 되었다는 것은 이제 '왕실의 혈통'이 바뀌었다는 말이다. 그래서 김양상이 왕위에 올랐을 때부터를 『삼국사기』에서는 '신라 하대'라고 부르고 있다.

제38대 왕은 **원성왕**(785~798)이다. 원성왕은 **독서삼품과(讀書三品科)를 시행하여 인재를 등용**하였다(788). 독서삼품과는 유교 경전에 능통한 사람을 상품, 중품, 하품의 3품으로 나누어 실력에 따라 관리로 등용하는 제도로, 국학의 '졸업 시험' 같은 것이었다.

제41대 왕은 원성왕의 손자인 **헌덕왕**(809~826)이다. 헌덕왕도 역시 내물계 진골 귀족이었다. 그래서 그동안 소외되었던 무열계 진골 귀족들의 불만이 터져 나오기 시작했는데, 그중의 하나가 **김헌창의 난**이다(822). **웅천주 도독 김헌창이 반란**을 일으켜 나라 이름을 **장안(長安)**이라 하고, 연호를 **경운(慶雲)**이라고 했다.

기출 핵심 키워드 암기

① 원성왕 – ㄷㅅㅅㅍㄱ 를 시행하여 인재를 등용하였다. [49회]
② 헌덕왕 – 웅천주 도독 ㄱㅎㅊ 이 반란을 일으켰다. [49·43회]

정답 ① 독서삼품과 ② 김헌창

장보고가 반란을 일으키다

제42대 왕은 헌덕왕의 동생인 **흥덕왕**(826~836)이다. 흥덕왕 때에는 완도에 **청해진을 설치**하고, **장보고(원래 이름은 궁복)를 청해진 대사에 임명**했다(828). 장보고(?~846)는 일찍이 친구와 함께 당나라 서주(徐州)로 건너가 무령군 소장을 지낸 인물로, 산둥반도 적산촌에 **법화원(法華院)**이라는 절을 세우기도 했다.

장보고는 '킹 메이커(King Maker)'의 역할도 하여 제45대 왕인 신무왕(839)을 세웠다. 그러나 신무왕은 즉위한 지 3개월 만에 죽고, 그 아들이 제46대 왕 문성왕(839~857)으로 즉위하였다. 문성왕 때 장보고는 자신의 딸을 왕비로 세우려고 했지만, 다른 신하들이 반대했다. 그러자 장보고가 청해진을 거점으로 반란을 일으켰으나 진압되고 말았다(846).

각지에 반란이 일어나다

제51대 왕은 **진성 여왕**(887~897)이다. 진성 여왕은 각간 위홍과 승려 대구화상(大矩和尙)에게 향가 모음집인 **『삼대목(三代目)』을 편찬**하게 했다(888). 『삼대목』은 현재 전해지지는 않지만, 당시 유행했던 가요를 모아서 정리한 것으로 보인다. 진성 여왕 때에는 정치 기강이 문란했고, 곳곳에서 '도적이 벌떼처럼' 일어났다.

진성 여왕 초기에 **원종과 애노가 사벌주**(지금의 경북 상주)에서 **반란을** 일으켰다(889). 말기에는 서남쪽에서 붉은 바지를 입은 도적들, 즉 **'적고적의 난'**이 일어났다(896).

우리도 더는 못 참는다! 원종과 애노의 봉기에 동참하자!

기출 한 컷 [27회]

진성 여왕 때에도 충언(忠言)을 하는 사람이 있었는데 바로 최치원이다. 최치원은 당나라 빈공과(당에서 외국인을 상대로 실시한 시험)에 합격하고, 당나라에서 황소의 난이 일어났을 때 「토황소격문」을 지어 유명해졌다. **최치원**은 당나라에서 귀국하여 '급한 일 10개 조항'이라는 의미의 **시무 10여 조를 진성 여왕에게 바쳤다**(894). 그러나 6두품(득난이라고도 함) 출신의 최치원이 올린 글은 진골 귀족들의 반대로 받아들여지지 않았고, 최치원은 이에 크게 실망하고 은둔 생활에 들어갔다.

왕께 개혁안을 드렸는데, 받아들여지지 못하다니. 역시 내 신분의 한계인가.

최치원

기출 한 컷 [18회]

기출 핵심 키워드 암기

① 진성 여왕 – ⬚ ⬚ 과 ⬚ ⬚ 가 사벌주에서 반란을 일으켰다. [58회]
② 진성 여왕 – ⬚ ⬚ ⬚ 이 왕에게 시무 10여 조를 건의하였다. [49회]

정답 ① 원종, 애노 ② 최치원

② 신라 하대에 등장한 새로운 세력과 사상

▎호족이 성장하다

신라 하대에는 155년 동안 20명의 왕이 교체될 정도로 왕위 쟁탈전이 치열하게 전개되었다. 지방에 대한 중앙 정부의 통제력이 약화되면서 지방에서는 **호족들이 반독립적(半獨立的)인 세력으로 성장**하였으며, 스스로를 성주(城主)나 장군(將軍)이라고 칭하면서 농장을 소유하고 사병을 거느렸다.

6두품 세력은 골품제에 불만을 표현하며 중국으로 유학 가서 '중국의 외국인 대상 과거 시험'인 **빈공과(賓貢科)를** 준비하기도 하였다. 그러나 이들이 제시한 유교 정치 이념은 배척당하기 일쑤였고, 최치원처럼 신라 사회에 실망하고 은둔하는 사람도 있었다.

농민들은 중앙 정부의 가혹한 수취로 부담이 가중되자 **원종·애노의 난 등 농민 봉기**를 일으켰으며, 몰락한 농민들은 유랑하거나 초적(난민을 뜻하는 말로, 대표적으로 양길이 있음)이 되었다.

┌─ 기출 핵심 키워드 암기 ─────────────────
│ ① 신라 하대 – 지방에서 ⌈ ㅎㅈ ⌋들이 반독립적인 세력으로 성장하였다. [39·31회]
│ ② 신라 하대 – ⌈ ㅂㄱㄱ ⌋를 준비하는 6두품 출신 유학생 [46회]

정답 ① 호족 ② 빈공과

▎풍수지리설과 선종이 유행하다

신라 하대에는 **도선이 들여온** **풍수지리설**(땅의 기운이 길흉화복에 영향을 미친다는 사상)이 유행하였다. 호족은 풍수지리설을 기반으로 수도인 경주의 운수가 다했다고 주장하며 세력을 키워 나갔다. 호족들은 각자 자신이 다스리는 지역을 풍수지리설에 기반하여 명당(明堂)이라고 주장하였다.

또 신라 하대에는 도의와 홍척이 들여온 불교의 한 종파인 **선종(禪宗)**이 유행하였다. 이제까지는 불교 경전을 읽고 깨달음을 얻는 교종(敎宗)이 유행했으나, **참선과 수행을 통해 깨달음을 얻는 선종**의 방식이 '지방에서 개별적으로 힘을 키우고 있는' 당시 호족들의 성향과 잘 맞았기 때문이다. 선종은 빠르게 확산되어 실상산문, 가지산문 등 9개 종파를 형성했는데, 이것을 9산 선문(九山禪門)이라고 한다.

┌─ 기출 핵심 키워드 암기 ─────────────────
│ ① 신라 하대 – 도선이 ⌈ ㅍㅅㅈㄹㅅ ⌋을 들여오다. [40회]
│ ② 선종 – ⌈ ㅊㅅ ⌋과 수행을 통해 깨달음을 얻고자 하였다. [45·30회]

정답 ① 풍수지리설 ② 참선

③ 후삼국 시대

후삼국 시대가 시작되다

신라 말에는 사회가 혼란해지면서 호족(豪族) 세력들이 여기저기에서 일어났다. 그중에서 궁예와 견훤은 후고구려와 후백제를 '건국'하는 단계까지 나아갔다. 그래서 한반도에는 다시 세 나라가 공존하게 되었다. 이렇게 통일 신라, 후백제, 후고구려가 대립하던 시기를 후삼국 시대라고 한다 (900~936).

견훤이 후백제를 건국하다

견훤은 아자개의 아들로 상주 가은현 출신이다. 그러나 원종·애노의 난이 일어났을 때, 상주(사벌주)를 떠나 전라도 무진주(광주)에 정착하였다. 무진주에서 세력을 키운 견훤은 이후 **완산주(전주)**를 도읍으로 하여 후백제를 건국하였다(900). 전주시에 있는 동고산성(東固山城)에서 '전주성'이라는 글자가 새겨진 수막새가 발견된 것을 보면, 이 산성이 후백제의 왕궁터였던 것 같다.

견훤은 **후당**, **오월에 사신을 파견**하는 등 대중국 외교에 적극적이었고 우수한 군사력과 경제력을 가지고 있었다. 그러나 견훤은 조세를 가혹하게 수취하였고, 호족을 포섭하는 것도 실패했다.

> **기출 핵심 키워드 암기**
>
> 후백제 – ⬚ㅎㄷ⬚, ⬚ㅇㅇ⬚ 에 사신을 파견하였다. [50·49회]

정답 '당후', '월오'

궁예가 후고구려를 건국하다

『삼국사기』에 따르면 궁예의 아버지는 신라의 제47대 헌안왕 의정이다. '왕족' 궁예는 승려가 되어 스스로 선종이라 불렀으며, 이후 초적 양길의 부하로 들어갔다. 양길 밑에서 세력을 키운 궁예는 **송악(개성)**을 도읍으로 정하고, 후고구려를 건국하였다(901). 당시 왕건은 궁예의 부하였는데, 궁예의 명에 따라 왕건은 후백제의 후방인 나주를 공략하였다(903). 왕건은 이때 나주 완사천에서 혜종의 어머니가 되는 장화 왕후를 만났다.

기출 한 컷 [37회]

궁예는 그다음 해에 **국호를 마진**으로 바꾸고, **무태**라는 연호를 사용했다(904). 그리고 지지 세력이 많은 **철원으로 천도**하였다(905). 개성이 고향이었던 왕건은 궁예의 철원 천도가 마음에 들지 않았지만, 어쩔 수 없이 따라갔다. 궁예는 철원에서 다시 국호를 마진에서 **태봉**으로 바꿨다(911).

궁예는 [★]광평성 등 각종 정치 기구를 마련하고 9관등제를 도입하는 등 노력을 했다. 그러나 궁예는 **미륵 신앙**을 이용하여 전제 정치를 하려고 했다. 자신을 선종(善宗, 궁예의 불교식 이름)이라고 부르면서 사람들에게 '나를 믿으라'고 강요했다. 종교적 복종을 강요하고, 조세를 가혹하게 수취하고, 의심까지 많은 궁예는 점차 신망을 잃어갔다.

왕건이 궁예를 몰아내고 고려를 건국하다

신하들은 궁예를 몰아내고 **왕건**을 왕으로 추대했다. 왕건은 고구려 계승을 내세워 나라 이름을 고려(高麗)라 하고, 고려의 첫 번째 왕 태조(918~943)가 되었다. 왕건은 1년 후 자신의 세력 근거지였던 **송악(개성)**으로 도읍을 옮겼다(919).

후삼국을 통일하다

반신라 정책을 고수하던 견훤이 신라를 습격하였다. 견훤은 경주 포석정에서 신라의 제55대 왕 경애왕(924~927)에게 자살을 강요하여 죽게 하였다(927). 견훤은 궁궐을 노략질한 후, 신라의 마지막 왕인 경순왕(927~935)을 자기 마음대로 세우고 돌아갔다(927). 돌아가는 길에 신라를 돕기 위해 출병한 왕건을 만나 '**공산 전투**'를 벌였다. 왕건이 견훤의 군대에 포위되어 위급하게 되었을 때, 왕건의 부하 **신숭겸**이 후백제군을 막다가 전사하고 말았다. 결국 공산 전투는 견훤의 승리로 끝이 났다(927).

3년 후, 왕건과 견훤은 '**고창 전투**'에서 다시 한번 격돌하였다(930). 이번에는 왕건이 승리하여 고창 전투는 '역전의 전투'가 되었다. 경순왕의 마음도 포악한 견훤보다는 왕건에게로 기울고 있었다. 그런데 얼마 후 후백제에서 사고가 터졌다. 견훤이 장남 **신검**에 의해 김제 금산사에 갇혀버리는 일이 일어났다(935).

견훤은 3개월 후 금산사를 탈출하여 왕건에게로 투항했다. 이것을 지켜보던 경순왕도 더 이상 신라를 유지하는 것이 의미 없다고 판단하여 왕건에게 항복했다(935). 그다음 해에 고려의 왕건은 '**일리천 전투**'에서 후백제의 신검을 공격하여 패배시켰다(936). 이 전쟁의 승리로 왕건은 후삼국을 통일하고, 통일 왕국 고려로 나아갈 수 있었다.

내가 드디어 후삼국을 통일하였노라.

태조 왕건

🎬 기출 한 컷 [19회]

빈출 개념 한눈에 암기하기

1. 신라 하대의 상황

원성왕	1)　　　　　 시행(인재 등용)
헌덕왕	김헌창의 난
흥덕왕	2)　　　　 의 활동(청해진 설치, 법화원 건립), 장보고의 난
진성 여왕	『삼대목』(향가집) 편찬, 원종과 애노의 난, 적고적의 난, 3)　　　　 이 시무 10여 조 건의

2. 신라 말에 등장한 새로운 세력과 사상

호족 세력의 성장	지방에서 호족들이 반독립적인 세력으로 성장, 스스로를 성주나 장군이라 칭함
6두품 세력의 개혁 추구	골품제로 승진이 제한되자, 중국 당나라의 4)　　　 응시
새로운 사상의 등장	• 5)　　　　 : 땅의 기운이 길흉화복에 영향을 미친다는 사상 • 6)　　　 : 참선을 통해 깨달음을 얻고자 하는 불교의 종파, 호족의 후원 → 9산 선문 건립

3. 후삼국 시대

후백제 건국	• 7)　　　 이 완산주(전주)에서 건국 • 대외 교류: 중국의 8)　　 ·오월에 사신 파견
후고구려 건국	• 9)　　　 가 송악(개성)에서 건국 • 국호 변경: 후고구려 → 마진 → 태봉 • 연호 사용: 무태 • 수도 천도: 송악 → 10)　　　 • 관제 정비: 11)　　　　 등 정치 기구 마련
고려 건국	12)　　　 이 궁예를 몰아내고 고려 건국, 송악(개성)으로 천도
후삼국 통일	공산 전투 → 고창 전투 → 견훤의 투항 → 신라 경순왕의 항복 → 13)　　　　 → 후삼국 통일

정답 1) 독서삼품과 2) 장보고 3) 최치원 4) 빈공과 5) 풍수지리설 6) 선종 7) 견훤 8) 후당 9) 궁예 10) 철원 11) 광평성 12) 왕건
13) 일리천 전투

퀴즈

1 키워드와 관련된 것을 알맞게 연결해보세요.

① 최치원 •   • ㉠ 후고구려 건국

② 궁예 •   • ㉡ 시무 10여 조 건의

③ 견훤 •   • ㉢ 후백제 건국

2 〈보기〉에서 골라 빈칸을 채워보세요.

┌─ 보기 ─────────────────────────┐
│   풍수지리설   삼대목   독서삼품과   │
└───────────────────────────────┘

① 원성왕은 (   )를 실시하여 관리를 채용하였다. [54·53회]

② 진성 여왕 재위 시기에 향가 모음집인 『(   )』을 편찬하였다. [51회]

③ 도선이 (   )을 들여오다. [40회]

3 아래 표에 있는 초성을 완성해보세요.

주요 왕	신라 하대의 주요 사건
원성왕	웅천주(공주) 도독 ㄱㅎㅊ이 반란을 일으켰으나 실패함
문성왕	ㅈㅂㄱ가 청해진을 거점으로 반란을 도모하였으나 실패함
진성 여왕	붉은 바지를 입은 농민들이 반란을 일으킴 (ㅈㄱㅈ의 난)

4 아래 기출 사료와 관련 있는 사건을 써보세요.

┌───────────────────────────────────┐
│ 진성왕 3년, 나라 안의 모든 주군에서 공물과 부세를 │
│ 보내지 않아 창고가 비고 재정이 궁핍해졌다. 왕이 관리 │
│ 를 보내 독촉하니 곳곳에서 도적이 벌떼처럼 일어났다. │
│ 이때 원종, 애노 등이 사벌주를 근거지로 반란을 일으켰 │
│ 다.   – 『삼국사기』 [41회] │
└───────────────────────────────────┘

→  □□·□□□□ 의 난

대표 기출 문제

1   [54회] [8번]

(가)~(다)를 일어난 순서대로 옳게 나열한 것은?   [3점]

┌───────────────────────────────────┐
│ (가) 도적들이 나라의 서남쪽에서 일어났는데, 붉은색 바지 │
│   를 입어 모습을 다르게 하였기 때문에 적고적(赤袴賊)이 │
│   라고 불렸다. 그들은 주와 현을 도륙하고, 수도의 서부 │
│   모량리까지 와서 민가를 노략질하고 돌아갔다.   │
│ (나) 웅천주 도독 헌창은 그의 아버지 주원이 임금이 되지 못 │
│   하였다는 이유로 반란을 일으켜 국호를 장안이라 하고, │
│   연호를 세워 경운 원년이라 하였다.   │
│ (다) 아찬 우징은 청해진에 있으면서 김명이 왕위를 빼앗았 │
│   다는 소식을 듣고 청해진 대사 궁복에게 말하였다. "김 │
│   명은 임금을 죽이고 스스로 왕이 되었으니, …… 장군의 │
│   군사를 빌려 임금과 아버지의 원수를 갚고자 합니다." │
│   – 『삼국사기』 │
└───────────────────────────────────┘

① (가) – (나) – (다)

② (가) – (다) – (나)

③ (나) – (가) – (다)

④ (나) – (다) – (가)

⑤ (다) – (가) – (나)

2   [46회] [5번]

다음 자료에 나타난 시기에 볼 수 있는 모습으로 적절한 것은?   [2점]

┌───────────────────────────────────┐
│   오시(午時)에 북서풍이 불었으므로 돛을 올리고 나아 │
│ 갔다. 미시(未時)와 신시(申時) 사이에 적산의 동쪽 언저 │
│ 리에 도착하여 배를 정박하였다. 북서풍이 더욱 세차게 │
│ 불었다. 이곳 적산은 바위로만 이루어진 우뚝 솟은 산으 │
│ 로, 문등현 청녕향 적산촌이 위치하고 있다. 산에는 적 │
│ 산 법화원이라는 절이 있는데, 본래 장보고가 처음으로 │
│ 세운 것이다.   │
│   – 『입당구법순례행기』 │
└───────────────────────────────────┘

① 『농상집요』를 소개하는 관리

② 만권당에서 대담을 나누는 학자

③ 매소성 전투에서 당군과 싸우는 군인

④ 빈공과를 준비하는 6두품 출신 유학생

⑤ 주류성에서 백제 부흥 운동을 벌이는 귀족

3

48회 7번

밑줄 그은 '이 시기'에 있었던 사실로 옳은 것은? [1점]

이 탑은 진성 여왕 때 해인사 부근에서 있었던 전란으로 사망한 사람들의 넋을 위로하려고 세웠어.

최치원이 작성한 탑지(塔誌)를 보면 혼란스러웠던 이 시기 상황을 알 수 있지.

① 빈민 구제를 위해 의창이 설치되었다.
② 원종과 애노의 난 등 농민 봉기가 일어났다.
③ 복신과 도침이 주류성에서 군사를 일으켰다.
④ 묘청 등이 중심이 되어 서경 천도를 주장하였다.
⑤ 부처의 힘을 빌려 외침을 막고자 팔만대장경이 조판되었다.

4

54회 10번

(가) 인물의 활동으로 옳은 것은? [2점]

○ (가) 은/는 왕의 족제(族弟)인 김부에게 왕위를 잇게 하였다. 그런 후에 왕의 아우 효렴과 재상 영경을 사로잡았다.

○ (가) 은/는 넷째 아들 금강이 키가 크고 지혜가 많아 특히 아끼어 왕위를 전하려 하니, [금강의] 형 신검, 양검, 용검 등이 이를 알고 몹시 근심하고 번민하였다.

－「삼국유사」

① 사림원을 설치하여 개혁을 실시하였다.
② 국호를 마진으로 바꾸고 철원으로 천도하였다.
③ 김흠돌을 비롯한 진골 귀족 세력을 숙청하였다.
④ 『정계』와 『계백료서』를 지어 관리의 규범을 제시하였다.
⑤ 오월(吳越)에 사신을 보내고 검교태보의 직을 받았다.

5

52회 10번

(가) 인물의 활동으로 옳은 것은? [2점]

○ (가) 이/가 스스로 왕이라 칭하며 말하기를, "지난날 신라가 당에 군사를 청하여 고구려를 격파하였다. 그래서 평양 옛 도읍은 잡초만 무성하게 되었으니, 내가 반드시 그 원수를 갚겠다."라고 하였다.

－「삼국사기」

○ (가) 이/가 미륵불을 자칭하였다. 머리에 금책(金幘)을 쓰고 몸에는 가사를 걸쳤으며 큰아들을 청광보살, 막내 아들을 신광보살이라고 불렀다.

－「삼국사기」

① 임존성에서 당군을 격퇴하였다.
② 일리천 전투에서 신검에게 승리하였다.
③ 광평성을 비롯한 여러 관서를 설치하였다.
④ 청해진을 통하여 해상 무역을 전개하였다.
⑤ 오월(吳越)에 사신을 보내고 검교태보의 직을 받았다.

6

49회 10번

다음 대화에 나타난 인물에 대한 설명으로 옳은 것은? [2점]

신라 왕족의 후예로 알려져 있으며, 송악을 도읍으로 나라를 세운 인물에 대해 말해보자.

광평성 등 여러 정치 기구를 마련했어.

미륵불을 자칭하며 폭정을 일삼기도 했지.

① 후당, 오월에 사신을 보냈다.
② 금산사에 유폐된 후 고려에 귀부하였다.
③ 지방관을 감찰하고자 외사정을 파견하였다.
④ 청해진을 설치하여 해상 무역을 전개하였다.
⑤ 마진이라는 국호와 무태라는 연호를 사용하였다.

대표 기출 문제의 정답 및 문제풀이 방법을 다음 페이지에서 확인하세요. ➡

대표 기출 문제 **정답 및 문제풀이 방법**

1	2	3	4	5	6
④	④	②	⑤	③	⑤

1 신라 하대의 주요 사건

(가) 도적들이 나라의 서남쪽에서 일어났는데, 붉은색 바지
를 입어 모습을 다르게 하였기 때문에 적고적(赤袴賊)이
라고 불렸다. 그들은 주와 현을 도륙하고, 수도의 서부
모량리까지 와서 백성을 노략질하고 돌아갔다.
(나) 웅천주 도독 헌창은 그의 아버지 주원이 임금이 되지 못
하였다는 이유로 반란을 일으켜 국호를 장안이라 하고,
연호를 세워 경운 원년이라 하였다.
(다) 아찬 우징은 청해진에 있으면서 김명이 왕위를 빼앗았
다는 소식을 듣고 청해진 대사 궁복에게 말하였다. "김
명은 임금을 죽이고 스스로 왕이 되었으니, …… 장군
의 군사를 빌려 임금과 아버지의 원수를 갚고자 합니다."
– 「삼국사기」

→ 적고적의 난
→ 김헌창의 난
→ 장보고의 활약

④ (나) – (다) – (가)
　김헌창의　장보고의　적고적의
　　난　　　활약　　　난

(나) **김헌창의 난(822)**: 웅천주(공주) 도독 김헌창은 반란을 일으켜
국호를 장안이라 하였다.

(다) **장보고의 활약(839)**: 청해진 대사 궁복(장보고)은 아찬 김우징을
도와 신무왕으로 즉위시켰다. 장보고는 흥덕왕 때 청해진 대사
가 되었고(828), 신무왕을 왕으로 세웠으며(839), 문성왕 때 반
란을 일으켰다(846).

(가) **적고적의 난(896)**: 진성 여왕 말기에 붉은 바지를 입은 도적인
적고적이 반란을 일으켰다.

✔️ **또 나올 암기 포인트**

신라 하대의 주요 사건

```
┌─────────────────────────────┐
│      김헌창의 난(822)          │
└─────────────────────────────┘
              ↓
┌─────────────────────────────┐
│      장보고의 난(846)          │
└─────────────────────────────┘
              ↓
┌─────────────────────────────┐
│   원종·애노의 난(889, 상주)    │
└─────────────────────────────┘
              ↓
┌─────────────────────────────┐
│      적고적의 난(896)          │
└─────────────────────────────┘
              ↓
┌─────────────────────────────┐
│  견훤, 후백제 건국(900, 완산주) │
└─────────────────────────────┘
              ↓
┌─────────────────────────────┐
│  궁예, 후고구려 건국(901, 송악) │
└─────────────────────────────┘
```

2 신라 하대에 볼 수 있는 모습

오시(午時)에 북서풍이 불었으므로 돛을 올리고 나아
갔다. 미시(未時)와 신시(申時) 사이에 적산의 동쪽 언저
리에 도착하여 배를 정박하였다. 북서풍이 더욱 세차게
불었다. 이곳 적산은 바위로만 이루어진 우뚝 솟은 산으
로, 문등현 청녕향 적산촌이 위치하고 있다. 산에는 적
산 법화원이라는 절이 있는데, 본래 장보고가 처음으로
세운 것이다.
– 「입당구법순례행기」

→ 신라 하대

④ 빈공과를 준비하는 6두품 출신 유학생

장보고가 적산촌에 법화원을 지은 시기는 신라 하대이다. 신라의
6두품은 골품제로 인해 고위 관직으로 진출하는 데 한계가 있었으
므로, 당으로 유학하여 빈공과에 응시하기도 했다.

오답 체크
① 『농상집요』를 소개하는 관리 → **고려 시대**
② 만권당에서 대담을 나누는 학자 → **고려 시대**
③ 매소성 전투에서 당군과 싸우는 군인 → **신라 중대**
⑤ 주류성에서 백제 부흥 운동을 벌이는 귀족 → **신라 중대**

3 신라 하대에 일어난 농민 봉기

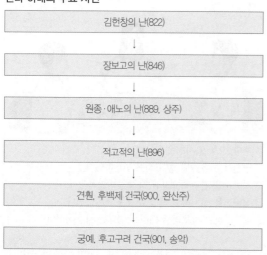

이 탑은 진성 여왕 때
해인사 부근에 있었
던 전란으로 사망한 사
람들의 넋을 위로하려고
세웠어.

최치원이 작성한 탑
지(塔誌)를 보면 혼란
스러웠던 이 시기 상
황을 알 수 있지.

→ 신라 하대

② 원종과 애노의 난 등 농민 봉기가 일어났다.

진성 여왕과 **최치원**이 활동하였던 '이 시기'는 신라 하대이다. 특히
신라 하대의 진성 여왕 때 **원종과 애노의 난** 등 농민 봉기가 일어
났다(889). 그리고 최치원도 진성 여왕에게 사회 개혁책인 시무 10
여 조를 건의하였다.

오답 체크
① 빈민 구제를 위해 **의창**이 설치되었다. → **고려·조선 시대**
③ 복신과 도침이 주류성에서 군사를 일으켰다. → **신라 중대**
④ 묘청 등이 중심이 되어 서경 천도를 주장하였다. → **고려 시대**
⑤ 부처의 힘을 빌려 외침을 막고자 **팔만대장경**이 조판되었다.
　→ **고려 시대**

4 견훤

> ○ (가) 은/는 왕의 족제(族弟)인 김부에게 왕위를 잇게 하였다. 그런 후에 왕의 아우 효렴과 재상 영경을 사로잡았다.
> ○ (가) 은/는 넷째 아들 금강이 키가 크고 지혜가 많아 특히 아끼어 왕위를 전하려 하니, [금강의] 형 신검, 양검, 용검 등이 이를 알고 몹시 근심하고 번민하였다.
> — 『삼국유사』

→ 견훤

⑤ **오월(吳越)에 사신을 보내고 검교태보의 직을 받았다.**

김부를 신라의 마지막 왕인 경순왕으로 즉위하게 한 인물은 **견훤**이다. 견훤의 첫째 아들은 신검이고, 넷째 아들은 금강이다. 견훤은 중국의 후당과 오월에 사신을 보내며 교류하였는데, 오월은 견훤에게 검교태보라는 관직을 하사하였다.

오답 체크
① 사림원을 설치하여 개혁을 실시하였다. → **충선왕(고려)**
② 국호를 마진으로 바꾸고 철원으로 천도하였다. → **궁예(후고구려)**
③ 김흠돌을 비롯한 진골 귀족 세력을 숙청하였다. → **신문왕(통일 신라)**
④ 『정계』와 『계백료서』를 지어 관리의 규범을 제시하였다. → **태조 왕건(고려)**

5 궁예

> ○ (가) 이/가 스스로 왕이라 칭하며 말하기를, "지난날 신라가 당에 군사를 청하여 고구려를 격파하였다. 그래서 평양 옛 도읍은 잡초만 무성하게 되었으니, 내가 반드시 그 원수를 갚겠다."라고 하였다.
> — 고구려의 수도 『삼국사기』
> ○ (가) 이/가 미륵불을 자칭하였다. 머리에 금책(金幘)을 쓰고 몸에는 가사를 걸쳤으며 큰아들을 청광보살, 막내아들을 신광보살이라고 불렀다.
> — 『삼국사기』

→ 궁예

③ **광평성을 비롯한 여러 관서를 설치하였다.**

'평양 옛 도읍은 잡초만 무성하게 되었으니, 내가 반드시 그 원수를 갚겠다'는 것은 고구려의 원수를 갚아 **후고구려**를 건국하겠다는 의미이다. **미륵불**을 자칭하고 머리에 금책(금색 두건)을 쓰고 가사를 걸친 인물은 **궁예**이다. 궁예는 최고 관청으로 광평성을 설치하고 그 아래 여러 관서를 두었다.

오답 체크
① 임존성에서 당군을 격퇴하였다. → **흑치상지(백제)**
② 일리천 전투에서 신검에게 승리하였다. → **태조 왕건(고려)**
④ 청해진을 통하여 해상 무역을 전개하였다. → **장보고(통일 신라)**
⑤ 오월(吳越)에 사신을 보내고 검교태보의 직을 받았다. → **견훤(후백제)**

6 궁예

> 신라 왕족의 후예로 알려져 있으며, 송악을 도읍으로 나라를 세운 인물에 대해 말해보자.
> 광평성 등 여러 정치 기구를 마련했어.
> 미륵불을 자칭하며 폭정을 일삼기도 했지.

→ 궁예

⑤ **마진이라는 국호와 무태라는 연호를 사용하였다.**

신라 왕족의 후예였으며, 송악을 도읍으로 나라를 세웠으며(후고구려 건국), 광평성 등 여러 정치 기구를 마련하였고, 미륵불을 자칭한 인물은 궁예이다. 궁예는 후고구려의 국호를 마진, 태봉으로 변경하였으며, 무태, 성책, 수덕만세, 정개라는 연호를 사용하였다.

오답 체크
① 후당, 오월에 사신을 보냈다. → **견훤(후백제)**
② 금산사에 유폐된 후 고려에 귀부하였다. → **견훤(후백제)**
③ 지방관을 감찰하고자 외사정을 파견하였다. → **문무왕(통일 신라)**
④ 청해진을 설치하여 해상 무역을 전개하였다. → **장보고(통일 신라)**

✔ 또 나올 암기 포인트
견훤과 궁예

견훤	• 전라도 지방의 군사력과 호족 세력을 토대로 완산주(전라북도 전주)에 도읍을 정하고 후백제 건국 • 중국의 후당·오월과 적극적인 외교 관계를 맺음 • 신라 금성에 쳐들어가 경애왕을 살해(927)하는 등 신라에 적대적 • 아들 신검에 의해 금산사에 유폐되었다가, 탈출하여 왕건에 투항
궁예	• 신라 왕족의 후예로, 기훤·양길의 휘하에서 세력을 키움 • 송악(개성)을 도읍으로 정하고 후고구려 건국 → 이후 철원으로 천도 • 국호를 마진, 태봉으로 변경하였으며 무태, 성책, 수덕만세 등의 독자적인 연호 사용 • 국정 총괄 기관인 광평성을 비롯한 여러 관서를 설치하고 9관등제를 실시함 • 미륵 신앙을 이용한 전제 정치를 실시하다가 신하들에 의해 축출됨

08강 발해

중국은 동북공정을 통해 발해의 역사를 중국 역사의 일부로 만들려고 합니다. 그러나 발해는 고구려 장군이 세운 엄연한 '고구려 계승 국가'입니다. 우리는 무왕, 문왕, 선왕 등의 업적을 통해 '고구려'의 기상을 뽐내는 발해의 위상을 확인할 것입니다.

발해의 지방 통치 제도 ▶

1 발해의 건국과 고구려 계승 의식

┃ 대조영이 발해를 건국하다

고구려가 멸망한 이후 대동강 이북과 요동 지방의 고구려 땅은 당이 세운 안동 도호부가 지배하고 있었다. 그러나 7세기 말 당의 지방 통제력이 약화되자 고구려 장군 출신 **대조영(大祚榮)**은 고구려 유민을 이끌고 길림성 돈화시 동모산 기슭에 **발해**를 세우고(698), 연호는 **천통(天統)**이라 하였다. 이렇게 대조영은 발해의 첫 번째 왕 **고왕**(698~719)이 되었다.

> 거란의 이진충이 반란을 일으키자 대조영이 말갈의 걸사비우와 함께 각각 무리를 거느리고 동쪽으로 달아났다. …… 계루부의 옛 땅을 차지하고, 동모산에 웅거하여 성을 쌓고 살았다. 대조영이 굳세고 용맹스러우며 병사를 잘 운용하여 말갈의 무리와 고구려의 나머지 무리들이 점점 모여들었다.
>
> – 『구당서』 [38회]

┃ 발해, 고구려를 계승하다

발해는 중국과 대등한 지위에 있음을 과시하기 위하여 **인안, 대흥 등의 독자적인 연호를 사용**하였다. 이것은 발해가 고구려 계승 국가라는 증거인 동시에, 발해가 황제국임을 나타내는 증거이다.

18세기 유득공은 『발해고』에서 발해를 '대씨'라고 말하면서, "무릇 대씨가 누구인가? 바로 고구려 사람이다."라고 했다. 발해가 고구려 계승 국가라는 말이다. 또 **문왕이 일본에 보낸 국서**를 보면, 자신을 '고려 국왕 대흠무'라고 소개하고 있는데, 이것도 발해가 고구려 계승 국가임을 자부하고 있다는 증거이다.

2 발해의 발전과 멸망

▌무왕, 영토를 확장하고 당의 산둥반도를 공격하다

제2대 왕은 **무왕**(719~737)이다. 무왕의 이름은 대무예(大武藝)이다. 무왕은 **인안(仁安)이라는 독자적 연호를 사용**하고 발해의 영토를 크게 넓혔다. 무왕은 북만주 일대를 장악하여 동북방의 여러 세력을 복속하였다. 그리고 당과 신라를 견제하기 위해 그 배후에 있는 **돌궐, 일본과 친선 관계**를 유지했다.

그런데 흑룡강 유역에 거주하던 흑수말갈(黑水靺鞨)이 발해를 통하지 않고 독자적으로 당나라에 사신을 보내 조공하는 일이 벌어졌다(722). 소위 '발해 패싱'을 알게 된 무왕은 분노하여 동생 대문예(大門藝)에게 군대를 이끌고 흑수말갈을 치게 했다. 그러나 대문예는 흑수말갈을 치는 것이 곧 당나라와 겨루는 것과 같다며 '형'에게 거듭 재고를 요청했지만, 무왕은 말을 듣지 않았다.

무왕은 당나라도 공격하기 시작했다. 무왕은 **장문휴를 보내 당의 등주를 공격**하게 하였다(732). 장문휴는 해군을 이끌고 산둥반도의 등주를 공격하여 등주 자사 위준(韋俊)을 죽이고 돌아왔다.

> **기출 핵심 키워드 암기**
>
> ① 무왕 - ○○(仁安)이라는 독자적인 연호를 사용하였다. [47·38회]
> ② 무왕 - ㅈㅁㅎ를 보내 당의 등주를 공격하였다. [38·32회]

▌문왕, 국가 체제를 정비하다

제3대 왕은 **문왕**(737~793)이다. 문왕은 무왕의 아들로, 이름은 대흠무(大欽茂)이다. 문왕의 둘째 딸은 정혜 공주이고, 넷째 딸은 정효 공주이다. 그런데 두 명 모두 문왕의 재위 기간에 죽어서 '아버지'의 마음을 아프게 했다. 정혜 공주 묘비에 보면 '황상(皇上)'이라는 표현이 있으며, 정효 공주 묘비에는 대흥(大興)이라는 연호가 나온다. 이런 것들을 볼 때 문왕은 자신을 황제(皇帝)로 여기고 있었음이 분명하다.

문왕은 당나라의 제도를 따라 **3성 6부의 중앙 관제를 정비**하고, **주자감을 설치**하여 인재를 양성하였다. 그리고 수도를 두 번이나 옮겼는데, 먼저 중경 현덕부에서 상경 용천부(계획 도시로 남북으로 넓은 주작대로를 냄)로 수도를 옮겼다. 이후 두만강 하류에 동경 용원부를 세우고 이곳으로 다시 천도하였다.

> **기출 핵심 키워드 암기**
>
> 문왕 - ㄷㅎ이라는 연호를 사용하였다. [41회]

▌선왕, 발해의 전성기를 이끌다

제10대 왕은 **선왕**(818~830)이다. 선왕의 이름은 대인수(大仁秀)이고, **건흥(建興)**이라는 연호를 사용했다. 선왕은 13년간 발해를 통치하면서 국력을 회복하였다. 선왕은 발해의 전성기를 이루어 중국에서는 발해를 바다 동쪽의 번성한 나라라는 뜻인 **해동성국(海東盛國)**이라고 불렀다. 선왕은 대부분의 말갈족을 복속하고, 요동 지역으로 진출하는 등 최대 영토를 확보하였다. 넓어진 영토를 다스리기 위해 지방 행정 구역을 정비했는데, 그 결과 **5경 15부 62주의 지방 통치 체제가 완성**되었다.

▌발해가 멸망하다

발해의 마지막 왕은 대인선(906~926)이다. 발해는 거란의 침입으로 멸망하고 말았다(926). 발해는 이렇게 8~9세기에 걸쳐 229년간 존속했던 나라이다.

3 발해의 통치 체제

▌중앙의 관제를 3성 6부로 정비하다

발해의 문왕은 당나라의 영향을 받아 발해의 관제를 **3성 6부제**로 정착시켰다. 성(省)이 3개이고, 그 아래에 부(部)가 6개라는 의미이다. 3성은 정당성, 선조성, 중대성이다. **정당성의 장관인 대내상(大內相)이 국정을 총괄**하며 지금의 '국무총리' 역할을 하였다. 6부 중 충부, 인부, 의부가 좌사정에 소속되고, 지부, 예부, 신부가 우사정에 소속되어 이원적 체제로 운영되었다. 6부의 명칭은 '이·호·예·병·형·공' 등으로 쓰지 않고, '충(忠)·인(仁)·의(義)·지(智)·예(禮)·신(信)'처럼 **유교식**으로 정하였다.
　발해는 **중정대(中正臺)를 두어 관리를 감찰**하였다. 중정대의 '대(臺)'는 감찰이라는 의미이다. 또한 발해는 주자감이라는 국립 대학을 두어 인재를 양성하였고, 문적원을 두어 도서와 문서를 관장하게 하였다.

▌넓은 영토를 5경 15부 62주로 정비하다

발해의 지방 행정 조직은 **5경 15부 62주**로 정비되었다. 지방 행정의 중심지에 지금의 '도'와 같은 15부를 두었고, 그 중 다섯 부는 상경 용천부, 중경 현덕부 등과 같이 5경으로도 불렀다. 각 부 아래에는 평균적으로 4개의 주를 두었는데, 모두 합하여 62주를 두었다.

빈출 개념만 모아 암기하세요~!

빈출 개념 한눈에 암기하기

1. 발해의 건국과 고구려 계승 의식

건국	1)⬚⬚⬚ 이 고구려 유민을 이끌고 길림성 동모산에서 건국, '천통' 연호 사용
고구려 계승	• 연호 사용: 인안·대흥 등의 독자적인 연호 사용 • 명칭 사용: 2)⬚⬚ 에 보낸 국서에 '고려', '고려 국왕'이라는 명칭을 사용

2. 발해의 발전과 멸망

무왕	• 연호 사용: 3)⬚⬚ • 대당 강경책 – 대문예를 파견하여 흑수말갈 정벌 시도 – 4)⬚⬚⬚ 를 보내 당 산둥반도의 등주 공격
문왕	• 연호 사용: 5)⬚⬚ • 체제 정비: 6)⬚⬚⬚ 의 중앙 관제 정비, 주자감 설치 • 수도 천도: 중경 현덕부 → 상경 용천부 → 동경 용원부로 천도
선왕	• 연호 사용: 건흥 • 영토 확장: 중국에서 7)⬚⬚⬚ 이라 불림, 발해 최대 영토 확보 • 체제 정비: 8)⬚⬚⬚⬚ 의 지방 통치 체제 완비
대인선	9)⬚⬚ 의 침입으로 멸망

3. 발해의 통치 체제

중앙 정치 조직	• 3성: 정당성·선조성·중대성으로 구성, 정당성의 장관인 10)⬚⬚⬚ 이 국정 총괄 • 6부: 충·인·의·지·예·신부로 구성, 유교식 명칭 사용 • 기타: 11)⬚⬚⬚ (관리 감찰), 12)⬚⬚⬚ (국립 대학)
지방 행정 조직	선왕 때 5경 15부 62주의 지방 행정 제도 완비

정답 1) 대조영 2) 일본 3) 인안 4) 장문휴 5) 대흥 6) 3성 6부 7) 해동성국 8) 5경 15부 62주 9) 거란 10) 대내상 11) 중정대
12) 주자감

퀴즈

1 키워드와 관련된 것을 알맞게 연결해보세요.

① 문왕 •　　　　　　　• ㉠ 인안
② 무왕 •　　　　　　　• ㉡ 대흥
③ 대조영 •　　　　　　• ㉢ 천통

2 〈보기〉에서 골라 빈칸을 채워보세요.

| 보기 |
| 등주　　　　해동성국　　　　동모산 |

① 고왕(대조영)은 고구려 유민을 이끌고 (　　　　)에서 나라를 세웠다. [38회]

② 무왕은 장문휴를 보내 당의 (　　　　)를 공격하였다. [43회]

③ 발해는 전성기에 (　　　　)이라고도 불렸다. [50회]

3 아래 표에 있는 초성을 완성해보세요.

구분	발해의 중앙 정치 조직
3성	ㅈㄷㅅ(최고 통치 기관), 선조성(정책 심의), 중대성(정책 수립)
6부	충·인·의·지·예·신부로 구성됨(ㅇㄱㅅ 명칭 사용)
기타	중정대(관리 감찰), ㅈㅊㄱ(국립 대학교), 문적원(서적 관리)

4 아래 기출 사료와 관련 있는 왕을 써보세요.

　　발해의 왕이 말하기를, "흑수말갈이 처음에는 우리에게 길을 빌려 당과 통교하였다. 그런데 지금 당에 관직을 요청하면서 우리에게 알리지 않으니 이는 반드시 당과 함께 우리를 공격하려는 것이다."라고 하였다. 이어 동생 대문예와 외숙부 임아에게 군사를 거느리고 흑수를 공격하도록 명하였다. [22회]

→

[정답]

1 ① ㉡ ② ㉠ ③ ㉢　　2 ① 동모산 ② 등주 ③ 해동성국
3 정당성, 유교식, 주자감　　4 무왕

대표 기출 문제

1　　　　　41회 8번

다음 상황이 전개된 배경으로 가장 적절한 것은?　[2점]

　　당 현종은 (대)문예를 파견하여 유주에 가서 군사를 징발하여 이를 토벌케 하는 동시에, 태복원외경 김사란을 시켜 신라에 가서 군사를 일으켜 발해의 남쪽 국경을 치게 하였다. 마침 산이 험하고 날씨가 추운 데다 눈이 한 길이나 내려서 병사들이 태반이나 죽으니, 전공을 거두지 못한 채 돌아왔다.
　　　　　　　　　　　　　　　　　　　－『구당서』

① 장문휴가 등주를 공격하였다.
② 대흥이라는 연호를 사용하였다.
③ 철리부 등 동북방 말갈을 복속시켰다.
④ 별무반을 편성하고 동북 9성을 축조하였다.
⑤ 연개소문이 정변을 일으켜 권력을 장악하였다.

2　　　　　38회 9번

다음 검색창에 들어갈 왕에 대한 설명으로 옳은 것은?[1점]

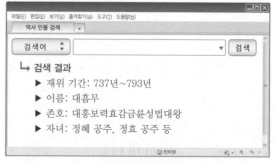

① 인안이라는 독자적 연호를 사용하였다.
② 장문휴를 보내 당의 등주를 공격하였다.
③ 수도를 중경 현덕부에서 상경 용천부로 옮겼다.
④ 대문예로 하여금 흑수말갈을 정벌하게 하였다.
⑤ 고구려 유민을 이끌고 동모산에서 나라를 세웠다.

3

(가) 국가에 대한 설명으로 옳은 것은?　　　　　　[2점]

이것은 　(가)　의 중대성에서 일본의 태정관에 보낸 외교 문서의 사본입니다. 문서에는 정당성의 좌윤 하복연 등 주요 사신단의 명단과 두 나라의 우호를 돈독히 하고자 사신을 파견한다는 내용 등이 담겨 있습니다.

오늘 소개해주실 자료는 무엇인가요?

① 광군을 창설하여 외침에 대비하였다.
② 주자감을 설치하여 인재를 양성하였다.
③ 골품제라는 엄격한 신분제를 마련하였다.
④ 9주 5소경의 지방 행정 제도를 갖추었다.
⑤ 왕족인 부여씨와 8성의 귀족이 지배층을 이루었다.

4

밑줄 그은 '이 국가'에 대한 설명으로 옳은 것은?　　[2점]

이것은 일본 나라현 헤이조큐 유적에서 출토된 목간입니다. 목간에 보이는 '고려'라는 명칭을 통해 일본은 이 국가를 고려, 즉 고구려를 계승한 것으로 인식하고 있었음을 알 수 있습니다.

고려에 보낸 사절이 귀국하였으니, 천평보자 2년(758) 10월 28일 위계를 두 단계 올린다.

① 중정대를 두어 관리를 감찰하였다.
② 건원이라는 독자적인 연호를 사용하였다.
③ 군사 조직을 9서당 10정으로 편성하였다.
④ 골품에 따라 관직 승진에 제한을 두었다.
⑤ 상수리 제도를 시행하여 지방 세력을 견제하였다.

5

(가) 국가에 대한 설명으로 옳은 것은?　　　　　　[1점]

해외 소재 우리 문화유산　　　　　　　　　　일본 편

함화 4년명 불비상

사진은 해동성국이라 불렸던 　(가)　의 함화 4년명 불비상(佛碑像)이다. 아미타불을 중심으로 좌우에 보살상 등이 새겨져 있고 그 아래에는 비문이 있다. 비문은 함화 4년에 허왕부(許王府) 관리인 조문휴의 어머니가 불비상을 조성했다는 내용을 담고 있다. 이를 통해 독자적인 연호를 사용했던 　(가)　의 국왕이 '허왕' 등의 제후를 거느린 황제와 같은 위상을 가졌음을 알 수 있다.

① 9서당 10정의 군사 조직을 운영하였다.
② 성균관을 설치하여 유교 경전을 교육하였다.
③ 5경 15부 62주의 지방 행정 제도를 갖추었다.
④ 상수리 제도를 실시하여 지방 세력을 견제하였다.
⑤ 내신좌평, 위사좌평 등 6좌평의 관제를 마련하였다.

6

(가) 국가에 대한 설명으로 옳지 않은 것은?　　　[1점]

답사 계획서

■ 주제: 　(가)　의 유적과 인물을 찾아서
■ 기간: 2020년 ○○월 ○○일 ~ ○○일
■ 일정 및 경로
• 1일차: 서고성 터(중경 현덕부로 추정) → 하남둔 고성 터
• 2일차: 용두산 고분군(정효공주묘, 순목황후묘, 효의황후묘)

서고성 터
하남둔 고성 터
용두산 고분군

① 중앙군으로 9서당을 편성하였다.
② 중정대를 두어 관리를 감찰하였다.
③ 전성기에 해동성국이라고도 불렸다.
④ 인안, 대흥 등의 연호를 사용하였다.
⑤ 5경 15부 62주의 지방 행정 제도를 마련하였다.

대표 기출 문제의 정답 및 문제풀이 방법을 다음 페이지에서 확인하세요. →

1	2	3	4	5	6
①	③	②	①	③	①

1 발해 무왕의 대당 강경책

> 당 현종은 (대)문예를 파견하여 유주에 가서 군사를 징발
> 하여 이를 토벌케 하는 동시에, 태복원외경 김사란을 시켜
> 신라에 가서 군사를 일으켜 발해의 남쪽 국경을 치게 하였
> 다. 마침 산이 험하고 날씨가 추운 데다 눈이 한 길이나 내려
> 서 병사들이 태반이나 죽으니, 전공을 거두지 못한 채 돌아
> 왔다.
> 「구당서」

→ 당·신라의 발해 공격
→ 발해 무왕

①장문휴가 등주를 공격하였다.

대문예는 발해 **무왕**(대무예)의 동생이다. 흑수말갈 공격에 반대한
대문예가 당에 투항하자, 당 현종은 대문예를 보내 신라군과 동시
에 발해를 공격하게 하였다. 한편 무왕은 흑수말갈을 공격하고, 장
문휴로 하여금 산둥반도의 등주를 공격하게 하였다.

오답 체크

② 대흥이라는 연호를 사용하였다. → **발해 문왕**
③ 철리부 등 동북방 말갈을 복속시켰다. → **발해 문왕**
④ 별무반을 편성하고 동북 9성을 축조하였다. → **고려 예종**
⑤ 연개소문이 정변을 일으켜 권력을 장악하였다.
　　→ **고려 영류왕이 제거되고 보장왕이 옹립됨**

2 발해 문왕

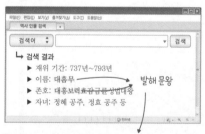

③수도를 중경 현덕부에서 상경 용천부로 옮겼다.

재위 기간이 8세기(737~793년)이고, 이름이 대흠무이며, 대흥과 보
력이라는 **연호**를 사용하였고, 정혜 공주와 정효 공주를 자녀로 둔
인물은 **발해 문왕**이다. 문왕은 수도를 중경 현덕부에서 상경 용천
부로, 이후 다시 상경 용천부에서 동경 용원부로 옮겼다.

오답 체크

① 인안이라는 독자적 연호를 사용하였다. → **무왕**
② 장문휴를 보내 당의 등주를 공격하였다. → **무왕**
④ 대문예로 하여금 흑수말갈을 정벌하게 하였다. → **무왕**
⑤ 고구려 유민을 이끌고 동모산에서 나라를 세웠다. → **대조영(고왕)**

✔ 또 나올 암기 포인트

발해 문왕의 업적

왕권 강화	연호 사용: 대흥, 보력
대외 관계	• 당: 당과 친선 관계를 유지하고, 당의 문물을 수용하여 체제 정비 • 신라: 신라도(상설 교통로)를 운영하여 대립 관계 해소 • 일본: 일본과 친선 관계를 유지하고, 일본에 보낸 외교 문서에 '고려 국왕 대흠무'라 표현(고구려 계승 의식)
체제 정비	당의 체제를 받아들여 3성 6부제 정비
천도	중경 현덕부 → 상경 용천부 → 동경 용원부

3 발해

> 이것은 (가) 의 중대성에서 일본의 태정관에 보낸
> 외교 문서의 사본입니다. 문서에는 정당성의 좌윤 하복연
> 등 주요 사신단의 명단과 두 나라의 우호를 돈독히 하고
> 자 사신을 파견한다는 내용 등이 담겨 있습니다.

> 오늘 소개해주실 자료는
> 무엇인가요?

→ 발해

②주자감을 설치하여 인재를 양성하였다.

발해의 3성은 **정당성, 선조성, 중대성**이므로, (가) 국가는 발해이다.
발해는 국립 대학인 **주자감**을 설치하여 인재를 양성하였다.

오답 체크

① 광군을 창설하여 외침에 대비하였다. → **고려**
③ 골품제라는 엄격한 신분제를 마련하였다. → **신라**
④ 9주 5소경의 지방 행정 제도를 갖추었다. → **통일 신라**
⑤ 왕족인 부여씨와 8성의 귀족이 지배층을 이루었다. → **백제**

4 발해

이것은 일본 나라현 헤이조큐 유적에서 출토된 목간입니다. 목간에 보이는 '고려'라는 명칭을 통해 일본은 이 국가를 고려, 즉 고구려를 계승한 것으로 인식하고 있었음을 알 수 있습니다.

8세기

발해

고려에 보낸 사절이 귀국하였으니, 천평보자 2년(758) 10월 28일 위계를 두 단계 올린다.

① 중정대를 두어 관리를 감찰하였다.

'고려'라는 명칭을 사용하였고, 고구려를 계승하였으며, 8세기에 있었던 나라는 발해이다. 발해는 중정대를 두어 관리를 감찰하였다. 통일 신라의 사정부가 감찰 기구였다면, 발해는 중정대가 그 역할을 하였다.

오답 체크
② 건원이라는 독자적인 연호를 사용하였다. → **신라**
③ 군사 조직을 9서당 10정으로 편성하였다. → **통일 신라**
④ 골품에 따라 관직 승진에 제한을 두었다. → **신라**
⑤ 상수리 제도를 시행하여 지방 세력을 견제하였다. → **통일 신라**

✔ 또 나올 암기 포인트

발해의 중앙 정치 조직

3성	• 정당성: 정책 집행, 최고 기구 • 선조성: 정책 심의 • 중대성: 정책 수립
6부	• 좌사정: 충부, 인부, 의부 • 우사정: 지부, 예부, 신부
기타	• 중정대: 관리 감찰 기구 • 주자감: 국립 대학 • 문적원: 서적 관리

5 발해

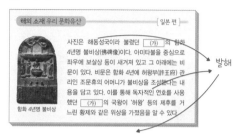

해외 소재 우리 문화유산 ──────── 일본 편

사진은 해동성국이라 불렸던 (가) 의 함화 4년명 불비상(佛碑像)이다. 아미타불을 중심으로 좌우에 보살상 등이 새겨져 있고 그 아래에는 비문이 있다. 비문은 함화 4년에 허왕부(許王府) 관리인 조문휴의 어머니가 불비상을 조성했다는 내용을 담고 있다. 이를 통해 독자적인 연호를 사용했던 (가) 의 국왕이 '허왕' 등의 제후를 거느린 황제와 같은 위상을 가졌음을 알 수 있다.

함화 4년명 불비상

발해

③ 5경 15부 62주의 지방 행정 제도를 갖추었다.

해동성국이라 불렸으며, 독자적인 연호를 사용하였고, 황제와 같은 위상을 가졌던 나라는 발해이다. 특히 발해는 9세기 선왕 때 해동성국이라 불렸으며, 이때 5경 15부 62주의 지방 행정 제도를 갖추었다.

오답 체크
① 9서당 10정의 군사 조직을 운영하였다. → **통일 신라**
② 성균관을 설치하여 유교 경전을 교육하였다. → **조선**
④ 상수리 제도를 실시하여 지방 세력을 견제하였다. → **통일 신라**
⑤ 내신좌평, 위사좌평 등 6좌평의 관제를 마련하였다. → **백제**

6 발해

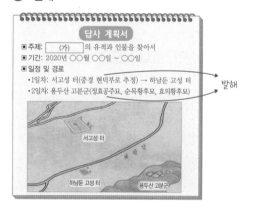

답사 계획서

■ 주제: (가) 의 유적과 인물을 찾아서
■ 기간: 2020년 ○○월 ○○일 ~ ○○일
■ 일정 및 경로
• 1일차: 서고성 터(중경 현덕부로 추정) → 하남둔 고성 터
• 2일차: 용두산 고분군(정효공주묘, 순목황후묘, 효의황후묘)

발해

서고성 터
하남둔 고성 터
용두산 고분군

① 중앙군으로 9서당을 편성하였다. → 통일 신라

중경 현덕부와 그 근처의 용두산 고분군(정효 공주 묘 포함)은 발해의 유적지이다. 발해의 중앙군은 10위이다. 중앙군이 9서당이었던 나라는 통일 신라이다.

오답 체크
② 발해는 중정대를 두어 관리를 감찰하였다.
③ 발해는 전성기에 해동성국이라고도 불렸다.
④ 발해는 인안, 대흥 등의 연호를 사용하였다.
⑤ 발해는 5경 15부 62주의 지방 행정 제도를 마련하였다.

09강 고대의 경제·사회·문화

녹읍은 어떤 특징을 가진 토지입니까? 민정 문서에서는 인구를
어떻게 구분했습니까? 발해의 유명한 특산물은 무엇입니까?
신라의 신분제 이름은 무엇입니까? 원효와 의상의 차이점은
무엇입니까? 이 단원을 공부하고 나면, 다소 어려워 보이는 이
런 질문에도 모두 답할 수 있을 것입니다.

원효의 초상 ▶

1 고대의 경제

신라, 우경을 실시하고 시장을 설치하다

삼국 시대에 '경제'에 가장 관심이 많았던 왕은 신라의 지증왕이다. 지증왕은 농업을 발전시키기 위
해 **우경**(牛耕, 소로 밭을 가는 방법)을 실시했고, 경주의 **동쪽에 시장**(동시)을 설치하고 이를 감독하기
위해 **동시전**을 설치하였다.

통일 신라, 토지 제도가 변화하다

문무왕은 삼국 통일에 큰 공을 세운 김유신 등에게 식읍과 녹읍을 지급하였다. 식읍과 녹읍은 관
리·귀족·공신이 '조세를 걷을 수 있는 권리(수조권)'뿐만 아니라 '노동력 징발'까지 할 수 있는 막강
한 토지였다.

　신문왕은 조세만 수취할 수 있는 **관료전을 지급**하고, 2년 후 **녹읍을 폐지**하였다. 이것은 귀족들의
경제적 기반을 약화시키고 왕권을 강화하는 좋은 방법이었다. 강해진 왕권에 기반해서 **성덕왕**은 백
성들에게 **정전(丁田)을 지급**했다. 정전 지급은 토지에 대한 소유권을 인정해주는 조치로, 국가의 토
지 지배력을 강화시켰다. 그런데 경덕왕이 귀족들에게 주는 **녹읍을 부활**시키면서, 귀족들의 권한이
다시 커졌다.

──────────────────────────────

기출 핵심 키워드 암기

신라 – 　ㄱㄹㅈ 　이 지급되고 　ㄴㅇ 　이 폐지되었다. [57회]

정답 관료전, 녹읍

민정 문서(신라 촌락 문서)가 발견되다

일제 강점기에 일본 도다이사 쇼소인(동대사 정창원)에서 서원경(청주) 부근의 4개 자연 촌락에 대한 문서가 발견되었다. 여기에는 호와 인구의 규모, 논밭의 규모, 각종 유실수(뽕나무, 잣나무 등)의 개수 등이 기록되어 있는데, 다분히 조세 징수와 노동력 징발에 활용하기 위한 자료였다. 이 문서에 따르면 통일 신라 시대는 **호(戶)**를 가족 수에 따라 **9등급**으로 나누고, **인구(호구)**를 **남녀별·연령별**로 6등급으로 구분하였다.

통일 신라, 활발한 대외 무역을 전개하다

통일 신라 시대의 대표적인 무역항은 울산항과 당항성이었다. 특히 이슬람 상인은 울산에까지 와서 무역을 했다고 한다. **장보고**는 전라남도 완도에 **청해진을 설치**하고 해상 무역을 전개하였다. 장보고는 중국과 일본 사이에서 소위 '삼각 무역'을 하면서 큰 이득을 취했다. 무역의 확대로 산둥반도와 양쯔강 하류에 신라방이 생겼으며, 이를 근거지로 하여 중국과 신라는 활발하게 교역하였다.

임금님께 건의하여 완도에 청해진을 설치하고 해적을 소탕하겠지!

장보고

기출 한 컷 [35회]

기출 핵심 키워드 암기

① 통일 신라 – ⓞⓢⓗ , ⓓⓗⓢ 이 무역항으로 번성하였다. [49·39회]
② 통일 신라 – ⓒⓗⓗⓙ 을 설치하여 해상 무역을 전개하였다. [49·48회]

정답 ① 울산항, 당항성 ② 청해진

발해, 다양한 교통로로 무역을 전개하다

발해는 주변 국가로 향하는 여러 대외 교통로를 두고 있었다. 거란으로 가는 **거란도**, 당으로 가는 **영주도**와 조공도, 신라로 가는 **신라도**, 일본으로 가는 **일본도**가 있었다. 이런 교통로를 통해 발해가 주로 수출한 품목은 담비(족제비와 비슷한 동물) 가죽과 인삼, 자기 등이었다. 특산물로는 **솔빈부의 말**이 유명하였다.

> 귀중히 여기는 것은 태백산의 토끼, 남해의 다시마, 책성의 된장, …… 막힐의 돼지, 솔빈의 말, 현주의 베, 옥주의 면, 용주의 명주, 위성의 철, 노성의 벼, 미타호의 붕어이다. …… 이 밖의 풍속은 고구려, 거란과 대개 같다.
>
> – 『신당서』 [36회]

2 고대의 사회

고구려, 제가 회의로 국가의 중대사를 결정하다

고구려는 소노부, 절노부, 순노부, 관노부, 계루부 등 **5부 출신 귀족이 지배층을 형성**하였다. 처음에는 소노부가 가장 강하였으나 점차 계루부가 강해져 왕족을 이루었다. 나라의 중요한 일은 힘 있는 귀족들이 모여 **제가 회의**에서 결정했다.

고구려는 지방에 5부를 두고 대성(大城, 지금의 도청)에 장관으로 **욕살**을 파견하였다. 그다음 규모의 성(城, 지금의 군청)에는 **처려근지**를 두었다. 욕살은 지금의 도지사와 비슷하고, 처려근지는 군수와 비슷한 직책이다.

기출 핵심 키워드 암기

① 고구려 – ㅈㄱ ㅎㅇ 에서 나라의 중대사를 결정하였다. [54·39회]
② 고구려 – ㅇㅅ , ㅊㄹㄱㅈ 등을 지방관으로 파견하였다. [56회]

정답 ① 제가 회의 ② 욕살, 처려근지

백제, 정사암에 모여 재상을 선출하다

백제의 지배층은 왕족인 **부여씨와 8성의 귀족**으로 이루어졌다. 예를 들면, 동성왕의 이름은 '부여 모대'이고, 성왕의 이름은 '부여 명농'이다. 8성은 사, 연, 협, 해, 진, 국, 목, 백을 말한다. 백제는 귀족들이 정사암에 모여 재상을 선출하였다. 그래서 이것을 **정사암 회의**라고 불렀다.

신라, 골품제로 모든 것을 규정하다

신라에는 **골품제**라는 엄격한 신분제가 마련되어 있었다. 삼국 시대에는 성골, 진골, 6~1두품의 여덟 단계가 있었다. 그러나 삼국 통일 이후에는 성골이 사라지고, 3두품 이하가 평민화되면서 '진골, 6두품, 5두품, 4두품'의 네 단계만 남게 되었다. 이 골품에 따라 관등 승진에도 제한이 있어, 6두품은 제6관등인 아찬까지만 오를 수 있었다. 골품제는 가옥의 규모와 장식, 복색이나 수레 등 **일상생활까지 규제**하였다.

똑같은 사람인데 진골만큼 관직에 높이 오를 수 없다니!

진골   6두품

기출 한 컷 40회

> 설계두는 신라 귀족 가문의 자손이다. 일찍이 가까운 친구 4명과 함께 모여 술을 마시면서 각자 자신의 뜻을 말하였다. 설계두가 이르기를, "신라에서는 사람을 등용하는 데 골품을 따져서 진실로 그 족속이 아니면 비록 큰 재주와 뛰어난 공이 있더라도 [그 한도를] 넘을 수가 없다. – 「삼국사기」 43회

신라의 귀족 회의의 이름은 **화백 회의**이다. 『신당서』에 이르기를 화백 회의는 '한 사람이라도 뜻이 다르면 통과되지 못하였다'고 한다. 즉 화백 회의는 **만장일치제**로 운영되었다. 이것은 다수결 원칙이었던 고구려의 제가 회의나 백제의 정사암 회의와는 다른 방식이었다.

진흥왕(540~576) 때 여성 중심의 원화(源花)가 확대되어 **화랑도(花郎徒)**라는 국가적인 조직으로 정비되었다(국선도, 풍월도라고 불림). 화랑도는 진골 귀족 출신의 '화랑'과 귀족·평민이 섞인 '낭도'로 구성된다. 화랑도는 원광이 작성한 **세속 5계**를 행동 규범으로 삼았다.

3 고대의 문화

▮ 사상과 종교

불교, 삼국 시대의 승려

신라 진평왕(579~632) 때 **원광**은 왕의 요청에 따라 수나라에 군사를 청하는 **걸사표를 작성**하였으며(608), 화랑도의 규범으로 **세속 5계**를 지었다.

신라 선덕 여왕(632~647) 때 **자장**은 당에서 귀국하여 대국통이 되어 교단을 정비하였다. 자장은 불교의 힘으로 나라를 지키기 위해 왕에게 **황룡사 9층 목탑**의 조성을 건의하였다.

불교, 통일 신라의 승려

원효는 '모든 것이 한마음에서 나온다'는 **일심(一心)**을 강조하였다. 원효는 **아미타 신앙**(나무아미타불만 외우면 극락왕생할 수 있다는 신앙)을 전파하고, '일체 무애인은 한길로 생사를 벗어난다'는 **무애가**를 지어 불교 대중화에 힘썼다. 원효는 **『금강삼매경론』, 『대승기신론소』, 『십문화쟁론』** 등을 썼다.

의상은 진골 귀족 출신으로 당에 유학하고 돌아와 문무왕의 전폭적인 지지를 받았다. 국가의 지원을 얻어 **부석사, 낙산사 등 화엄십찰을 창건**하였다. 원효가 아미타 신앙만 전파하였다면, 의상은 내세 신앙인 아미타 신앙과 현세 신앙인 관음 신앙(인간의 고뇌를 해결해 주는 관음 보살을 믿음)을 모두 강조하였다. 의상은 화엄종을 창시하고, 『**화엄일승법계도**』를 지어 **화엄 사상**(모든 존재가 상호 의존적이면서 서로 조화를 이루고 있다는 사상)을 정리하였다.

혜초는 인도와 중앙아시아를 다녀와서 『**왕오천축국전**』을 남겼다. '천축국'이란 인도와 중앙아시아를 말한다.

도교

어떤 문화재가 '무위자연, 신선 사상, 불로장생'을 표현하고 있다면 그 문화재는 도교의 영향을 받은 것으로 볼 수 있다.

백제의 산수무늬 벽돌에는 자연과 더불어 사는 삶이 표현되어 있다. 무위자연을 표현한 것이므로 도교의 영향을 받은 것으로 볼 수 있다. **백제 금동 대향로**에는 신선들이 사는 이상 세계가 표현되어 있다. 신선 사상을 표현한 것이므로 도교의 영향을 받은 것으로 볼 수 있다. 고구려와 백제의 고분 벽화에서 볼 수 있는 **사신도**는 청룡, 백호, 주작, 현무를 표현하고 있다. 이것도 도교의 영향을 받은 것으로 본다.

백제
금동 대향로

유학 교육

고구려는 **태학을 설립**하여 유교 경전과 역사서를 교육하였고, **경당을 설치**하여 청소년들에게 글과 활쏘기를 가르쳤다. **백제**는 알려진 학교는 없지만, **오경박사, 의박사** 등이 있어 유교 경전과 기술을 가르쳤다. **신라**는 **화랑도**를 통해 청소년들에게 유학과 무술 등을 가르쳤다. **통일 신라**는 **국학**을 세워 논어와 효경 등을 가르쳤으며, 발해는 **주자감을 설치**하여 유학을 교육하였다.

탑

삼국 시대의 탑

황룡사 9층 목탑은 신라의 목탑이다. 고려 시대에 소실되어, 현재는 탑이 있던 자리만 남아 있다. **분황사 모전 석탑**은 신라의 석탑이다. 석재를 벽돌 모양으로 만들어 쌓은 전탑을 모방한 석탑이다. 이 두 탑은 모두 선덕 여왕 때 축조되었다.

경주 분황사 모전 석탑

    익산 미륵사지 석탑은 목탑 양식을 계승한 현존하는 가장 오래된 석탑이다. 석탑 복원 과정에서 사리 봉안기가 출토되어 미륵사는 '좌평 사택적덕의 딸'이 창건했다는 사실을 확실히 알 수 있게 되었다. 미륵사지 석탑을 계승한 석탑은 '평제탑'이라는 별명이 붙어 있는 **부여 정림사지 5층 석탑**이다. 이 두 탑은 모두 백제의 목탑 양식 석탑이다.

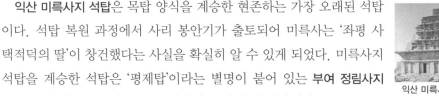
익산 미륵사지　　부여 정림사지
석탑　　　　　　　5층 석탑

신라 중대의 탑

통일 신라 시대에는 안정적인 3층 석탑이 많이 축조되었다. **감은사지 3층 석탑, 불국사 3층 석탑**(석가탑) 등은 통일 신라의 3층 석탑이다. 1966년에 석가탑을 보수하기 위해 해체했을 때, 석가탑의 제2층 탑신부에서 세계 최고(最古)의 목판 인쇄본인『무구정광대다라니경』이 발견되었다. 석가탑 옆에 있는 **불국사 다보탑**은 네 마리의 사자가 탑 중간에 앉아 있는 특이한 형태의 석탑이다.

감은사지　　불국사　　불국사 다보탑
3층 석탑　　3층 석탑

신라 하대의 탑과 승탑

신라 말에 조성된 **진전사지 3층 석탑**은 탑의 표면 장식이 화려하고 장중한 석탑이다. 통일 신라의 석탑은 대부분 경주에서 발견되었는데, 진전사지 3층 석탑은 강원도 양양에서 발견되었다.

    신라 말에는 선종의 영향을 받아 승려의 사리를 보관하는 **승탑**이 많이 만들어졌다. 대표적인 것은 **화순 쌍봉사 철감선사 승탑**이다. 이 승탑은 '**팔각 원당형**'의 전형적인 형태를 띠고 있다.

진전사지　　화순 쌍봉사
3층 석탑　　철감선사 승탑

전탑(벽돌 탑)

우리나라에는 전탑이 많지 않다. 전탑은 중국식 탑이기 때문이다. 안동 법흥사지 7층 전탑은 통일 신라 시대의 전탑이다. 또 하나의 유명한 전탑은 백두산 근처에 있는 발해의 영광탑이다. **영광탑**은 당의 영향을 받은 발해의 전탑으로, 8세기에서 10세기 사이에 건립된 것으로 추정되는 누각식(樓閣式, 다락집 형태) 탑이다.

영광탑

불상

삼국 시대의 불상

금동 연가 7년명 여래 입상은 고구려의 대표적인 불상으로, 광배 뒷면에 '7년'이라는 글씨가 새겨져 있다. **서산 용현리 마애 여래 삼존상**(서산 마애 삼존불)은 **'백제의 미소'**라고도 불리는 백제의 불상이다. **경주 배동 석조 여래 삼존 입상**(경주 배리 석불 입상)은 입체감이 강조된 신라의 불상이다. **금동 미륵 보살 반가 사유상**은 반쯤 앉은 자세로 깊은 생각에 빠진 모습을 형상화하고 있다. 이것은 삼국 시대 후반기에 만들어졌다.

금동 연가 7년명 / 여래 입상   서산 용현리 마애 / 여래 삼존상   경주 배동 석조 여래 / 삼존 입상   금동 미륵보살 / 반가 사유상

통일 신라의 불상

경주 석굴암 본존불은 석굴암 주실 중앙에 있으며, 균형미가 돋보이는 통일 신라의 불상이다. 경산 팔공산 관봉 석조 여래 좌상은 머리 윗부분에 갓 모양의 모자가 얹혀 있어서 '갓바위 불상'이라고도 불리는 통일 신라의 불상이다.

경주 석굴암 본존불

발해의 불상

이불 병좌상은 석가불과 다보불의 '두 부처'가 나란히 앉아 있는 발해의 대표적인 불상이다. 동경 용원부 유적지에서 발견되었으며, 날카로운 광배와 양감 있는 연꽃의 표현 등은 **고구려 불상 조각의 전통을 계승**한 것으로 평가받고 있다.

이불 병좌상

고분

돌무지무덤

돌무지무덤은 무거운 돌을 쌓아놓은 무덤이다. 돌무지무덤 안에는 공간이 없기 때문에 벽화도 그릴 수가 없다. 초기에는 돌을 불규칙하게 쌓아두다가, 점차 계단식으로 반듯하게 쌓기 시작했다.

압록강 근처에는 **'장군총'**이라는 고구려의 돌무지무덤이 있다. 무덤 옆으로 호석이 둘러져 있고, 무덤 옆에는 배총(陪塚, 딸린 무덤)이 있다. 장군총은 위로 올라가면서 돌을 들여쌓은 '들여쌓기 방식'이 활용된 돌무지무덤이다. 그런데 이와 비슷한 무덤이 한강 근처 석촌동에 있다. 장군총은 서울 석촌동

장군총

에 있는 백제의 돌무지무덤과 양식이 유사하다. 이것은 백제 건국 세력이 고구려와 같은 계통임을 뒷받침한다.

벽돌무덤

무령왕릉은 중국 남조의 영향을 받아 벽돌로 축조된 백제의 무덤이다. 이 무덤은 널길과 널방을 벽돌로 쌓았다. 무령왕릉은 현재 '**공주 송산리 고분군**' 안에 있다. 이 무덤은 박정희 정부 시절에 송산리 6호분 배수로 공사를 하다가 우연히 발견되었는데, 무령왕릉 발굴 50주년을 맞아 '공주 무령왕릉과 왕릉원'이라는 새로운 이름을 사용하게 되었다. 무령왕릉에서는 왕과 왕비의 지석, 진묘수(鎮墓獸, 무덤 속에 놓아두는 짐승), 금제 관식 등이 발견되었다.

무령왕릉

발해의 **정효 공주 묘**는 당나라의 영향을 받은 벽돌무덤이지만, 천장은 고구려 양식으로 되어 있다. 그래서 정효 공주 묘는 **고구려**와 **당**의 양식이 혼합된 벽돌무덤이라고 할 수 있다.

> **기출 핵심 키워드 암기**
>
> ① 무령왕릉 – 중국 ㄴㅈ 의 영향을 받아 벽돌로 축조하였다. [51회]
> ② 발해 – ㄱㄱㄹ 와 ㄷ 의 양식이 혼합된 벽돌무덤을 만들었다. [56회]

정답 ① 남조 ② 고구려, 당

돌무지덧널무덤

돌무지덧널무덤은 '돌무지 + 나무 덧널 + 봉토'로 구성된 무덤이다. 즉, 나무로 곽(덧널)을 짜고 그 위에 돌을 쌓은 형태이다. 이 무덤 양식은 '삼국 시대 신라'에서만 발견된다. 산처럼 큰 구조로 되어 있기 때문에 도굴이 어렵다. 그래서 금관, 유리잔 등 **껴묻거리**가 많이 발견된다. 대표적인 돌무지덧널무덤에는 유리잔이 출토된 **황남대총**, 천마도(벽화가 아닌 말의 안장 장식에 새겨진 그림)가 출토된 **천마총**, 호우명 그릇이 출토된 **호우총** 등이 있다.

> **기출 핵심 키워드 암기**
>
> ① 돌무지덧널무덤 – 도굴이 어려워 금관, 유리잔 등 많은 ㄲㅁㄱㄹ 가 출토되었습니다. [31회]
> ② 신라 – 대표적인 무덤으로 ㅎㄴㄷㅊ 이 있다. [38회]

정답 ① 껴묻거리 ② 황남대총

굴식 돌방무덤

굴식 돌방무덤은 고구려에서 기원한 무덤 양식으로, 고구려가 백제, 신라, 발해에 모두 영향을 주었다. 널방이 두 개 이상일 때, 앞방과 널방은 통로로 연결되어 있다. **모줄임 천장 구조**(점차 모서리를 줄여 천장을 막는 형태)로 되어 있는 천장에는 별자리를 그리기도 했고, 사방의 벽에는 무덤 주인공의 생활상이나 **사신도**를 그리기도 했다.

고구려의 대표적인 굴식 돌방무덤인 무용총에는 무용수 그림뿐만이 아니라 **수렵도** 등의 벽화가 남아 있다. 또 다른 굴식 돌방무덤인 **강서대묘**에는 사신도가 그려져 있는데, 우리는 이 벽화에서 힘과 패기를 느낄 수 있다.

신라의 굴식 돌방무덤은 통일 전과 후에 모두 나타나는데, 특히 삼국 통일 이후에는 굴식 돌방무덤의 규모가 작아지고, 둘레돌에 12지 신상이 조각되는 것이 특징이다. 대표적인 무덤은 **김유신 묘**이다.

고대 문화의 일본 전파

고대의 문화는 일본에 많은 영향을 주었다. 고구려의 **담징**은 일본에 **종이와 먹의 제조법**을 알려주었고, **혜자**는 **쇼토쿠 태자의 스승**이 되어 불교를 가르쳤다.

삼국 중 일본과 가장 활발히 교류한 나라는 백제이다. 백제의 **아직기**는 일본에 **한자**를 전해줬고, **왕인**은 **천자문과 논어**를 전해줬다. **노리사치계**는 일본에 **불경과 불상**을 보내 불교를 전파하였다.

신라는 **조선술**(배 만드는 기술)과 **축제술**(제방 쌓는 기술)을 전해주어, 일본에 '한인의 연못'이라는 것이 생기기도 하였다.

빈출 개념 한눈에 암기하기

구분	경제	사회	사상·종교	탑·불상	고분
고구려		• 지배층: 5부 출신 귀족 • 귀족 회의: 1)	도교: 연개소문이 장려, 고분 벽화의 사신도	불상: 금동 연가 7년명 여래 입상	• 돌무지무덤: 장군총 • 굴식 돌방무덤: 무용총, 강서대묘
백제	• 수취 제도: 조세, 공납, 역 • 신라: 우경 장려, 동시·동시전 설치	• 지배층: 부여씨 + 8성 귀족 • 귀족 회의: 2)	도교: 산수무늬 벽돌, 백제 금동 대향로	• 탑: 미륵사지 석탑, 정림사지 5층 석탑 • 불상: 서산 용현리 마애 여래 삼존상	벽돌무덤: 3)　　(중국 남조의 영향)
신라		• 신분 제도: 골품제 • 귀족 회의: 4)	불교: 원광(세속 5계), 자장(5)　　건립 건의)	• 탑: 분황사 모전 석탑, 황룡사 9층 목탑 • 불상: 배동 석조 여래 삼존 입상	돌무지덧널무덤: 황남대총, 천마총, 호우총
통일 신라	• 토지 제도 　– 신문왕: 6)　　지급, 녹읍 폐지 　– 성덕왕: 정전 지급 　– 경덕왕: 7)　　부활 • 민정 문서: 노동력 징발에 활용 • 대외 무역: 울산항 · 8)　　이 무역항으로 번성	–	불교: 9)　　(일심 사상, 아미타 신앙, 무애가), 10)　　(관음 신앙, 화엄 사상), 혜초(『왕오천축국전』)	• 탑: 감은사지 3층 석탑, 불국사 석가탑·다보탑, 진전사지 3층 석탑 • 승탑: 쌍봉사 철감선사 승탑 • 불상: 11)　　본존불	굴식 돌방무덤 (김유신 묘: 둘레돌, 12지 신상)
발해	• 대외 무역: 일본도·신라도 등 교통로 이용 • 특산물: 12)　　의 말	–	–	• 탑: 영광탑 • 불상: 이불 병좌상	벽돌무덤: 13)　　(고구려와 당의 양식 혼합)

정답 1) 제가 회의 2) 정사암 회의 3) 무령왕릉 4) 화백 회의 5) 황룡사 9층 목탑 6) 관료전 7) 녹읍 8) 당항성 9) 원효 10) 의상
11) 석굴암 12) 솔빈부 13) 정효 공주 묘

해커스 이명훈 스토리로 암기하는 한국사능력검정시험 심화 상

실전 연습

퀴즈

1 키워드와 관련된 것을 알맞게 연결해보세요.

① 신라 •　　　　　　　• ㉠ 제가 회의

② 고구려 •　　　　　　• ㉡ 정사암 회의

③ 백제 •　　　　　　　• ㉢ 화백 회의

2 〈보기〉에서 골라 빈칸을 채워보세요.

| 보기 |
| 영광탑　　미륵사지 석탑　　분황사 모전 석탑 |

① 익산 (　　　　　　　　)은 목탑 양식으로 만들어진 백제의 가장 오래된 석탑이다. [51회]

② 경주 (　　　　　　　　)은 돌을 벽돌 모양으로 다듬어 쌓아 만든 신라의 모전 석탑이다. [46회]

③ (　　　　　)은 중국(당)의 영향을 받아 만들어진 발해의 전탑이다. [51회]

3 아래 표에 있는 초성을 완성해보세요.

통일 신라의 승려	주요 활동
원효	일심 사상 주장, 불교의 대중화(ㅁㅇㄱ 유포), 『십문화쟁론』, 『대승기신론소』 등 저술
의상	영주 부석사 창건, 관음 신앙 강조, 『ㅎㅇㅇㅅㅂㄱㄷ』 저술
혜초	인도와 중앙아시아를 여행하고 『ㅇㅇㅊㅊㄱㅈ』을 지음

4 아래 기출 자료와 관련 있는 것을 써보세요.

이 문서는 1933년 일본 도다이사(東大寺) 쇼소인(正倉院)에서 발견되었다. 이 문서에는 촌락마다 호(戶)의 등급과 변동 상황, 성별·연령별 인구의 규모가 파악되어 있으며, 논·밭의 면적 등이 기록되어 있다. [34회]

→

대표 기출 문제

1 　　　　　　　　　　　　　　　　49회 6번

(가) 국가의 경제 상황으로 옳은 것은? [2점]

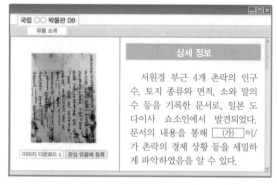

① 은병이 화폐로 제작되었다.

② 집집마다 부경이라는 창고가 있었다.

③ 목화, 담배 등이 상품 작물로 재배되었다.

④ 울산항, 당항성이 무역항으로 번성하였다.

⑤ 현직 관리를 대상으로 직전법이 실시되었다.

2 　　　　　　　　　　　　　　　　53회 7번

밑줄 그은 '인물'이 활동한 시기의 경제 모습으로 옳은 것은? [1점]

① 활구라고 불리는 은병이 유통되었다.

② 중국의 농서인 『농상집요』가 소개되었다.

③ 면화, 고추 등이 상품 작물로 재배되었다.

④ 청해진을 중심으로 해상 무역이 전개되었다.

⑤ 수도의 시전을 감독하기 위해 경시서가 설치되었다.

3

밑줄 그은 '이 제도'에 대한 설명으로 옳은 것은? [1점]

축하드립니다. 이번에 대아찬으로 승진하셨다고 들었습니다.

고맙네. 하지만 6두품인 자네는 이 제도 때문에 아찬에서 더 이상 올라갈 수 없다는 것이 안타깝네 그려.

① 원화(源花)에 기원을 두고 있다.
② 을파소의 건의로 처음 마련되었다.
③ 서얼의 관직 진출을 법으로 제한하였다.
④ 집과 수레의 크기 등 일상생활을 규제하였다.
⑤ 문무 5품 이상 관리의 자손을 대상으로 하였다.

4

(가) 인물에 대한 설명으로 옳은 것은? [1점]

> ┌──────┐
> │ (가) │ 은/는 설총을 낳은 이후 속인의 옷으로 바
> └──────┘
> 꾸어 입고 스스로 소성거사라고 하였다. 우연히 광대들이
> 갖고 놀던 큰 박을 얻었는데 그 모양이 괴이하였다. 그 모
> 양을 따라서 도구로 만들어 화엄경의 구절에서 이름을 따
> 와 '무애(無㝵)'라고 하고, 노래를 지어 세상에 퍼뜨렸다.

① 부석사를 창건하였다.
② 백련 결사를 주도하였다.
③ 『왕오천축국전』을 남겼다.
④ 『금강삼매경론』을 저술하였다.
⑤ 『신편제종교장총록』을 편찬하였다.

5

다음 설명에 해당하는 문화유산으로 옳은 것은? [2점]

> 이 문화유산은 국보 제287호로 부여 능산리 절터에서 출토되
> 었습니다. 백제 왕실의 의례에 사용한 것으로 추정되는 이 유물은
> 도교와 불교의 요소가 복합적으로 표현된 걸작입니다.

① ② ③

④ ⑤

6

(가)~(마) 문화유산에 대한 설명으로 옳지 않은 것은?[2점]

답사 계획서

◈ 주제: 신라 천년의 고도, 경주
◈ 일자: 2020년 ○○월 ○○일
◈ 경로: 천마총 → 첨성대 → 동궁과 월지 → 분황사지 → 불국사

① (가) – 내부에서 천마도가 수습되었다.
② (나) – 자장의 건의로 건립되었다.
③ (다) – 나무로 만든 14면체 주사위가 출토되었다.
④ (라) – 돌을 벽돌 모양으로 다듬어 쌓아 올린 탑이 남아 있다.
⑤ (마) – 경내의 삼층 석탑에서 『무구정광대다라니경』이 발견되었다.

대표 기출 문제의 정답 및 문제풀이 방법을 다음 페이지에서 확인하세요. ➡

대표 기출 문제 정답 및 문제풀이 방법

1	2	3	4	5	6
④	④	④	④	①	②

1 통일 신라의 경제 상황

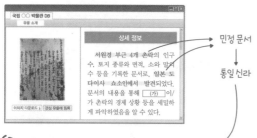

→ 민정 문서
→ 통일 신라

④ 울산항, 당항성이 무역항으로 번성하였다.

서원경(청주) 부근 4개 촌락의 기록이며, 일본 도다이사 쇼소인에서 발견된 문서는 통일 신라의 민정 문서이다. 통일 신라 시대에는 서해안의 당항성과 경주와 가까운 울산항이 무역항으로 번성하였다.

오답 체크
① 은병이 화폐로 제작되었다. → **고려**
② 집집마다 **부경**이라는 창고가 있었다. → **고구려**
③ 목화, 담배 등이 상품 작물로 재배되었다. → **조선**
⑤ 현직 관리를 대상으로 직전법이 실시되었다. → **조선**

✔️ **또 나올 암기 포인트**

민정 문서(신라 촌락 문서)

발견	일본 도다이사 쇼소인(1933)
작성	촌주가 매년 변동 사항을 조사하여 3년마다 작성
목적	조세·공물 징수, 노동력 징발
내용	• 조사 대상: 각 촌락의 호(戶) 수, 인구 수, 우마 수, 논밭의 규모 등 • 인구: 남녀별·연령별로 각각 6등급으로 구분 • 호(戶): 가족 수에 따라 9등급으로 구분

2 통일 신라의 경제 모습

이곳은 새롭게 중건된 산둥반도의 적산 법화원입니다. 이 사찰을 창건한 인물에 대해 말해 주세요.

장보고 → 통일 신라

당에 건너가 군인으로 활약했어요.
왕위 쟁탈전에 가담하여 반란을 일으켰어요.
문성왕이 보낸 자객에게 살해당했어요.

④ 청해진을 중심으로 해상 무역이 전개되었다.

산둥반도의 적산 법화원을 창건한 인물은 통일 신라 시대의 **장보고**이다. 장보고는 당에 건너가 군인(무령군 소장)으로 **활약**했고, 왕위 쟁탈전에 가담하여 반란을 일으켰고(김우징을 신무왕으로 세움), 문성왕 때 반란을 일으켰다가 자객에게 살해당했다. 장보고는 완도에 청해진을 설치하고 서남해 지역의 해상 무역권을 장악하였다.

오답 체크
① 활구라고 불리는 은병이 유통되었다. → **고려 시대**
② 중국의 농서인 『농상집요』가 소개되었다. → **고려 시대**
③ 면화, 고추 등이 상품 작물로 재배되었다. → **조선 후기**
⑤ 수도의 시전을 감독하기 위해 경시서가 설치되었다. → **고려 시대**

3 골품제

축하드립니다. 이번에 대아찬으로 승진하셨다고 들었습니다.

고맙네. 하지만 6두품인 자네는 이 제도 때문에 아찬에서 더 이상 올라갈 수 없다는 것이 안타깝네 그려.

골품제

④ 집과 수레의 크기 등 일상생활을 규제하였다.

대아찬이 될 수 있는 신분은 진골 귀족이다. 대아찬 이상은 자색 옷을 입는다(오른쪽 사람). 아찬까지만 올라갈 수 있는 신분은 6두품이다. 아찬부터 급벌찬까지는 비색(붉은색) 옷을 입는다(왼쪽 사람). 이렇게 승진 상한을 두는 신라의 신분 제도를 골품제라 한다. 골품제는 집과 수레의 크기 등 일상생활까지 규제하였다.

오답 체크
① 원화(源花)에 기원을 두고 있다. → **화랑도(신라)**
② 을파소의 건의로 처음 마련되었다. → **진대법(고구려)**
③ 서얼의 관직 진출을 법으로 제한하였다. → **과거 제도 중 문과(조선)**
⑤ 문무 5품 이상 관리의 자손을 대상으로 하였다. → **음서 제도(고려)**

4 원효

해커스 이명호 스토리로 암기하는 한국사능력검정시험 심화 상

> | (가) |은/는 설총을 낳은 이후 속인의 옷으로 바꾸어 입고 스스로 소성거사라고 하였다. 우연히 광대들이 갖고 놀던 큰 박을 얻었는데 그 모양이 괴이하였다. 그 모양을 따라서 도구로 만들어 화엄경의 구절에서 이름을 따와 '무애(無㝵)'라고 하고, 노래를 지어 세상에 퍼뜨렸다.

→ 원효
← 무애가

④ 『금강삼매경론』을 저술하였다. ←

설총을 낳았으며, 소성거사라고 불렸고, 무애가를 지어 전파한 인물은 원효이다. 원효는 불교 경전인 『금강삼매경』을 해설한 『금강삼매경론』을 저술하였다.

오답 체크

① 부석사를 창건하였다. → **의상(신라)**
② 백련 결사를 주도하였다. → **요세(고려)**
③ 『왕오천축국전』을 남겼다. → **혜초(신라)**
⑤ 『신편제종교장총록』을 편찬하였다. → **의천(고려)**

✔ 또 나올 암기 포인트

원효

불교 이해 기준 확립	당시 존재하던 거의 모든 불교 서적에 대한 폭넓은 이해를 바탕으로 『대승기신론소』, 『금강삼매경론』 등 저술
종파 융합에 기여	일심 사상을 바탕으로 사상적 대립을 조화시키고 분파 의식을 극복하기 위해 『십문화쟁론』 저술(화쟁 사상)
불교 대중화에 기여	• 나무아미타불만 염불하면 누구나 극락왕생할 수 있다는 아미타 신앙 전파 • 불교 경전의 내용을 쉽게 이해할 수 있도록 노래인 무애가를 지어 대중에게 유포함

5 백제의 문화유산

> 이 문화유산은 국보 제287호로 부여 능산리 절터에서 출토되었습니다. 백제 왕실의 의례에 사용한 것으로 추정되는 이 유물은 도교와 불교의 요소가 복합적으로 표현된 걸작입니다.

① → 백제 금동 대향로(백제)

부여 능산리 절터에서 출토되었으며, 도교와 불교의 요소가 모두 표현된 문화재는 백제 금동 대향로이다.

오답 체크

② 도기 기마인물형 뿔잔 → **가야의 문화유산**
③ 무령왕릉 석수 → **백제의 문화유산**
④ 돌사자상 → **발해의 문화유산**
⑤ 황남대총 북분 금관 → **신라의 문화유산**

6 신라의 문화유산

답사 계획서

◈ 주제: 신라 천년의 고도, 경주
◈ 일자: 2020년 ○○월 ○○일
◈ 경로: 천마총 → 첨성대 → 동궁과 월지 → 분황사지 → 불국사

→ 경주의 신라 문화유산

(가)천마총 (나)첨성대 (다)동궁과 월지 (라)분황사지 (마)불국사

② (나) – 자장의 건의로 건립되었다. → 황룡사 9층 목탑

첨성대는 신라 선덕 여왕 때 축조된 천문 관측 시설이다. 선덕 여왕 때 자장의 건의로 건립된 것은 황룡사 9층 목탑이다.

오답 체크

① **천마총** 내부에서 천마도가 수습되었다.
③ **동궁과 월지**에서는 나무로 만든 14면체 주사위가 출토되었다.
④ **분황사지**에는 돌을 벽돌 모양으로 다듬어 쌓아 올린 모전 석탑이 남아 있다.
⑤ **불국사** 경내의 불국사 삼층 석탑에서 『무구정광대다라니경』이 발견되었다.

III. 고려 시대

900년

- **918** 후고구려 궁예 퇴출
  태조 왕건, 고려 건국
- **927** 공산 전투(후백제 승리)
- **930** 고창 전투(고려 승리)
- **935** 견훤의 투항
  신라 경순왕의 항복(신라 멸망)
- **936** 일리천 전투(고려 승리)
  고려의 후삼국 통일
- **993** 성종, 거란의 1차 침입
  (서희의 외교 담판)

1000년

- **1018** 현종, 거란의 3차 침입
- **1019** 강감찬의 귀주 대첩

1100년

- **1104** 숙종, 별무반 조직
- **1126** 인종, 이자겸의 난
- **1135** 인종, 묘청의 난
- **1145** 인종, 김부식의 『삼국사기』 편찬
- **1170** 의종, 무신 정변
- **1196** 최충헌 집권

1200년

- **1232** 최우 집권기,
  강화 천도(VS 몽골)
- **1270** 원종, 개경 환도

1300년

- **1356** 공민왕, 쌍성총관부 수복
- **1377** 우왕, 『직지심체요절』 간행
- **1388** 우왕, 이성계의 위화도 회군
- **1391** 공양왕, 과전법 실시

10강 고려의 성립과 정치 발전

고려는 누가 건국했습니까? 그렇습니다, 태조 왕건입니다! 우리는 왕건을 포함하여 고려 초기의 왕들이 어떻게 나라의 제도를 만들어 갔는지 공부할 것입니다. 그리고 고려의 통치 체제, 지방 행정 구역, 군사 제도에 대해서도 살펴볼 것입니다.

태조 왕건 청동상 ▶

1 태조 왕건

민생을 안정시키다

태조 왕건은 후삼국을 통일하고 민족 재통일을 이뤘다(936). 그런데 이 멋진 업적 뒤에는 백성들의 고단한 삶이 있었다. 그래서 왕건은 우선 **취민유도(取民有度) 정책을 실시**하여 세율을 수확량의 10분의 1로 낮추었다. 그리고 전란에 지친 백성들을 위해 빈민 구제 기관인 흑창(黑倉)을 설치했다. 흑창은 고구려의 진대법과 비슷한 제도로, 봄에 곡식을 빌려주고 가을에 갚게 하는 제도이다.

　왕건은 후대 왕들이 지켜야 할 정책 방향을 제시한 **훈요 10조**를 남겼다. 이 글에서는 숭불과 풍수지리, 연등회와 팔관회가 강조되었다. 또 왕건은 임금에 대한 신하의 도리를 강조하기 위해 『정계』와 『계백료서』를 지었다.

기출 핵심 키워드 암기

① 태조 왕건 – 빈민을 구제하기 위해 ⬚ ㅎㅊ ⬚ 을 처음 설치하였다. [54·35회]
② 태조 왕건 – 「 ⬚ ㅈㄱ ⬚ 」와 「 ⬚ ㄱㅂㄹㅅ ⬚ 」를 지어 관리가 지켜야 할 규범을 제시하였다. [54·41회]

정답 ① 흑창 ② 정계, 계백료서

호족을 견제하다

왕건은 호족 세력들의 도움으로 왕이 되었기 때문에 호족의 눈치를 보지 않을 수 없었다. 왕건은 우선 **기인(其人) 제도를 시행**하여 호족의 자제를 수도에 머물게 하였다. (이것은 통일 신라의 상수리 제도를 계승한 '인질 제도'였다.)

왕건은 **사심관 제도를 시행**하였다. 이것은 지방 감독관을 파견하는 제도인데, 신라의 마지막 왕인 **경순왕(김부)**이 최초의 사심관이 되었다(935). 또한 왕건은 고려 건국과 후삼국 통일에 공이 큰 사람들에게는 **역분전(役分田)**이라는 토지를 지급하여 사기를 높여주기도 했다.

고구려를 계승하다

왕건은 고려가 고구려 계승 국가라는 사실을 명확히 했다. 그래서 '고구려 계승 국가'인 발해가 거란에 의해 멸망했을 때(926), 발해 세자 대광현을 받아 주기도 하였다. 그리고 고구려의 수도였던 평양을 중시하여 **서경(西京)**이라고 불렀다. 왕건은 서경을 북진 정책의 전진 기지로 삼았다.

왕건은 (발해를 멸망시킨) 거란을 배척하여 **만부교 사건**을 일으켰다(942). 왕건은 거란이 선물로 보낸 낙타 50마리를 만부교에서 굶겨 죽이고, 낙타를 끌고 온 사신 30여 명도 유배를 보냈다. 이로 인해 고려와 거란은 사이가 매우 안 좋아졌다.

2 광종

황제라 칭하고 독자적 연호를 사용하다

제4대 왕은 **광종**(949~975)이다. 광종은 즉위 직후 **광덕(光德)**이라는 연호를 사용하였다. 광덕은 '덕을 밝게 비춘다'는 의미이다. **준풍(峻豐)**이라는 연호도 약 3년간 사용하였다. 그리고 국왕을 황제로, 개경을 황도라 칭했다. 고려를 황제국으로 선포하고 자주 의식을 내세운 것이다.

발해 문왕과 고려 광종의 공통점을 굳이 말하라면, 칭제건원(稱帝建元)일 것이다. 둘 다 황제라 칭했고, 둘 다 연호를 사용하였다.

▎노비안검법을 시행하다

광종은 전쟁 포로로 잡혔거나 빚을 갚지 못하여 강제로 노비가 된 사람들을 조사하여 다시 양인이 되게 하는 **노비안검법(奴婢按檢法)을 실시**하였다(956). 안검(按檢)이란 자세히 조사한다는 의미이다. 당시에 노비를 많이 소유하고 있던 계층은 지방의 호족들이었다. 광종은 노비안검법을 실시하여 '호족들의 노비를 풀어줌'으로써 **왕권을 강화**하였다. 또 노비안검법으로 양인이 된 사람들은 국가에 조세를 납부하게 되었으므로, 이 제도는 **재정 확충**의 효과도 있었다.

🎬 기출 한 컷 [30회]

▎개혁 정치를 실시하다

광종은 국내에 연고가 없는 중국 후주 출신 쌍기를 고려로 귀화시켜서 개혁을 주도하게 하였다. 광종은 **쌍기의 건의에 따라 과거 제도를 시행**하였다(958). 당시 시험의 감독관은 지공거(知貢擧)라고 했는데, 쌍기는 과거 제도를 실시하면서 첫 지공거가 되었다.

> 쌍기가 처음으로 과거 제도의 실시를 건의하였고, 마침내 지공거가 되어 시·부·송·책으로써 진사 갑과에 최섬 등 2인, 명경업에 3인, 복업에 2인을 선발하였다. — 『고려사』 [38회]

광종은 신하들이 저마다 각기 다른 옷을 입고 있는 것이 마음에 들지 않았다. 어떤 사람들은 예전 신라나 태봉의 관복을 입기도 했고, 불교식이나 중국식으로 옷을 입기도 했다. 그래서 광종은 백관의 **공복(관원이 조정에서 입던 제복)을 제정**하여 복색을 4등급(자·단·비·녹색)으로 구분하였다(960).

❸ 성종

┃ 통치 체제와 지방 제도를 정비하다

제6대 왕은 **성종**(981~997)이다. 성종은 즉위 직후 '상소문 백일장'을 열었다. 여기에서 **최승로**(927~989)의 **시무 28조가 채택**되었고, 성종은 이 상소문의 내용을 정책에 반영했다.

성종은 **2성 6부제**를 토대로 중앙 통치 조직을 정비하였다. 왕 아래에 중서문하성과 상서성을 두고, 상서성 아래에 6부를 두었다. 또 도병마사와 식목도감을 설치하여 주요 문제를 논의하였다.

최승로는 시무 28조에서 '청컨대 외관을 두소서'라고 건의했는데, 이것은 지방관 파견을 요청한 것이었다. 성종은 이에 따라 지방에 **12목(牧)을 설치**하였다(983). 여기에 **지방관인 목사(牧使)**를 상주시켰을 뿐만 아니라 **경학 박사**와 **의학 박사**를 파견하여 유학을 진흥하기도 했다.

> 최승로가 상서하기를, "지금 살펴보면 지방의 세력가들은 매번 공무를 핑계 삼아 백성을 침탈하므로 백성이 그 명을 감당하지 못합니다. 청컨대 외관을 두소서."라고 하였다. – 최승로의 시무 28조 [38회]

또한 성종은 지방 세력 통제를 위해 **향리제를 정비**하였다. 당대등을 호장으로, 대등을 부호장으로 부르는 등 **호족을 향리로 편입**하여 통제하였다.

┌─────────────────────────────
│ **기출 핵심 키워드 암기**

① 성종 – 최승로의 [ㅅㅁ 28ㅈ]를 받아들여 통치 체제를 정비하였다. [50·41회]
② 성종 – 전국에 [12ㅁ]을 설치하고 [ㅈㅂㄱ]을 파견하였다. [49·43회]

정답 ① 시무 28조 ② 12목, 지방관

┃ 거란이 침입하다(1차 침입)

올 것이 왔다! 태조 왕건이 **만부교 사건**으로 거란의 심기를 건드려 놓더니 그 부작용이 나타나기 시작했다. 바로 성종 때 거란이 쳐들어온 것이다. 성종이 거란 소손녕의 공격 소식을 듣고 **서희**를 보냈다. 다행히 서희가 외교 담판으로 막아냈고, 그 덕분에 고려는 압록강 근처의 **강동 6주를 확보**하여 영토가 넓어졌다.

┌─────────────────────────────
│ **기출 핵심 키워드 암기**

거란의 1차 침입 – [ㅅㅎ]가 외교 담판을 벌여 [ㄱㄷ 6ㅈ]를 획득하였다. [44·43회]

정답 서희, 강동 6주

4 현종

▌지방 제도를 완성하고 거란의 침입을 막아내다(2·3차 침입)

제8대 왕은 **현종**(1009~1031)이다. 현종은 **5도와 양계의 지방 제도를 '완비'**하였다. 그러나 현종 때 거란이 다시 쳐들어왔다. 거란의 2차 침입 때는 현종이 나주로 피난을 갈 정도로 상황이 심각하였으나 **양규**의 활약으로 흥화진에서 거란을 물리치기도 했다. 3차 침입 때는 **강감찬**이 **귀주**에서 대승을 거두었다(귀주 대첩).

5 고려의 통치 체제

▌중앙 통치 조직, 중앙을 2성 6부로 정비하다

성종은 2성 6부제를 토대로 중앙 통치 조직을 정비하였다. 성종은 왕 아래에 **중서문하성**과 **상서성**을 두고, 상서성 아래에는 이·병·호·형·예·공부의 **6부**를 두었다(982). 중서문하성은 고위 관리인 재신과 그 아래의 낭사로 구성되어 있다. 중서문하성의 장관은 지금의 '국무총리'와 비슷한 **문하시중**이다. 중서문하성의 **낭사**는 관등은 낮지만 **서경, 간쟁, 봉박**과 같은 중요한 역할을 했다. 중서문하성의 낭사는 감찰 기능을 하는 어사대의 관원과 함께 **대간(臺諫)**으로 불렸다.

중서문하성은 중앙 최고 관서인데, 당나라의 제도를 모방한 것이었다. 그런데 10년 후 고려 정부는 송나라의 제도를 모방하여 또 하나의 '중앙 최고 관서'인 **중추원**을 두었다(991). 중추원은 군사 기밀을 담당하는 **추밀**과 왕명 출납을 담당하는 **승선**으로 이루어졌다. 최고(最高)가 둘인 나라, 그것이 고려이다!

중앙 최고 관서의 고위 관리들, 즉 '중서문하성의 재신과 중추원의 추밀'이 모여 국가의 중요 정책을 논의하였다. 이런 고관들의 합좌 기구를 재추 회의라고 불렀다. 여기에서 국방 문제를 논의하면 **도병마사(都兵馬使)**라고 했고(원 간섭기에 도평의사사로 개편됨), 각종 법제를 논의하면 **식목도감(式目都監)**이라고 했다. 도병마사와 식목도감은 당이나 송에는 없는 **고려의 독자적인 합의 기구**이다.

그리고 성종은 화폐와 곡식의 출납과 회계를 담당하던 기구로 **삼사(三司)**를 두었다. 그래서 고려의 '재정' 관련 관청은 호부와 삼사 두 개가 되었다. 당나라 제도와 송나라 제도를 모두 모방하다 보니 업무 중복이 생긴 것이다.

지방 행정 조직, 전국을 5도와 양계로 정비하다

현종 때 5도 양계의 지방 제도가 확립되었다. 5도 양계는 '경상도, 전라도, 양광도, 교주도, 서해도'의 5도와 국경 지대에 있는 '북계, 동계'를 합쳐서 부르는 말이다. 5도에는 안찰사(按察使)가 파견되어 지방 행정을 담당하였고, 양계에는 병마사(兵馬使)가 파견되어 적의 침입에 대비하였다. 군사 행정 구역인 양계에 파견된 병마사는 안찰사보다 지위가 높았다.

고려 시대에는 지방관이 파견되는 주현보다 파견되지 않는 속현이 더 많았다. 속현이 '없는' 조선 시대와는 많이 달랐다. 그러다 보니 조세나 공물 징수, 노역 징발 등 실제 행정 사무를 담당하는 향리의 역할이 중요했다.

군사 제도, 중앙군과 지방군, 특수군을 편성하다

고려는 중앙군으로 2군 6위를 설치하였다. 2군은 국왕의 친위 부대로 응양군(鷹揚軍)과 용호군(龍虎軍)으로 구성되었다. 6위는 수도와 국경의 방어를 담당하는 좌우위·신호위·흥위위와 경찰 기능을 하는 금오위(金吾衛), 의장대인 천우위(千牛衛), 성문을 수비하는 감문위(監門衛)로 구성되었다. 고려의 지방군은 주현군과 주진군으로 구분되었다. 5도에는 주현군을 배치하고, 양계에는 주진군을 배치하였다.

> 6위를 설치하였다. …… 6위에 직원(職員)과 장수를 배치하였다. 그 후에 응양군과 용호군 2군을 설치하였는데, 2군은 6위보다 지위가 높았다. – 『고려사』 [35회]

또한 고려는 외침에 대비하기 위해 특수군을 편성하기도 했다. 우선 정종(945~949) 때 거란의 침입에 대비하기 위해 광군(光軍)을 설치하였다. 거란에 잡혀갔던 최광윤이 거란의 움직임이 심상치 않다고 고려에 알려 만들어진 특수군이므로, 최광윤의 '光[광]'자를 따서 그 명칭을 광군이라고 했다. 숙종(1095~1105) 때는 여진을 정벌하기 위해 별무반(別武班)을 설치하였다. 숙종은 윤관의 건의로 신기군, 신보군, 항마군 등으로 구성된 별무반을 창설하여 군사력을 강화하였다.

관리 등용, 과거와 음서를 병행하다

고려 시대는 이전 시대에 비하여 '개인의 능력'을 중시하였다. 그래서 '과거'라는 시험을 통해 관리를 뽑았다. 이 시험에는 법적으로 양인 이상이면 누구나 응시할 수 있었다.

고려의 과거 제도는 문관을 뽑는 제술과와 명경과, 기술관을 뽑는 잡과, 승려를 대상으로 하는 승과로 운영되었다. 제술과는 논술 시험이었는데, 명경과보다 더 중시되었다. 특이한 것은 무과가 거의 시행되지 않았다는 점이다. 무신들의 불만이 이만저만이 아니었을 것 같다.

한편 고려 시대에는 과거를 보지 않고도 관리가 될 수 있는 음서(蔭敍, 할아버지나 아버지의 음덕으로 관리가 되는 제도)라는 방법이 있었다. 이것은 공신과 종실의 자손, 5품 이상 관리의 자손에게 적용되었는데, 조선 시대와는 달리 사위와 외손자에게도 음서의 혜택이 주어졌다.

빈출 개념만 모아 암기하세요~!

빈출 개념 한눈에 암기하기

1. 고려의 성립과 발전

태조 왕건	• 민생 안정책: 취민유도 정책 실시, 1) 설치(빈민 구제), 훈요 10조 제시, 『정계』·『2) 』 작성 • 호족 견제 및 통합책: 기인 제도·3) 제도 실시, 역분전 지급 • 북진 정책: 서경(평양) 중시, 거란 배척(만부교 사건)
광종	'광덕'·'준풍' 연호 사용, 노비안검법 실시, 4) 실시(쌍기의 건의), 공복 제정
성종	• 최승로의 5) 수용 → 통치 체제 정비 • 체제 정비: 2성 6부 정비, 6) 설치(지방관 파견), 향리제 정비 • 거란의 1차 침입: 서희의 외교 담판 → 7) 획득)
현종	• 체제 정비: 5도·양계 지방 제도 완비 • 거란의 2차 침입: 현종의 나주 피난, 양규의 거란 격퇴 • 거란의 3차 침입: 8) 의 귀주 대첩

2. 고려의 통치 체제

중앙 통치 조직	• 2성: 중서문하성(재신과 낭사로 구성, 장관인 문하시중이 국정 총괄), 상서성(6부 관장) • 6부: 이·병·호·형·예·공부로 구성 • 어사대: 관리 감찰 • 중추원: 군사 기밀(추밀), 왕명 출납(승선) • 9) : 국방 문제 논의 • 식목도감: 법제 문제 논의 • 10) : 화폐·곡식의 출납과 회계 담당 • 대간: 중서문하성의 낭사와 어사대의 관원으로 구성, 서경·간쟁·봉박 담당
지방 행정 조직	• 5도: 안찰사 파견 → 지방 행정 담당 • 양계: 국경 지대, 11) 파견 → 적의 침입 대비
군사 제도	• 중앙군: 2군(국왕 친위 부대), 6위(수도와 국경 방어 담당) • 지방군: 주현군(5도), 12) (양계) • 특수군: 13) (거란의 침입 대비), 별무반(여진 정벌 목적)

정답 1) 흑창 2) 계백료서 3) 사심관 4) 과거제 5) 시무 28조 6) 12목 7) 강동 6주 8) 강감찬 9) 도병마사 10) 삼사 11) 병마사
12) 주진군 13) 광군

1 키워드와 관련된 것을 알맞게 연결해보세요.

① 성종　　　•　　　　　　• ㉠ 노비안검법 실시

② 태조 왕건　•　　　　　　• ㉡ 흑창 설치

③ 광종　　　•　　　　　　• ㉢ 2성 6부제 정비

2 〈보기〉에서 골라 빈칸을 채워보세요.

┌─ 보기 ─────────────────────┐
　　사심관　　　　향리제　　　　쌍기
└──────────────────────────┘

① 태조 왕건은 기인 제도와 (　　　　) 제도를 시행하였다. [33회]

② 광종은 (　　　　)의 건의를 받아들여 과거제를 시행하였다. [53·52회]

③ 고려 성종은 지방 세력 통제를 위해 (　　　　)를 정비하였다. [46회]

3 아래 표에 있는 초성을 완성해보세요.

구분	고려 시대의 군사 제도
중앙군	2ㄱ 6ㅇ 설치
지방군	주현군과 ㅈㅈㄱ으로 구성
특수군	광군(정종 때 설치), ㅂㅁㅂ(숙종 때 설치)

4 아래 기출 자료와 관련 있는 기관을 써보세요.

> 　고려의 회의 기구로 중서문하성과 중추원의 고위 관료들이 모여 주로 국방과 군사 문제를 다루었다. 대내적인 법제와 격식을 관장하는 식목도감과 함께 합의제로 운영되었다. [48회]

→ □□□□

1 [49회] 11번

다음 가상 인터뷰의 왕이 추진한 정책으로 옳은 것은? [2점]

김부를 경주의 사심관으로 임명하신 의도는 무엇인가요?

투항한 김부의 공을 치하하고, 부호장 이하의 관직 등에 대한 일을 맡게 하여 지방 세력을 견제하고자 한 것입니다.

① 흑창을 설치하여 빈민을 구제하였다.

② 양현고를 두어 장학 기금을 마련하였다.

③ 노비안검법을 시행하여 재정을 확충하였다.

④ 전국에 12목을 설치하고 지방관을 파견하였다.

⑤ 전시과 제도를 마련하여 관리에게 토지를 지급하였다.

2 [50회] 13번

밑줄 그은 '왕'의 재위 기간에 볼 수 있는 모습으로 가장 적절한 것은? [1점]

얼마 전 왕께서 친히 위봉루에 나가 과거 급제자를 발표하셨다더군.

한림학사 쌍기가 이번에 처음 치러진 과거의 지공거를 맡았다네.

① 녹과전을 지급받는 관리

② 만권당에서 책을 읽는 학자

③ 주전도감에서 화폐를 주조하는 장인

④ 노비안검법에 의해 양인으로 해방된 노비

⑤ 금속 활자로 『직지심체요절』을 인출하는 기술자

정답

1 ① ㉢ ② ㉡ ③ ㉠　　2 ① 사심관 ② 쌍기 ③ 향리제
3 2군 6위, 주진군, 별무반　4 도병마사

3

54회 11번

밑줄 그은 '왕'의 업적으로 옳은 것은? [1점]

> 왕이 "중앙의 5품 이상 관리들은 각자 봉사를 올려 시정(時政)의 잘잘못을 논하라."라고 명령하였다. 최승로가 상소하였는데 대략 다음과 같은 내용이었다. "…… 이제 앞선 5대 조정의 정치와 교화에 대해서 잘되고 잘못된 행적들을 기록하고, 거울로 삼거나 경계할 만한 것들을 삼가 조목별로 아뢰겠습니다. …… 신이 또 시무(時務) 28조를 기록하여 장계와 함께 따로 봉하여 올립니다."
> – 「고려사절요」

① 빈민을 구제하기 위해 흑창을 처음 설치하였다.
② 왕권을 강화하기 위해 노비안검법을 실시하였다.
③ 청연각과 보문각을 두어 학문 연구를 장려하였다.
④ 권문세족을 견제하기 위해 전민변정도감을 운영하였다.
⑤ 전국의 주요 지역에 12목을 설치하여 지방관을 파견하였다.

4

47회 11번

(가) 시기에 있었던 사실로 옳은 것은? [2점]

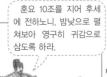  

훈요 10조를 지어 후세에 전하노니, 밤낮으로 펼쳐보아 영구히 귀감으로 삼도록 하라.

(가)

신 최승로, 시무 28조를 작성하여 장계와 함께 따로 봉하여 올립니다.

① 정방이 설치되었다.
② 별무반이 편성되었다.
③ 노비안검법이 실시되었다.
④ 독서삼품과가 시행되었다.
⑤ 정동행성 이문소가 폐지되었다.

5

44회 12번

(가), (나) 기구에 대한 설명으로 옳은 것을 〈보기〉에서 고른 것은? [2점]

이번에 (가) 의 수장인 문하시중의 자리에 오르셨다고 들었습니다. 영전을 축하드립니다.

고맙네. 자네가 (나) 에서 맡고 있는 어사대부 직책도 중요하니 열심히 하시게.

〈보기〉
ㄱ. (가) - 화폐, 곡식의 출납과 회계를 맡았다.
ㄴ. (가) - 국정을 총괄하는 최고 중앙 관서였다.
ㄷ. (나) - 원 간섭기에 도평의사사로 개편되었다.
ㄹ. (나) - 관리 임명에 대한 서경권을 행사하였다.

① ㄱ, ㄴ ② ㄱ, ㄷ ③ ㄴ, ㄷ ④ ㄴ, ㄹ ⑤ ㄷ, ㄹ

6

59회 16번

(가) 기구에 대한 설명으로 옳은 것은? [2점]

고려의 독자적 정치 기구인 (가) 에 대해 말해보자.

중서문하성의 재신과 중추원의 추밀이 참여했어.

고려 후기에 도평의사사로 개편되었어.

① 역사서 편찬과 보관을 주관하였다.
② 주로 국방과 군사 문제를 논의하였다.
③ 화폐, 곡식의 출납과 회계를 담당하였다.
④ 좌사정, 우사정의 이원적인 체제로 운영되었다.
⑤ 최우에 의해 설치되어 인사 행정을 처리하였다.

대표 기출 문제의 정답 및 문제풀이 방법을 다음 페이지에서 확인하세요. →

대표 기출 문제 정답 및 문제풀이 방법

1	2	3	4	5	6
①	④	⑤	③	④	②

1 태조 왕건

신라 경순왕
투항한 김부의 공을 치하하고, 부호장 이하의 관직 등에 대한 일을 맡게 하여 지방 세력을 견제하고자 한 것입니다.

김부를 경주의 사심관으로 임명하신 의도는 무엇인가요?

태조 왕건

①흑창을 설치하여 빈민을 구제하였다.

김부를 경주의 사심관으로 임명한 왕은 **태조 왕건**이다. 왕건은 사심관 제도를 처음으로 **실시**하여 부호장 이하의 관직 등에 대한 일을 맡게 하였다. 한편 왕건은 **흑창**을 설치하여 춘궁기에 곡식을 빌려주었다가 추수기에 갚도록 하는 방식으로 빈민을 구제하였다.

오답 체크

② **양현고**를 두어 장학 기금을 마련하였다. → **예종**
③ **노비안검법**을 시행하여 재정을 확충하였다. → **광종**
④ 전국에 **12목**을 설치하고 지방관을 파견하였다. → **성종**
⑤ **전시과** 제도를 마련하여 관리에게 토지를 지급하였다. → **경종**

✔️ 또 나올 암기 포인트

태조 왕건의 업적

정치	• 호족 견제: 기인 제도, 사심관 제도 • 북진 정책: 고구려 계승 의식, 서경 중시, 거란 배척 (만부교 사건) • 왕권 강화 정책: 훈요 10조 반포
경제· 사회	• 토지 제도: 역분전 지급 • 취민유도 정책: 세율을 1/10로 경감 • 흑창(구휼 기관) 설치
문화	『정계』, 『계백료서』 저술

2 광종 재위 시기의 사실

얼마 전 왕께서 친히 위봉루에 나가 과거 급제자를 발표하셨더군.

한림학사 쌍기가 이번에 처음 치러진 과거의 지공거를 맡았다네.

광종

④노비안검법에 의해 양인으로 해방된 노비

위봉루는 고려 시대의 누각이다. **광종**은 위봉루에서 과거 급제자를 발표하였다. 쌍기는 광종에게 과거 실시를 건의하고, 자신이 **지공거**(시험 감독관)를 맡았다. 광종은 **노비안검법**을 실시하여 억울하게 노비가 된 자들을 양인으로 해방시켰다.

오답 체크

① 녹과전을 지급받는 관리 → **원종~우왕**
② 만권당에서 책을 읽는 학자 → **충숙왕**
③ 주전도감에서 화폐를 주조하는 장인 → **숙종 이후**
⑤ 금속 활자로 『직지심체요절』을 인출하는 기술자 → **우왕**

3 성종

왕이 "중앙의 5품 이상 관리들은 각자 봉사를 올려 시정(時政)의 잘잘못을 논하라."라고 명령하였는데 대략 다음과 같은 내용이었다. "…… 이제 앞선 5대 조정의 정치와 교화에 대해서 잘되고 잘못된 행적들을 기록하고, 거울로 삼거나 경계할 만한 것들을 삼가 조목별로 아뢰겠습니다. …… 신이 또 시무(時務) 28조를 기록하여 장계와 함께 따로 봉하여 올립니다." - 『고려사절요』

성종

⑤전국의 주요 지역에 12목을 설치하여 지방관을 파견하였다.

최승로가 5대 조정의 정치와 교화(5조 정적평)를 올리고 시무 28조를 올린 왕은 **성종**이다. 성종은 전국의 주요 지역에 **12목**을 설치하여 지방관(외관)을 파견하였다.

오답 체크

① 빈민을 구제하기 위해 **흑창**을 처음 설치하였다. → **태조 왕건**
② 왕권을 강화하기 위해 **노비안검법**을 실시하였다. → **광종**
③ **청연각과 보문각**을 두어 학문 연구를 장려하였다. → **예종**
④ 권문세족을 견제하기 위해 **전민변정도감**을 운영하였다. → **공민왕**

4 태조 왕건과 성종 사이 시기의 사실

③ 노비안검법이 실시되었다. → 고려 광종

훈요 10조는 태조 왕건이 지었고, 최승로는 성종에게 시무 28조를 올렸으므로, (가)에 들어갈 수 있는 왕은 혜종, 정종, 광종, 경종이다. 광종 때는 왕권 강화를 위해 노비안검법을 실시하였다.

오답 체크
① 정방이 설치되었다. → 고려 무신 집권기
② 별무반이 편성되었다. → 고려 숙종
④ 독서삼품과가 시행되었다. → 통일 신라 원성왕
⑤ 정동행성 이문소가 폐지되었다. → 고려 공민왕

5 중서문하성과 어사대

④ ㄴ. (가) - 국정을 총괄하는 최고 중앙 관서였다.
  ㄹ. (나) - 관리 임명에 대한 서경권을 행사하였다.

문하시중이 수장인 (가) 기구는 중서문하성이다. 중서문하성은 국정을 총괄하는 최고 중앙 관서로서, 재신과 낭사로 구성되어 있다. 어사대부 직책이 있는 (나) 기구는 어사대이다. 어사대의 관원은 중서문하성의 낭사와 함께 대간을 구성하여 서경권, 간쟁권, 봉박권, 감찰권을 행사하였다.

오답 체크
ㄱ. 화폐, 곡식의 출납과 회계를 맡았다. → 삼사
ㄷ. 원 간섭기에 도평의사사로 개편되었다. → 도병마사

6 도병마사

② 주로 국방과 군사 문제를 논의하였다.

중서문하성의 재신과 중추원의 추밀이 주로 국방과 군사 문제를 다루고, 식목도감과 함께 합의제로 운영된 고려의 독자적 정치 기구는 도병마사이다. 도병마사는 원 간섭기에(충렬왕 때) 도평의사사로 확대·개편되었다.

오답 체크
① 역사서 편찬과 보관을 주관하였다. → 춘추관(조선)
③ 화폐, 곡식의 출납과 회계를 담당하였다. → 삼사(고려)
④ 좌사정, 우사정의 이원적인 체제로 운영되었다. → 6부(발해)
⑤ 최우에 의해 설치되어 인사 행정을 처리하였다. → 정방(고려)

✓ 또 나올 암기 포인트
도병마사와 식목도감

도병마사	• 구성: 재신과 추밀 • 국방 문제를 결정하는 회의 기구(고려 후기에 도평의사사로 확대·개편)
식목도감	• 구성: 재신과 추밀 • 대내적인 법제나 각종 격식을 다루던 회의 기구

11강 문벌 귀족 사회와 무신 정권의 성립

문벌 귀족은 '가문의 영광'을 누리던 귀족들입니다. 과거로 등장하여 처음에는 개혁적이었으나, 점차 보수화되고 사대화되어 갔습니다. 보다 못해 무신들이 반란을 일으켜 무신 정권을 세웠습니다. 문벌 귀족 사회가 붕괴한 원인과 무신들이 정권을 유지하기 위해 세운 기구에 대해 살펴봅시다.

이자겸의 가계도 ▶

1 문벌 귀족 사회의 성립과 동요

┃ 이자겸이 난을 일으키다

제17대 왕은 **인종**(1122~1146)이다. 인종은 예종과 이자겸의 둘째 딸 사이에서 태어났다. 그리고 이자겸의 셋째 딸, 넷째 딸과 결혼했다. 말하자면 인종은 이모들과 결혼을 한 것이다. 인종의 입장에서 이자겸은 외할아버지이자 장인어른이었다. 이렇게 **이자겸은 왕실의 외척이 되어 권력을 독점**하였다.

> 이자겸의 권세와 총애가 나날이 커지니, …… 남의 토지를 강탈하고 종들을 풀어 백성들의 수레와 말을 빼앗아 자기의 물건을 실어 나르니, 힘없는 백성들은 모두 수레를 부수고 소와 말을 팔아 치우느라 도로가 소란스러웠다.
>
> – 『고려사』 38회

이에 인종은 이자겸을 제거하려고 계획하였다. 그런데 그 계획을 먼저 알아버린 **이자겸은 척준경과 함께 난을 일으켰다**(1126). 이자겸과 척준경은 궁궐에 불을 지르고 왕의 측근들을 죽였다. 이자겸은 인종을 자기 집에 두고 국사를 제멋대로 처리했다. 때마침 금(金, 여진족이 세운 나라)이 고려 정부에 군신(君臣, 임금과 신하) 관계를 요구했는데, 이런 금의 사대 요구를 받아들인 것도 이자겸이었다(1126). 그러나 인종은 이자겸의 난을 진압하고, 이자겸의 '손아귀'에서 벗어나 정치 개혁을 시작했다.

┌ 기출 핵심 키워드 암기 ┐

인종 – 왕실의 외척인 [ㅇㅈㄱ] 이 권력을 독점하였다. [55·36회]

겸자이 **답장**

묘청이 난을 일으키다

이자겸의 난이 진압된 이후에 승려 묘청(妙淸)은 개경의 지덕이 쇠약하므로 지덕이 왕성한 서경으로 천도해야 한다고 주장했다. 개경에 있는 궁궐이 불에 타버려 이 주장은 더욱 힘을 얻었다. **묘청 등의 서경파가 서경 길지설, 칭제건원, 금국 정벌을 주장**하자, 인종은 이것을 받아들여 서경의 임원역에 **대화궁(大花宮)**을 짓고 천도를 준비하였다(1129).

기출 한 컷 [27회]

> 묘청 등이 왕에게 말하기를, "신들이 보건대 서경의 임원역은 음양가들이 말하는 대화세(大華勢)이니 만약 이곳에 궁궐을 세우고 옮기시면 천하를 병합할 수 있을 것이요, 금이 공물을 바치고 스스로 항복할 것입니다."라고 하였다.
> – 「고려사」 [42회]

그러나 김부식 등의 개경파가 유교 이념 충실, 민생 안정 등을 이유로 천도를 반대하자, 결국 인종도 서경 천도 계획을 포기하였다. 서경 천도 계획이 무산되자 묘청은 **국호를 대위(大爲), 연호를 천개(天開)**라 하여, 서경에서 반란을 일으켰다(1135). 그러나 김부식이 서경의 반란군을 진압하기 위해 출정하였으며, 김부식이 이끈 관군의 공격으로 약 1년 만에 진압되고 말았다.

일제 강점기에 활동한 **신채호**는 자신의 책 『조선사연구초』에서 묘청의 난을 '**조선 역사상 일천년래 제일 대사건**'이라고 평가하였다(1929). 그는 묘청의 난을 진취 사상 대 보수 사상의 싸움으로 보았는데, 진취 사상이 패하고 보수 사상이 승리하면서 우리 역사가 사대적·보수적으로 전개되었다고 이해하였다.

기출 핵심 키워드 암기

① 인종 – ☐☐ 이 칭제 건원과 금국 정벌을 주장하였다. [39·34회]
② 인종 – ☐☐☐ 이 서경의 반란군을 진압하기 위해 출정하였다. [49·40회]

정답 ① 묘청 ② 김부식

---

② 무신 정권의 성립과 동요

무신 정변이 일어나다

제18대 왕은 인종의 맏아들인 **의종(1146~1170)**이다. 이자겸의 난과 묘청의 난을 겪은 고려는 매우 혼란한 상황이었다. 그런데 의종은 측근 세력만을 키우며 향락에 빠져 실정(失政, 정치를 잘못함)을 거듭했다. 그러면서 글을 숭상하고 무예를 천시하는 **숭문천무(崇文賤武)의 풍조**로 인해 문신 중심의 정치가 운영되고 무신들은 차별받고 있었다.

어느 날 의종은 **보현원(普賢院)**이라는 곳에서 술을 마시고 있다가 무신들의 최고 그룹 중의 한 명이었던 대장군 이소응에게 수박희를 시켰다. 그런데 정3품의 이소응이 낮은 지위의 무신에게 져서 달아나려고 하자, 종5품의 문신 한뢰가 이소응의 뺨을 때렸다.

문신의 관을 쓴 자들을 죽이고 우리 무신이 권력을 차지하자!

정중부

기출 한 컷 [27회]

이 사건으로 인해 지금까지 쌓여왔던 무신들의 불만이 한꺼번에 터져 나왔다. 그래서 **정중부, 이의방 등의 무신들은 바로 정변을 일으켜 권력을 장악**하였다(1170). 많은 문신들이 죽었고, 왕이었던 **의종은 폐위되어 거제도로 추방**되었다.

무신 정권, 정중부가 집권하다

제19대 왕은 의종의 친동생 **명종**(1170~1197)이다. 명종은 즉위 직후 정중부 등을 높은 관직에 기용하고, 문·무 관직을 정중부 일파가 바라는 대로 임명했다. 왕은 그야말로 허수아비였다.

무신 정권이 출범하자, 반(反)무신란이 여기저기에서 일어났다. 그중 대표적인 것은 **김보당의 난**이다(1173). 동북면 병마사 김보당은 거제도에 유배되어 있던 의종을 복위시키려고 했다. 그러나 이 반란은 금방 진압되었으며, 김보당은 처형되고 의종도 무신 이의민에 의해 죽었다.

> 동북면 병마사 간의대부 김보당이 동계(東界)에서 군사를 일으켜, 정중부와 이의방을 토벌하고 전왕(前王)을 복위시키려고 하였다. …… 동북면 지병마사 한언국이 장순석 등에게 거제(巨濟)로 가서 전왕을 받들어 계림에 모시게 하였다.
> – 『고려사』 [49회]

그다음 해에는 지금의 평양 지역에서 서경 유수 **조위총이 반란을 일으켜 정중부 등의 제거를 도모**하였다(1174). 곧이어 공주 명학소에서 **망이·망소이가 가혹한 수탈에 저항하여 봉기**하였다(1176). 정부는 아직 조위총의 난을 진압하지 못해 어려움을 겪고 있는 상황이어서, 망이·망소이의 난에는 회유책을 쓰기로 했다. 그 결과 공주 명학소는 충순현이라는 일반 군현으로 승격되었다.

▌ 무신 정권, 경대승이 집권하다

무신 정권에 큰 변화가 일어났다. 정중부 일파에 불만을 가지고 있던 경대승이 정중부를 제거한 것이다(1179). '청년 장군 경대승'이 '정중부 어르신'을 죽인 이 사건은 많은 사람들에게 충격을 주었다. 이후 경대승은 정중부 세력에 의해 줄곧 살해 위협에 시달렸다. 경대승은 신변 보호를 위해 사병 집단인 **도방(都房)을 설치**하였다. 용사(勇士) 100명이 교대로 경대승을 지켰다. 그러나 그는 집권 5년 만에 만 30세의 나이로 죽고 말았다.

▌ 무신 정권, 이의민이 집권하다

경대승이 죽자, 도방은 해체되었고, 경대승을 피해 경주에 내려가 있던 이의민이 개경으로 올라와 실권을 장악하였다(1183). 이의민은 '천민'이었다. 무신 정권기에는 이렇게 천민도 최고 권력자가 될 수 있었다.

이의민이 집권했을 때 무신 정권기 최대의 반란이 일어났다. 김사미가 운문(지금의 경상북도 청도군)에서, 효심이 초전(지금의 울산)에서 신분 해방과 신라 부흥을 외치며 반란을 일으켰다(1193). 그런데 이의민은 이 반란을 진압하는 제스처만 취하고, 실제로는 반란군과 내통하고 있다는 의혹을 받았다.

기출 핵심 키워드 암기

이의민 집권기 – ⬜ㄱㅅㅁ⬜ 와 ⬜ㅎㅅ⬜ 이 가혹한 수탈에 저항하여 봉기하였다. [46회]

정답: 김사미, 효심

▌ 무신 정권, 최충헌이 집권하다

최충헌(1149~1219) 세력은 김사미·효심의 난을 진압하고, 이 반란을 제대로 진압하지 않고 있는 이의민도 살해하였다(1196). 이렇게 최씨 정권이 출범했다. **최씨 정권**은 최충헌, 최우, 최항, 최의로 이어진다. 100년간의 무신 정권 안에 60여 년의 최씨 정권이 있는 것이다.

최충헌은 집권하자마자 명종에게 **봉사 10조(封事十條)**를 올려 시정 개혁을 건의하였다(1196). 의종을 죽인 이의민을 '적신(賊臣)'이라고 비난하며 '새로 지은 궁궐에 들어갈 것' 등을 주장했는데, 명종은 이런 요구들에 응하려 하지 않았다.

결국 최충헌은 명종을 내쫓고 명종의 동생을 왕으로 세웠는데, 그가 바로 제20대 왕 **신종**(1197~1204)이다. 사실 의종, 명종, 신종은 모두 형제이다. 엄마도 같다. 명종은 형이 정중부에 의해 유배 가는 것을 봐야 했고, 신종은 형이 최충헌에 의해 폐위되는 것을 봐야 했다. 신종 때 최충헌의 노비 만적이 개경에서 신분 해방을 도모하며 난을 일으켰다(1198). 만적은 무신 정권기에 공경대부(公卿大夫)가 노예 계급에서도 많이 나왔으니, 장군이나 재상이 되는 씨가 따로 있지 않다고 주장하였다.

제21대 왕은 신종의 맏아들 **희종**(1204~1211)이다. 집권자는 여전히 최충헌이었다. 최충헌은 자신과 아들을 살해하려는 사건이 고발되자, 관련자를 색출하기 위해서 **교정도감(敎定都監)을 설치**하였다(1209). **교정도감**은 **점차 국정을 총괄하는 기구로 부상**하였으며, 최충헌은 스스로 그 장관인 **교정별감(敎定別監)이 되어 국정 전반을 장악**하였다.

기출 핵심 키워드 암기

① 최충헌 집권기 – [ㅁㅈ]이 개경에서 신분 해방을 도모하였다. [46·43회]
② 최충헌 집권기 – [ㄱㅈㄷㄱ]이 국정을 총괄하는 기구로 부상하였다. [46회]
③ 최충헌 – [ㄱㅈㅂㄱ]이 되어 국정 전반을 장악하였다. [51·50회]

정답 ① 만적 ② 교정도감 ③ 교정별감

무신 정권, 최우가 집권하다

최충헌에 이어 실권을 잡은 인물은 최충헌의 아들 **최우**였다(1219). 최우(?~1249)는 나라 안에 도적이 많은 것을 염려하여 야별초(夜別抄)를 만들었다. 야별초는 좀도둑만이 아니라, 최씨 정권에 저항하는 세력들도 그 대상으로 삼았다. 야별초는 점점 규모가 커져서 **좌별초**와 **우별초**로 분리되었는데, 최우는 여기에 '몽골군에게 포로로 잡혀갔다가 탈출하여 돌아온 자들'로 조직된 **신의군**을 더하여 **삼별초를 조직**하였다. 삼별초는 최씨 무신 정권의 군사적 기반이 되었다. 또한 최우는 자기의 집에 **정방(政房)을 설치**하여 문관 인사와 무관 인사를 담당하게 하였고(1225), **서방(書房)을 설치**하여 고문 역할을 하게 하였다(1227).

기출 핵심 키워드 암기

① 최우 집권기 – 좌·우별초와 신의군으로 [ㅅㅂㅊ]를 조직하였다. [56·41회]
② 최우 집권기 – 최우가 [ㅈㅂ]을 설치하여 인사권을 장악하였다. [51회]

정답 ① 삼별초 ② 정방

빈출 개념만 모아 암기하세요~!

빈출 개념 한눈에 암기하기

1. 문벌 귀족 사회의 성립과 동요

이자겸의 난	• 배경: 이자겸이 왕실의 외척이 되어 권력 독점 • 전개: 인종이 이자겸 제거 시도 → 이자겸이 [1] 과 함께 난을 일으킴 → 인종이 이자겸의 난을 진압함

묘청의 난	• 배경: 묘청 등 서경파가 [2] 천도, 칭제건원, 금국 정벌 주장
	• 전개: [3] 등 개경파의 반대로 서경 천도 실패
	  → 묘청이 국호를 대위, 연호를 천개라 하며 난을 일으킴
	  → 김부식이 이끄는 관군에 의해 진압됨
	• 의의: [4] 가 '조선 역사상 일천년래 제일 대사건'으로 평가함

2. 무신 정권의 성립과 동요

배경		의종의 향락, 숭문천무 풍조
성립		[5] ·이의방 등이 보현원에서 정변을 일으켜 권력을 장악함(무신 정변) → 의종 폐위
전개	정중부	김보당의 난, 조위총의 난, [6] 의 난(공주 명학소)
	경대승	도방 설치(사병 집단)
	이의민	김사미·효심의 난
	최충헌	봉사 10조 제시(시정 개혁 건의), [7] 설치(국정 총괄 기구로 부상), 교정별감이 되어 국정 장악, [8] 의 난(신분 해방 주장)
	최우	[9] 조직(좌별초·우별초·신의군), [10] 설치(인사권 장악), 서방 설치

정답 1) 척준경 2) 서경 3) 김부식 4) 신채호 5) 정중부 6) 망이·망소이 7) 교정도감 8) 만적 9) 삼별초 10) 정방

III. 고려 귀족

해커스 이명호 스토리로 암기하는 한국사능력검정시험 심화 상

실전 연습

퀴즈

1 키워드와 관련된 것을 알맞게 연결해보세요.

① 최충헌 집권기 •　　　　　• ㉠ 김보당의 난

② 정중부 집권기 •　　　　　• ㉡ 만적의 난

③ 이의민 집권기 •　　　　　• ㉢ 김사미·효심의 난

2 〈보기〉에서 골라 빈칸을 채워보세요.

| 보기 |
| 도방　　　　　정방　　　　　교정도감 |

① (　　　　)은 경대승이 신변 보호를 위해 만든 사병 조직이다. [38·36회]

② 최충헌 집권기에 국정을 총괄하는 기구로 (　　　　)이 설치되었다. [55회]

③ 최우가 인사 행정 담당 기구로 (　　　　)을 설치하였다. [51·49회]

3 아래 표에 있는 초성을 완성해보세요.

구분	묘청의 난
배경	묘청 등이 ㅅㄱ 천도를 주장하였으나 김부식 등의 반대로 실패함
전개 및 결과	묘청이 국호를 대위, 연호를 ㅊㄱ라 하며 난을 일으킴 → 김부식이 이끄는 관군에 의해 진압됨
의의	일제 강점기의 역사학자인 ㅅㅊㅎ가 '조선 역사상 일천년래 제일 대사건'으로 평가함

4 아래 기출 자료와 관련 있는 사건을 써보세요.

　　왕의 장인이자 외조부로서 권세가 하늘을 찌르던 ○○○이/가 난을 일으켰다. 그의 위세에 위협을 느끼던 내사 김찬, 상장군 최탁 등이 암살을 시도하였으나, 오히려 그의 일파인 척준경 등이 군사를 일으켜 반격하면서 난이 시작된 것이다. [31회]

 → □□□□□

대표 기출 문제

1 [31회] [20번]

다음 사건에 대한 탐구 활동으로 가장 적절한 것은? [2점]

> ### 역 사 신 문
> 제△△호　　　　　○○○○년 ○○월 ○○일
>
> **개경의 궁궐이 불타고 왕이 피신하다**
>
> 　왕의 장인이자 외조부로서 권세가 하늘을 찌르던 ○○○이/가 난을 일으켰다. 그의 위세에 위협을 느끼던 내시 김찬, 상장군 최탁 등이 암살을 시도하였으나, 오히려 그의 일파인 척준경 등이 군사를 일으켜 반격하면서 난이 시작된 것이다. 이들이 궁궐에 불을 지르고 국왕이 변란을 피해 달아나면서 정국은 혼란에 빠졌다.

① 강화도로 천도하게 된 배경을 살펴본다.

② 강감찬이 나성 축조를 건의한 의도를 분석한다.

③ 만적이 개경에서 반란을 모의한 이유를 알아본다.

④ 금의 군신 관계 요구를 수용한 인물에 대해 조사한다.

⑤ 공민왕이 개혁 정책을 추진한 시기의 국제 정세를 파악한다.

2 [47회] [14번]

다음 상황이 나타난 시기를 연표에서 옳게 고른 것은? [2점]

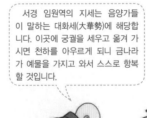 서경 임원역의 지세는 음양가들이 말하는 대화세(大華勢)에 해당합니다. 이곳에 궁궐을 세우고 옮겨 가시면 천하를 아우르게 되니 금나라가 예물을 가지고 와서 스스로 항복할 것입니다.

 짐이 서경에 행차하여 지세를 살펴 보도록 하겠노라.

936		1018		1126		1170		1270		1359
	(가)		(나)		(다)		(라)		(마)	
후삼국 통일		거란의 3차 침입		이자겸의 난		무신 정변		개경 환도		홍건적의 침입

① (가)　　② (나)　　③ (다)　　④ (라)　　⑤ (마)

3

다음 대화에 나타난 사건에 대한 설명으로 옳은 것은?

[2점]

서경 천도와 금국 정벌을 주장하며 일어났어.

연호를 천개로 하는 대위국이 선포되었어.

신채호는 '조선 역사상 일천년래 제일 대사건'으로 평가하였어.

① 국왕이 나주까지 피란하였다.
② 초조대장경 간행의 계기가 되었다.
③ 김부식 등이 이끈 관군에 의해 진압되었다.
④ 이성계가 정권을 장악하는 결과를 가져왔다.
⑤ 여진 정벌을 위한 별무반 편성에 영향을 주었다.

4

다음 사건이 일어난 시기를 연표에서 옳게 고른 것은?

[2점]

> ○ 명학소의 백성 망이·망소이 등이 무리를 모아서 산행병마사라고 자칭하고는 공주를 공격하여 함락하였다.
> ○ 망이의 고향인 명학소를 충순현으로 승격시키고 양수탁을 현령으로, 김윤실을 현위로 임명하여 그들을 달래었다.

1104	1126	1135	1170	1231	1270
(가)	(나)	(다)	(라)	(마)	
별무반 조직	이자겸의 난	묘청의 난	무신 정변	몽골의 침입	개경 환도

① (가)　② (나)　③ (다)　④ (라)　⑤ (마)

5

(가), (나) 사이의 시기에 있었던 사실로 옳은 것은?　[2점]

> (가) 동북면 병마사 간의대부 김보당이 동계(東界)에서 군대를 일으켜, 정중부와 이의방을 토벌하고 전왕(前王)을 복위시키려고 하였다. …… 동북면 지병마사 한언국이 장순석 등에게 거제(巨濟)로 가서 전왕을 받들어 계림에 모시게 하였다.
> (나) 만적 등이 노비들을 불러 모아서 말하기를, "장군과 재상에 어찌 타고난 씨가 있겠는가? 때가 되면 누구나 할 수 있는 것이다."라고 하였다. …… 만적 등 100여 명이 체포되어 강에 던져졌다.

① 웅천주 도독 김헌창이 반란을 일으켰다.
② 최우가 인사 행정 담당 기구로 정방을 설치하였다.
③ 이자겸과 척준경이 반란을 일으켜 궁궐을 불태웠다.
④ 최충헌이 봉사 10조를 올려 시정 개혁을 건의하였다.
⑤ 김부식이 서경의 반란군을 진압하기 위해 출정하였다.

6

다음 사건 이후에 일어난 사실로 옳은 것은?　[1점]

> 만적 등 6명이 북산에서 땔나무를 하다가, 공사(公私)의 노복들을 불러 모아 모의하며 말하기를, "국가에서 경인년과 계사년 이래로 높은 관직도 천예(賤隷)에서 많이 나왔으니, 장상(將相)에 어찌 씨가 있겠는가? 때가 되면 (누구나) 차지할 수 있는 것이다. 우리들이라고 어찌 뼈 빠지게 일만 하면서 채찍 아래에서 고통만 당하겠는가?"라고 하였다. 여러 노(奴)들이 모두 그렇다고 하였다. …… 가노(家奴) 순정이 한충유에게 변란을 고하자 한충유가 최충헌에게 알렸다. 마침내 만적 등 100여 명을 체포하여 강에 던졌다.

① 묘청이 서경 천도를 주장하였다.
② 쌍기가 과거제의 시행을 건의하였다.
③ 왕실의 외척인 이자겸이 난을 일으켰다.
④ 정중부가 반란을 일으켜 권력을 차지하였다.
⑤ 최우가 정방을 설치하여 인사권을 장악하였다.

대표 기출 문제의 정답 및 문제풀이 방법을 다음 페이지에서 확인하세요. ➜

해커스 이명호 스토리로 암기하는 한국사능력검정시험 심화 상

대표 기출 문제 ⟩ 정답 및 문제풀이 방법

1	2	3	4	5	6
④	③	③	④	④	⑤

1 이자겸의 난

역사신문

제△△호　　　　　　　○○○○년 ○○월 ○○일

개경의 궁궐이 불타고 왕이 피신하다

왕의 장인이자 외조부로서 권세가 하늘을 찌르던 ○○○이/가 난을 일으켰다. 그의 위세에 위협을 느끼던 내시 김찬, 상장군 최탁 등이 암살을 시도하였으나, 오히려 그의 일파인 척준경 등이 군사를 일으켜 반격하면서 난이 시작된 것이다. 이들이 궁궐에 불을 지르고 국왕이 변란을 피해 달아나면서 정국은 혼란에 빠졌다.

④ **금의 군신 관계 요구를 수용한 인물에 대해 조사한다.**

왕(인종)의 장인이자 외조부였으며, 척준경과 함께 반란을 일으킨 인물은 이자겸이다. 이자겸은 금의 군신 관계 요구를 수용한 대표적인 인물이므로, 탐구 활동으로 적절하다.

오답 체크

① 강화도로 천도하게 된 배경을 살펴본다. → **몽골의 침입**
② 강감찬이 나성 축조를 건의한 의도를 분석한다.
　→ **거란의 침입에 대비**
③ 만적이 개경에서 반란을 모의한 이유를 알아본다.
　→ **무신 정권 시기 하극상의 풍조**
⑤ 공민왕이 개혁 정책을 추진한 시기의 국제 정세를 파악한다.
　→ **원·명 교체기**

✔️ **또 나올 암기 포인트**

이자겸의 난(1126)

배경	이자겸이 인종과 자신의 딸을 혼인시켜 권력을 독점
전개	인종이 이자겸을 제거하려고 하자 이자겸이 먼저 척준경과 함께 난을 일으켜 왕위 찬탈 시도 → 인종이 척준경을 회유해 이자겸 제거 → 이후 척준경도 제거하면서 이자겸의 난 종결
결과	왕실의 권위 위축, 서경 천도설 대두

2 묘청의 서경 천도 운동

936		1018		1126		1170		1270		1359
	(가)		(나)		(다)		(라)		(마)	
후삼국 통일		거란의 3차 침입		이자겸의 난		무신 정변		개경 환도		홍건적의 침입

③ **(다)**

'서경 임원역의 지세'를 대화세(大華勢, 명당 중의 명당)라고 하며 이곳에 궁궐(대화궁)을 짓자는 주장은 묘청의 서경 천도 운동으로, 이자겸의 난(1126)과 무신 정변(1170) 사이에 전개되었다. 그러므로 해당 상황은 (다)에 들어갈 수 있다.

3 묘청의 난

③ **김부식 등이 이끈 관군에 의해 진압되었다.**

서경 천도와 금국 정벌을 주장하였고, 연호를 천개, 국호를 대위라고 하였으며, 신채호가 『조선사연구초』에서 '조선 역사상 일천년래 제일 대사건'으로 평가한 사건은 묘청의 난이다(1135). 묘청의 난은 김부식이 이끈 관군의 공격으로 약 1년 만에 진압되고 말았다.

오답 체크

① 국왕이 나주까지 피란하였다. → **거란의 2차 침입**
② 초조대장경 간행의 계기가 되었다. → **거란의 2차 침입**
④ 이성계가 정권을 장악하는 결과를 가져왔다. → **위화도 회군**
⑤ 여진 정벌을 위한 별무반 편성에 영향을 주었다. → **여진의 성장**

4 망이·망소이의 난

○ 명학소의 백성 망이·망소이 등이 무리를 모아서 산행병마사라고 자칭하고는 공주를 공격하여 함락하였다.

└→ 망이·망소이의 난

○ 망이의 고향인 명학소를 충순현으로 승격시키고 양수탁을 현령으로, 김윤실을 현위로 임명하여 그들을 달래었다.

④ (라)

망이·망소이의 난은 무신 집권기 초기인 명종 때 일어난 반란이다(1176). 무신 정변으로 명종이 즉위하였고(1170), 무신 정권 후반기인 고종 때부터 몽골이 침입하기 시작하였으므로(1231), 명종 때 일어난 망이·망소이의 난은 (라)에 들어간다.

5 김보당의 난과 만적의 난 사이의 사실

(가) 동북면 병마사 간의대부 김보당이 동계(東界)에서 군대를 일으켜, 정중부와 이의방을 토벌하고 전왕(前王)을 복위시키려고 하였다. …… 동북면 지병마사 한언국이 장순석 등에게 거제(巨濟)로 가서 전왕을 받들어 계림에 모시게 하였다.

→ 김보당의 난 (정중부 집권기)

(나) 만적 등이 노비들을 불러 모아서 말하기를, "장군과 재상에 어찌 타고난 씨가 있겠는가? 때가 되면 누구나 할 수 있는 것이다."라고 하였다. …… 만적 등 100여 명이 체포되어 강에 던져졌다.

→ 만적의 난 (최충헌 집권기)

④ 최충헌이 봉사 10조를 올려 시정 개혁을 건의하였다.

→ 최충헌 집권 직후

(가)는 동북면 병마사 간의대부 김보당이 일으킨 김보당의 난이다(1173). (나)는 '장군과 재상에 어찌 타고난 씨가 있겠는가?'라고 외치는 만적의 난이다(1198). (가), (나) 사이의 시기에 최충헌이 명종에게 봉사 10조를 올려 시정 개혁을 건의하였다(1196).

오답 체크

① 웅천주 도독 김헌창이 반란을 일으켰다. → 신라 하대, (가) 이전

② 최우가 인사 행정 담당 기구로 정방을 설치하였다.
→ 고려 최우 집권기, (나) 이후

③ 이자겸과 척준경이 반란을 일으켜 궁궐을 불태웠다.
→ 고려 문벌 귀족 집권기, (가) 이전

⑤ 김부식이 서경의 반란군을 진압하기 위해 출정하였다.
→ 고려 문벌 귀족 집권기, (가) 이전

6 만적의 난 이후의 사실

— 만적 등 6명이 북산에서 땔나무를 하다가, 공사(公私)의 노복들을 불러 모아 모의하며 말하기를, "국가에서 경인년과 계사년 이래로 높은 관직도 천예(賤隸)에서 많이 나왔으니. 장상(將相)에 어찌 씨가 있겠는가? 때가 되면 (누구나) 차지할 수 있는 것이다. 우리들이라고 어찌 뼈 빠지게 일만 하면서 채찍 아래에서 고통만 당하겠는가?"라고 하였다. 여러 노(奴)들이 모두 그렇다고 하였다. …… 가노(家奴) 순정이 한충유에게 변란을 고하자 한충유가 최충헌에게 알렸다. 마침내 만적 등 100여 명을 체포하여 강에 던졌다.

→ 만적의 난(최충헌 집권기)

⑤ 최우가 정방을 설치하여 인사권을 장악하였다.

→ 정방 설치(최우 집권기)

만적 등이 '장상에 어찌 씨가 있겠는가?'라고 외치며 일으킨 반란은 만적의 난이다(1198). 만적의 난은 최충헌 집권기에 발생하였다. 최충헌에 이어 무신 정권의 최고 권력자가 된 **최우**는 **정방**을 설치하여 문무 관직에 대한 인사권을 장악하였다.

오답 체크

① 묘청이 서경 천도를 주장하였다. → **묘청의 서경 천도 운동(인종)**

② 쌍기가 과거제의 시행을 건의하였다. → **과거제 시행(광종)**

③ 왕실의 외척인 이자겸이 난을 일으켰다. → **이자겸의 난(인종)**

④ 정중부가 반란을 일으켜 권력을 차지하였다. → **무신 정변(의종)**

✔️ **또 나올 암기 포인트**

무신 집권기 하층민의 봉기

망이·망소이의 난	특수 행정 구역(소)에 대한 차별 철폐를 주장하며 공주 명학소에서 봉기함
김사미·효심의 난	신라 부흥을 표방하며 일어난 고려 최대 규모의 농민 봉기
만적의 난	• 최충헌의 사노비인 만적이 개경의 공·사 노비를 모아 반란을 모의 • 신분 해방을 넘어 정권 탈취까지 목표로 한 반란

12강 고려의 대외 관계

고려의 역사는 '외세 침입의 역사'입니다. 고려 초기에는 거란족이 쳐들어왔고, 중기에는 여진족과 대립하였습니다. 무신 정권기 후반에는 몽골족이 쳐들어왔고, 말기에는 홍건적과 왜구의 침입이 이어졌습니다. 숱한 침략에도 불구하고 굳건히 오백 년을 지켜온 고려! 정말 대단하지 않습니까?

삼별초의 항쟁 ▶

① 고려 초기 거란의 침입과 격퇴

▌거란의 침입을 격퇴하다

만부교 사건 이후 이를 갈고 있었던 거란은 고려를 세 번이나 침공했다. 성종(981~997) 때 거란의 소손녕이 압록강을 건너 침공하였다(993, 1차 침입). **소손녕**은 자신들이 고구려 계승 국가라면서, 당시 고려가 차지하고 있는 땅의 일부가 옛 고구려 땅이므로 돌려달라고 요구했다. 그러나 서희(942~998)는 고려(高麗)가 고구려(高句麗)를 계승한 국가이며, 고려는 거란과 친하게 지내고 싶지만 중간에 여진이 끼어 있어서 어렵다는 논리를 폈다. 서희의 외교 담판으로 고려는 압록강 동쪽의 흥화진, 용주, 통주 등 **강동 6주를 획득**하였다.

목종(997~1009) 말기에 **강조의 정변**이 일어났다(1009). 서북면 도순검사였던 강조가 김치양 일파를 숙청하고, 목종까지 시해한 사건이다. 강조의 정변으로 **현종**(1009~1031)이 왕위에 올랐다. 현종이 즉위하자마자 거란이 다시 쳐들어왔다(1010, 2차 침입). 강조가 목종을 죽인 것에 복수한다면서 거란의 성종이 직접 군대를 이끌고 쳐들어온 것이다. 이에 양규가 흥화진 전투를 승리로 이끌며 완강히 저항하였으나, 결국 개경까지 점령되고 말았다. 새로 왕이 된 현종도 거란의 침략을 피해 나주로 피난을 갈 수밖에 없었다. 고려는 거란의 침입을 불교의 힘으로 막기 위해 초조대장경 판각을 시작했다(1011).

2차 침입 8년 후, 거란의 소배압이 쳐들어왔다(1018, 3차 침입). 이번에는 **강감찬이 귀주에서 거란군을 크게 이겼다**(1019).

고려는 거란과의 전쟁이 끝난 후에 **개경에 나성(개경 주위에 도성을 에워싼 이중 성벽)을 축조**하여 수도 수비를 강화했다(1029). 그리고 덕종(1031~1034)과 정종(1034~1046)에 걸쳐 **압록강에서 도련포에 이르는 천리장성을 완성**하였다.

2 고려 중기 여진 정벌과 금의 사대 요구 수용

▎별무반을 편성하고 여진을 정벌하다

윤관은 여진을 정벌하러 갔다가 여진의 기병 부대에 당하여 패배하고 돌아왔다. **윤관**은 **숙종**(1095~1105)에게 건의하여 **신기군, 신보군, 항마군 등으로 구성된 별무반**(別武班)이라는 새로운 군대를 만들었다(1104). 신기군은 여진족에 대항하기 위한 기병 부대이고, 신보군은 보병 부대이며, 항마군은 승려 출신으로 구성된 부대였다.

여진족을 정벌하기 위해 별무반을 편성할 것이다!

윤관

📽️**기출 한 컷** [36회]

　　예종(1105~1122) 때 윤관은 고려 동북쪽의 **여진을 정벌하고 그 일대에 동북 9성을 쌓았다**(1107). 윤관은 동북 9성을 설치한 후 고려의 경계를 알리는 비석을 세웠는데, 그 역사적 사실은 척경입비도(拓境立碑圖)에 잘 나타나 있다. 그러나 고려는 조공을 바치겠다는 여진의 약속을 받고 동북 9성을 돌려주었다(1109).

▎여진이 금을 건국하고 사대 관계를 요구하다

여진은 점점 세력을 키워 금(金)을 건국하였다(1115). 인종(1122~1146) 때, 금(金)은 고려에 **군신 관계**를 요구하였다. 이로 인해 고려에서는 '사대 – 자주'의 논쟁이 발생했으나 결국 **이자겸**이 금의 사대 요구를 수락하였다(1126).

해커스 이명호 스토리로 암기하는 한국사능력검정시험 심화 상

Ⅲ. 고려 시대

3 무신 집권기 몽골의 침입과 대몽 항쟁

몽골과의 관계가 악화되다

고려는 강동성(지금의 평양 근처)까지 침입한 거란을 격퇴하는 과정에서 몽골을 만나게 되었다. 포위된 거란을 앞에서는 고려가 치고, 뒤에서는 몽골이 쳐서 격퇴하였다(1219). 그런데 몽골은 거란 축출의 대가로 과도한 공물을 고려에 요구하였다. 고려가 몽골의 요구에 미온적인 태도를 보이고 있을 때, 고려를 방문했던 몽골 사신 **저고여**가 귀국길에 피살당하는 사건이 발생했다(1225). 몽골은 저고여 피살을 구실로 고려를 여섯 차례에 걸쳐 침입하였다.

몽골이 6차례 침입하다

고종(1213~1259) 때, 몽골은 살리타(살례탑)를 장수로 하여 고려를 침입하였다(1231, 1차 침입). 서북면 병마사 박서의 귀주성 싸움으로 귀주는 지켜냈지만, 다른 전투에서는 거의 패배하였다. 당시 집권자였던 최우는 **강화도로 수도를 옮겨 몽골군에 대항하였다**(1232).

> 최우가 왕에게 아뢰어 속히 대전(大殿)에서 내려와 서쪽 강화도로 행차할 것을 청하였으나, 왕이 망설이고 결정하지 못하였다. 최우가 녹전거(祿轉車) 100여 대를 빼앗아 집안의 재물을 강화도로 옮기니, 수도가 흉흉하였다.
>
> – 『고려사절요』 46회

몽골은 개경 환도 등을 요구하며 다시 침입하였다(1232, 2차 침입). 그러나 승려 **김윤후**가 **처인성**(지금의 용인)에서 몽골군을 격퇴하였으며, 이때 **살리타**가 김윤후의 화살에 맞아 죽었다. 장수를 잃은 몽골군은 어쩔 수 없이 퇴각하였으나, 이때 대구 부인사에 보관되어 있던 **초조대장경이 소실**되었다.
3차 침입 때(1235), 최우는 부처의 힘을 빌려 외침을 막고자, 대장도감을 설치하고 **팔만대장경 조판에 착수**하였다(1236). 이때 경주도 공격당하여 **황룡사 9층 목탑이 소실**되었다(1238).
몽골이 다시 쳐들어왔을 때, 충주산성 방호별감이 된 **김윤후**가 몽골군을 격퇴하였다(1253, 5차 침입). 몽골의 마지막 침입 때, 몽골과 고려는 6년 간이나 전투를 해야 했다(1254~1259, 6차 침입). 이때 **충주 다인철소**에서 주민들이 몽골군을 격파하여, 다인철소가 일반 군현으로 승격되기도 하였다.

기출 핵심 키워드 암기

① 최우 – ㄱㅎㄷ 로 도읍을 옮겨 장기 항전을 준비하였다. [58·54회]
② 몽골의 2차 침입 – ㄱㅇㅎ 가 처인성에서 몽골군을 격퇴하였다. [57회]
③ 몽골의 3차 침입 – 부처의 힘을 빌려 외침을 막고자 ㅍㅁㄷㅈㄱ 이 조판되었다. [54회]
④ 몽골의 3차 침입 – 외적의 침입을 받아 ㅎㄹㅅ 9ㅊ ㅁㅌ 이 소실되었다. [46회]

정답 ① 강화도 ② 김윤후 ③ 팔만대장경 ④ 황룡사 9층 목탑

▎삼별초가 대몽 항쟁을 이어가다

원종(1259~1274) 말기에 고려 정부는 **개경으로 환도**하였다(1270). 이때 **삼별초**는 개경 환도에 반대하면서 배중손을 중심으로 항전을 선포하였다. 배중손은 삼별초를 이끌고 강화도에서 **진도**로 이동하여 대몽 항쟁을 펼쳤다(1270). 진도에서는 왕족 승화후 온(溫)을 왕으로 삼고 연호를 정하기도 했다. 그러나 진도에서 온과 배중손 등이 죽고, 삼별초는 **김통정**의 지휘 아래 제주도로 근거지를 옮겨 항쟁하였다.

> 재추(宰樞)가 옛 수도로 다시 천도할 것을 회의하고 날짜를 정해 게시하였으나, 삼별초가 다른 마음을 품고 따르지 않으면서 함부로 부고(府庫)를 개방하였다.　　　－「고려사」 46회

삼별초는 제주도에서 여·원 연합군에 의해 완전히 진압되었다(1273). 삼별초 진압 직후, 원나라는 제주도에 '**탐라총관부**'를 설치하였다. 그리고 일본 원정을 준비하기 위해 제주도에 거대한 목마장을 만들었다. 이때부터 제주도에 말이 많아졌다.

> 기출 핵심 키워드 암기
> ① ㅂㅈㅅ 이 삼별초를 이끌고 진도에서 항전하였다. [51회]
> ② 삼별초가 진도와 ㅈㅈㄷ 로 근거지를 옮기면서 항쟁하였다. [38·36회]

정답 ① 배중손 ② 제주도

4 고려 말 홍건적과 왜구의 침입

▎홍건적이 침입하다

홍건적(紅巾賊, 머리에 붉은 두건을 쓴 사람들)은 중국 원나라 말기에 일어난 한족(漢族) 반란군으로, **공민왕**(1351~1374) 때부터 여러 차례 고려를 침범하여 많은 피해를 입혔다.

홍건적의 1차 침입 때는 서경이 함락되었으나, **안우, 이방실** 등이 홍건적을 격파하였다(1359). 2차 침입 때는 수도인 개경까지 점령되어 공민왕이 **안동**(옛날에는 '복주'라고 했다)으로 피난을 가야 했다(1361). **최영·이성계** 등이 개경까지 쳐들어와 약탈을 일삼던 홍건적을 축출하면서 고려는 다시 안정을 찾았다.

> 기출 핵심 키워드 암기
> 공민왕 – 안우, 이방실 등이 ㅎㄱㅈ 을 격파하였다. [57회]

정답 홍건적

▌왜구가 침입하다

우왕(1374~1388) 때만 모두 278회의 왜구 침입 기록이 있으니, 우왕은 왜구를 막느라 시간을 다 보냈다고 해도 과언이 아니다. 우선 **최영**이 홍산(지금의 부여)에서 **왜구를 격퇴**하였다(홍산 대첩, 1376). 고려는 연호군을 설치하는 등 왜구를 대비하기 위한 다양한 조치를 취하였다.

> 왜구가 연산의 개태사를 도륙하고 원수 박인계가 패하여 죽으니 최영이 이를 듣고 자신이 출격할 것을 요청하였다.
>
> – 「고려사」 32회

최무선은 중국 사람으로부터 화약 제조법을 배워 **화통도감(火㷁都監)을 설치**하였다(1377). 그는 화통도감에서 만든 **화포**를 이용해서 **진포**에서 큰 승리를 거두었다(진포 대첩, 1380). **이성계**는 내륙까지 쳐들어와 약탈하던 왜구를 **황산**(지금의 남원)에서 격퇴하였다(황산 대첩, 1380). 아지바투 일당이 운봉을 넘어 황산으로 들어오자 이성계가 이를 모두 소탕한 것이다. **창왕**(1388~1389) 때, 이성계를 따라 위화도에서 회군하였던 **박위**는 전함 100여 척을 이끌고 **쓰시마섬(대마도)**을 쳐서 적선 300여 척을 불태워 크게 이기기도 하였다(1389).

기출 핵심 키워드 암기

① 최영이 ㅎㅅ 전투에서 큰 승리를 거두었다. [47회]
② 최무선 – ㅎㅌㄷㄱ 을 두어 화포를 제작하였다. [55·54회]

감정 ① 홍산 ② 화통도감

빈출 개념만 모아 암기하세요~!

빈출 개념 한눈에 암기하기

1. 거란의 침입과 격퇴

거란의 침입	• 1차 침입: 서희의 외교 담판(강동 6주 획득) • 2차 침입: 현종의 나주 피난 • 3차 침입: 강감찬의 1) 대첩
영향	나성 축조(개경), 2) 축조(압록강~도련포)

2. 여진 정벌과 금의 사대 요구 수용

여진 정벌	윤관의 건의로 3) (신기군·신보군·항마군) 조직 → 윤관의 여진 정벌 후 4) 축조 → 여진에게 조공 약속을 받고 동북 9성 반환
금의 사대 요구 수용	여진이 세력을 키워 금 건국, 고려에 군신 관계 요구 → 5) 이 금의 사대 요구 수용

3. 몽골의 침입과 대몽 항쟁

몽골의 침입	• 1차 침입: 몽골 사신 저고여의 피살 사건을 구실로 침입 → 박서의 귀주성 항쟁 • 2차 침입: 최우의 6) 천도를 구실로 침입 → 7) 가 처인성에서 적장 살리타 사살, 초조대장경 소실 • 3차 침입: 황룡사 9층 목탑 소실, 8) 조판 시작 • 5차 침입: 김윤후가 충주성에서 몽골군 격퇴 • 6차 침입: 충주 다인철소 주민들이 몽골군 격파
대몽 항쟁	9) 이 삼별초를 이끌고 강화도에서 진도로 이동 → 김통정의 지휘 아래 10) 로 근거지를 옮겨 항쟁 → 여·원 연합군에 의해 진압당함, 제주도에 탐라총관부가 설치됨

4. 홍건적과 왜구의 침입

홍건적의 침입	• 1차 침입: 서경이 함락 → 안우·이방실 등이 홍건적 격퇴 • 2차 침입: 개경이 함락되고 공민왕은 복주(안동)로 피난 → 최영·이성계 등이 홍건적 격퇴
왜구의 침입	홍산 대첩(11)), 진포 대첩(최무선, 12) 설치 → 화포 사용), 황산 대첩(이성계), 쓰시마 섬 정벌(박위)

정답 1) 귀주 2) 천리장성 3) 별무반 4) 동북 9성 5) 이자겸 6) 강화도 7) 김윤후 8) 팔만대장경 9) 배중손 10) 제주도 11) 최영
12) 화통도감

실전 연습

1 키워드와 관련된 것을 알맞게 연결해보세요.

① 최무선 •　　　　　　　• ㉠ 홍산 대첩

② 김윤후 •　　　　　　　• ㉡ 처인성 전투

③ 최영　 •　　　　　　　• ㉢ 진포 대첩

2 〈보기〉에서 골라 빈칸을 채워보세요.

보기
천리장성　　　　별무반　　　　강화도

① 고려 숙종 때 신기군, 신보군, 항마군 등으로 구성된 (　　　　)을 조직하였다. [51회]

② 고려는 압록강에서 도련포까지 (　　　　)을 축조하였다. [39회]

③ 고려는 도읍을 (　　　　)로 옮겨 장기 항쟁을 준비하였다. [39회]

3 아래 표에 있는 초성을 완성해보세요.

구분	거란의 침입과 격퇴 과정
1차 침입	거란의 장수 소손녕이 고려를 공격함 → ㅅㅎ의 외교 담판으로 강동 6주 지역을 획득함
2차 침입	강조의 정변으로 ㅎㅈ이 왕위에 오르자 거란이 쳐들어옴 → 왕이 나주까지 피난을 감
3차 침입	거란의 장수 소배압이 고려에 침입함 → ㄱㄱㅊ이 귀주에서 거란군을 격퇴함

4 아래 기출 사료와 관련 있는 사건을 써보세요.

> 윤관 등이 여러 군사들에게 내성(內城)의 목재와 기와를 거두어 9성을 쌓게 하고, 변경 남쪽의 백성을 옮겨 와 살게 하였다. [50회]

→ ☐ ☐ ☐ ☐ ☐ ☐

1　　　　　　　　　　　　　　　　53회 13번

(가) 국가에 대한 고려의 대응으로 옳은 것은?　[2점]

> (가) 임금이 강조를 토벌한다는 구실로 친히 군사를 거느리고 와서 흥화진을 포위하였다. 양규는 도순검사가 되어 성문을 닫고 굳게 지켰다. …… (가) 이/가 강조의 편지를 위조하여 흥화진에 보내어 항복하라고 설득하였다. 양규가 말하기를, "나는 왕명을 받고 온 것이지 강조의 명령을 받은 것이 아니다."라고 하면서 항복하지 않았다.

① 광군을 조직하여 침입에 대비하였다.

② 윤관을 보내 동북 9성을 개척하였다.

③ 화통도감을 설치하여 화포를 제작하였다.

④ 강화도로 도읍을 옮겨 장기 항전을 준비하였다.

⑤ 쌍성총관부를 공격하여 철령 이북을 수복하였다.

2　　　　　　　　　　　　　　　　46회 13번

(가) 국가에 대한 고려의 대응으로 옳은 것은?　[2점]

> 소손녕이 서희에게 말하기를, "너희 나라는 신라 땅에서 일어났고, 고구려 땅은 우리 소유인데, 너희들이 침범해 왔다. 그리고 우리와 국경을 접하고 있는데도 바다를 넘어 송을 섬기기 때문에, 오늘의 출병이 있게 된 것이다. ……"라고 하였다. 서희가 말하기를, "그렇지 않다. 우리나라가 바로 고구려의 옛 땅이기 때문에, 국호를 고려라 하고 평양에 도읍하였다. 만일 국경 문제를 논한다면, (가) 의 동경(東京)도 모조리 우리 땅에 있는데, 어찌 [우리가] 침범해 왔다고 말하는가?"라고 하였다.
>
> – 「고려사」

① 별무반을 보내 동북 9성을 축조하였다.

② 개경에 나성을 쌓아 침입에 대비하였다.

③ 최영을 중심으로 요동 정벌을 추진하였다.

④ 화통도감을 설치하여 화약과 화포를 제작하였다.

⑤ 쌍성총관부를 공격하여 철령 이북의 땅을 수복하였다.

3

51회 12번

(가)에 대한 고려의 대응으로 옳은 것은? [1점]

이 그림은 윤관이 (가) 을/를 정벌하고 동북 9성을 설치한 후 고려의 경계를 알리는 비석을 세우는 장면을 그린 척경입비도입니다.

① 화통도감을 두어 화포를 제작하였다.
② 박위를 파견하여 근거지를 토벌하였다.
③ 연개소문을 보내어 천리장성을 축조하였다.
④ 대장도감을 설치하여 팔만대장경을 간행하였다.
⑤ 신기군, 신보군, 항마군 등으로 구성된 별무반을 조직하였다.

4

48회 13번

다음 자료의 상황이 나타난 시기를 연표에서 옳게 고른 것은? [3점]

바야흐로 금이 번성하여 우리 왕조로 하여금 신하를 칭하게 하고자 하였다. 중론이 뒤섞여 어지러웠는데, 공이 홀로 간쟁하기를, "…… 여진은 본래 우리 왕조 사람의 자손이었습니다. 그래서 신하가 되어 천자를 조회하였고 국경 부근의 사람들은 모두 우리 왕조의 호적에 속한 지가 오래 되었습니다. 어찌 우리 왕조가 도리어 신하가 될 수 있습니까?"라고 하였다. 당시에 권신(權臣)이 왕명을 멋대로 하였으므로 이에 신하를 칭하고 이로 인해 서표(誓表)를 올렸다. 진실로 인종의 본심이 아니었으니 공이 심히 부끄럽고 슬프게 여겼다.
　　　　　　　　　　　　　　　　　－ 윤언이 묘지명

918	1019	1104	1170	1232	1356
(가)	(나)	(다)	(라)	(마)	
고려 건국	귀주 대첩	별무반 설치	무신 정변	처인성 전투	쌍성총관부 탈환

① (가)　② (나)　③ (다)　④ (라)　⑤ (마)

5

49회 16번

(가) 국가의 침입에 대한 고려의 대응으로 옳은 것은? [2점]

이곳 죽주산성은 송문주 장군이 (가) 의 침입을 격퇴한 장소입니다. 사신 저고여의 피살을 빌미로 (가) 이/가 쳐들어오자, 송문주 장군은 귀주성과 이곳에서 거듭 물리쳤습니다.

① 화통도감을 두어 화포를 제작하였다.
② 진관 체제를 실시하여 국방을 강화하였다.
③ 별무반을 편성하고 동북 9성을 축조하였다.
④ 삼수병으로 구성된 훈련도감을 설치하였다.
⑤ 대장도감을 설치하여 팔만대장경을 간행하였다.

6

48회 11번

(가) 군사 조직에 대한 설명으로 옳은 것은? [1점]

이 지도는 개경 환도 결정에 반발하여 봉기한 (가) 의 이동 경로를 나타낸 것입니다. 강화도와 진도에서는 배중손, 제주도에서는 김통정을 중심으로 항쟁하였습니다.

① 최씨 무신 정권의 군사적 기반이었다.
② 거란의 침입에 대비하여 창설되었다.
③ 신기군, 신보군, 항마군으로 구성되었다.
④ 유사시에 향토 방위를 맡는 예비군이었다.
⑤ 옷깃 색을 기준으로 9개의 부대로 편성되었다.

대표 기출 문제의 정답 및 문제풀이 방법을 다음 페이지에서 확인하세요. ➜

해커스 이명호 스토리로 암기하는 한국사능력검정시험 심화 상

정답 및 문제풀이 방법

1	2	3	4	5	6
①	②	⑤	③	⑤	①

1 거란에 대한 고려의 대응

[(가)] 임금이 강조를 토벌한다는 구실로 친히 군사를 거느리고 와서 흥화진을 포위하였다. 양규는 도순검사가 되어 성문을 닫고 굳게 지켰다. …… [(가)] 이/가 강조의 편지를 위조하여 흥화진에 보내어 항복하라고 설득하였다. 양규가 말하기를, "나는 왕명을 받고 온 것이지 강조의 명령을 받은 것이 아니다."라고 하면서 항복하지 않았다.

→ 거란에 대한 고려의 대응

① 광군을 조직하여 침입에 대비하였다.

강조의 정변을 구실로 고려를 침입하였으며, 양규가 흥화진에서 방어한 (가) 국가는 거란이다. 고려는 정종 때 거란의 침입에 대비하기 위한 특수군으로 광군을 조직하였다.

오답 체크
② 윤관을 보내 동북 9성을 개척하였다. → **여진에 대한 고려의 대응**
③ 화통도감을 설치하여 화포를 제작하였다.
　　→ **왜구에 대한 고려의 대응**
④ 강화도로 도읍을 옮겨 장기 항전을 준비하였다.
　　→ **몽골에 대한 고려의 대응**
⑤ 쌍성총관부를 공격하여 철령 이북을 수복하였다.
　　→ **원에 대한 고려의 대응**

✔️ 또 나올 암기 포인트
고려의 특수군

광군	정종 때 거란의 침입에 대비하기 위해 설치된 특수군
별무반	• 숙종 때 윤관의 주장에 따라 여진 정벌을 위해 편성된 군대, 예종 때 여진 정벌 • 신기군(기병), 신보군(보병), 항마군(승병)으로 구성
삼별초	• 최우가 조직한 야별초에서 비롯됨, 좌·우별초, 신의군으로 구성된 군대 • 최씨 정권의 사병 역할 담당, 개경 환도를 거부하며 몽골에 대한 항쟁을 지속함

2 거란에 대한 고려의 대응

소손녕이 서희에게 말하기를, "너희 나라는 신라 땅에서 일어났고, 고구려 땅은 우리 소유인데, 너희들이 침범해 왔다. 그리고 우리와 국경을 접하고 있는데도 바다를 넘어 송을 섬기기 때문에, 오늘의 출병이 있게 된 것이다. ……"라고 하였다. 서희가 말하기를, "그렇지 않다. 우리나라가 바로 고구려의 옛 땅이기 때문에, 국호를 고려 하고 평양에 도읍하였다. 만일 국경 문제를 논한다면, [(가)] 의 동경(東京)도 모조리 우리 땅에 있는데, 어찌 [우리가] 침범해 왔다고 말하는가?"라고 하였다.

－「고려사」

→ 서희의 외교 담판
↓
거란에 대한 고려의 대응

② 개경에 나성을 쌓아 침입에 대비하였다.

서희가 소손녕과 외교 담판을 하는 장면이며, (가) 국가는 거란이다. 고려는 거란의 침입 이후, 개경에 나성을 쌓아 침입에 대비하였다.

오답 체크
① 별무반을 보내 동북 9성을 축조하였다. → **여진에 대한 고려의 대응**
③ 최영을 중심으로 요동 정벌을 추진하였다. → **명에 대한 고려의 대응**
④ 화통도감을 설치하여 화약과 화포를 제작하였다.
　　→ **왜구에 대한 고려의 대응**
⑤ 쌍성총관부를 공격하여 철령 이북의 땅을 수복하였다.
　　→ **원에 대한 고려의 대응**

3 여진에 대한 고려의 대응

이 그림은 윤관이 [(가)] 을/를 정벌하고 동북 9성을 설치한 후 고려의 경계를 알리는 비석을 세우는 장면을 그린 척경입비도입니다.

→ 여진에 대한 고려의 대응

⑤ 신기군, 신보군, 항마군 등으로 구성된 별무반을 조직하였다.

척경입비도(그림)는 윤관이 여진족을 정벌하고 동북 9성을 설치한 후 비석을 세우는 장면을 그린 그림이며, (가)는 여진이다. 고려는 숙종 때 여진을 정벌하기 위해 특수군인 별무반을 조직하였다.

오답 체크
① 화통도감을 두어 화포를 제작하였다. → **왜구에 대한 고려의 대응**
② 박위를 파견하여 근거지를 토벌하였다. → **왜구에 대한 고려의 대응**
③ 연개소문을 보내어 천리장성을 축조하였다.
　　→ **당에 대한 고구려의 대응**
④ 대장도감을 설치하여 팔만대장경을 간행하였다.
　　→ **몽골에 대한 고려의 대응**

4 금의 사대 요구 수용

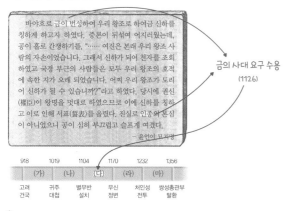

바야흐로 금이 번성하여 우리 왕조로 하여금 신하를 칭하게 하고자 하였다. 중론이 뒤섞여 어지러운데, 공이 홀로 간쟁하기를, "…… 여진은 본래 우리 왕조 사람의 자손이었습니다. 그래서 신하가 되어 천자를 조회하였고 국경 부근의 사람들은 모두 우리 왕조의 호적에 속한 지가 오래 되었습니다. 어찌 우리 왕조가 도리어 신하가 될 수 있습니까?"라고 하였다. 당시에 권신(權臣)이 왕명을 멋대로 하였으므로 이에 신하를 칭하고 이로 인해 서표(誓表)를 올렸다. 진실로 인종와 본심이 아니었으니 공이 심히 부끄럽고 슬프게 여겼다.
― 윤언이 묘지명

금의 사대 요구 수용 (1126)

918	1019	1104	1170	1232	1356
(가)	(나)	(다)	(라)	(마)	
고려 건국	귀주 대첩	별무반 설치	무신 정변	처인성 전투	쌍성총관부 탈환

③ (다)

인종 때 금이 번성하여 군신 관계를 요구하였다. 윤언이는 '어찌 우리 왕조가 도리어 신하가 될 수 있습니까?'라고 하며 군신 관계 요구에 반대하였다. 그러나 **이자겸은 자신의 권력 유지를 위해 금의 사대 요구를 수용**하였다(1126).

5 몽골의 침입에 대한 고려의 대응

이곳 죽주산성은 송문주 장군이 (가) 의 침입을 격퇴한 장소입니다. 사신 저고여의 피살을 빌미로 (가) 이/가 쳐들어오자, 송문주 장군은 귀주성과 이곳에서 거듭 물리쳤습니다.

몽골의 침입에 대한 고려의 대응

⑤ 대장도감을 설치하여 팔만대장경을 간행하였다.

사신 저고여의 피살을 빌미로 고려를 침입한 (가) 국가는 **몽골**이다. 고려는 몽골의 침입에 대응하여 **강화도**로 천도하였고, 대장도감을 설치하여 팔만대장경을 간행하였다.

오답 체크
① 화통도감을 두어 화포를 제작하였다.
　→ **왜구의 침입에 대한 고려의 대응**
② 진관 체제를 실시하여 국방을 강화하였다. → **조선의 지역 방어 체제**
③ 별무반을 편성하고 동북 9성을 축조하였다.
　→ **여진의 침입에 대한 고려의 대응**
④ 삼수병으로 구성된 훈련도감을 설치하였다.
　→ **왜의 침입에 대한 조선의 대응**

✔ 또 나올 암기 포인트

몽골의 침입

구분	시기	침입 내용 및 주요 사건
1차	1231	• 몽골 사신 저고여의 피살 사건(1225)을 구실로 침입함 • 박서가 귀주성에서 항쟁
2차	1232	• 최우의 강화 천도(1232)를 구실로 침입함 • 김윤후가 처인성에서 적장 살리타 사살
3차	1235 ~1239	• 황룡사 9층 목탑이 소실 • 대장도감을 설치하고 팔만대장경 조판 시작
5차	1253	충주산성 방호별감 김윤후가 몽골군 격퇴
6차	1254 ~1259	충주 다인철소 주민들의 항쟁

6 삼별초

이 지도는 개경 환도 결정에 반발하여 봉기한 (가) 의 이동 경로를 나타낸 것입니다. 강화도와 진도에서는 배중손, 제주도에서는 김통정을 중심으로 항쟁하였습니다.

삼별초

① 최씨 무신 정권의 군사적 기반이었다.

개경 환도 결정에 반발하여 강화도에서 진도, 제주도로 이동하며 항쟁하였던 (가) 군사 조직은 **삼별초**이다. 삼별초는 강화도와 진도에서는 배중손, 제주도에서는 김통정을 중심으로 항쟁하였다. 삼별초는 최씨 무신 정권의 군사적 기반이었다.

오답 체크
② 거란의 침입에 대비하여 창설되었다. → **광군(고려)**
③ 신기군, 신보군, 항마군으로 구성되었다. → **별무반(고려)**
④ 유사시에 향토 방위를 맡는 예비군이었다. → **잡색군(조선)**
⑤ 옷깃 색을 기준으로 9개의 부대로 편성되었다. → **9서당(통일 신라)**

13강 원 간섭기와 고려 말기

고려의 원 간섭기는 일제 강점기와 비슷한 점이 많습니다. 일제 강점
기에 친일파가 있었다면, 원 간섭기에는 친원파가 있었습니다.
원나라가 고려를 거의 '식민지'로 만들었던 1세기 동안 족두리,
연지곤지 등의 몽골 문화가 우리나라에 깊숙이 들어왔습니
다. 그래서 공민왕은 이런 원나라의 잔재를 없애기 위해 노
력을 했습니다.

노국 대장 공주와 공민왕의 초상 ▶

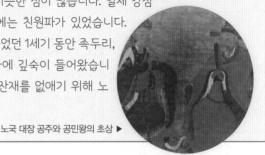

1 원의 간섭과 사회 모습

고려의 관제가 격하되다

고려의 제25대 왕부터 제30대 왕까지는 충렬왕, 충선왕 등 왕의 이름에 '충(忠)'이 들어간다. 큰 나
라에 충성한다는 의미인데, 이렇게 왕의 이름이 '충ㅇ왕'이던 시기를 '원 간섭기'라고 한다. '충(忠)'
자가 들어가는 첫 번째 왕은 제25대 **충렬왕**(1274~1298, 1298~1308)이다. 충렬왕은 원나라 공주인
제국 대장 공주와 결혼했다. 그래서 고려는 원의 부마국(駙馬國), 즉 '사위의 나라'가 되었다.

고려의 관제는 부마국에 맞추어 낮아졌는데, 2성인 중서문하성과 상서성은 **첨의부**로 개편되었
다. 6부는 4사로 통폐합되었으며, 중추원은 **밀직사**로 바뀌었다(1275). 한편 도병마사는 원 간섭기
때 **도평의사사**로 확대·개편되어 국방 문제뿐만이 아니라 민사 문제까지 총괄하는 최고의 정무 기구
가 되었다. 도평의사사는 **권문세족**이라는 친원파들이 장악하였다.

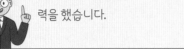

기출 핵심 키워드 암기

원 간섭기 − 중서문하성과 상서성이 [ㅊㅇㅂ]로 개편되었다. [50회]

부의의첨 : 답정

충렬왕과 충선왕이 개혁 정치를 실시하다

충렬왕은 '장인어른'인 원나라 세조의 강요로 두 번이나 **일본 원정**에 나섰다(1274, 1281). 원나라는
일본 원정을 위해 동쪽(일본)을 정벌하기 위한 관청이라는 뜻인 **정동행성(征東行省)**을 고려에 설치하
였다. 그러나 두 차례의 일본 원정 모두 태풍으로 인해 실패하고 말았다.

충렬왕은 '때 늦은' 관학 진흥책을 펼치기도 했다. 그래서 국자감의 명칭을 성균관으로 바꾸고, 유학 교육을 강화하였다. 이때 만든 성균관이라는 이름이 지금까지도 전해지고 있다.

제26대 왕은 **충선왕**(1298, 1308~1313)이다. 충선왕은 아버지 충렬왕과 어머니 제국 대장 공주 사이에서 태어났다. 충선왕은 **사림원**(詞林院)이라는 개혁 기구를 설치했으며, 아들인 충숙왕에게 양위한 후 원나라 연경에 있는 자신의 집 안에 **만권당**(萬卷堂)이라는 서재를 만들었다(1314). 고려의 **이제현** 등은 만권당에서 원나라 학자들과 학문 교류를 활발히 하였다.

기출 핵심 키워드 암기

① 충렬왕 - 원의 요청으로 ㅇㅂ 원정에 참여하였다. [49회]
② 충선왕 - ㅅㄹㅇ 을 설치하여 개혁을 실시하였다. [54회]
③ 충선왕 - 이제현이 ㅁㄱㄷ 에서 유학자들과 교류하였다. [52·42회]

정답 ① 일본 ② 사림원 ③ 만권당

몽골풍과 조혼이 성행하다

원 간섭기는 고려의 사회 모습에 많은 변화를 가져왔다. 지배층 사이에서는 **몽골풍이 유행**하여 원나라 사람처럼 **변발**(辮髮)을 하고 **호복**(胡服)을 입기도 했다.

충렬왕의 아내 제국 대장 공주는 인후 등의 **겁령구**(怯怜口)를 데리고 왔다. 겁령구는 원나라 공주의 시종에 불과한 존재였는데, 이들은 고려에 들어와 국정에 간여하면서 사회적 물의를 일으켰다.

> 제국 대장 공주의 겁령구였던 인후가 갑자기 재상이 되어 나라 전체에 권력을 행사하니, 원경이 인후의 권세에 기대고자 하여 아들을 인후의 딸에게 장가보냈다. 이때부터 인후의 일파가 되어 온갖 일들을 꾸며내어 나라에 해악이 되었다.
> — 「고려사」 31회

더 처참한 것은 **공녀**(貢女)였다. 원 간섭기 내내 **결혼도감**이라는 관청은 '남편이 없는 부녀자'를 원나라에 **공녀**(공물로 바치는 여자라는 뜻)로 보내는 역할을 했다. 그래서 고려에는 빨리 결혼하는 **조혼**(早婚)의 풍속이 **성행**하기도 했다. '도감'이란 국가의 중대사를 관장하기 위해 수시로 설립한 임시 관서를 말한다.

기출 핵심 키워드 암기

① 원 간섭기 - 지배층을 중심으로 ㅂㅂ 과 ㅎㅂ 이 유행하였다. [46회]
② 원 간섭기 - ㄱㅎㄷㄱ 을 통해 공녀가 징발되었다. [31회]

정답 ① 변발, 호복 ② 결혼도감

2 공민왕의 개혁 정치

공민왕이 즉위하다

제31대 왕은 **공민왕**(1351~1374)이다. 공민왕은 원나라에서 약 10년을 머물다가, 귀국 직전에 원나라 공주인 노국 대장 공주와 결혼하였다(1349). 원나라가 국정 문란을 이유로 충정왕을 폐위시키자 공주와 함께 귀국해 왕위에 올랐다(1351). 그러나 고려로 돌아온 왕은 여전히 변발을 하고 호복을 입고 있었다. 이것을 본 이연종이라는 신하가 "변발과 호복은 선왕의 제도가 아니오니, 원컨대 전하께서는 본받지 마소서."라고 상소를 올렸다. 공민왕은 이 상소를 보고 오히려 기뻐하며 즉시 옷과 머리 모양을 고려식으로 바꾸고 반원 자주 개혁과 왕권 강화를 추진하였다.

> 왕이 원의 제도를 따라 변발과 호복을 하고 전상(殿上)에 앉아 있었다. 이연종이 말하기를, "변발과 호복은 선왕의 제도가 아니옵니다. 원컨대 전하께서는 본받지 마소서"라고 하였다. 왕이 기뻐하며 즉시 변발을 풀고, 이연종에게 옷과 이불을 하사하였다.
> — 『고려사』 45회

공민왕이 반원 자주 개혁을 실시하고 왕권을 강화하다

공민왕은 2성 6부의 관제를 복구하였다. 이에 따라 첨의부를 없애고 **중서문하성과 상서성을 복구**하였다. 중앙의 관청에서부터 원나라의 흔적을 없애기 시작한 것이다. 공민왕은 인사 행정을 담당하던 **정방을 폐지**하고, 문무관 인사권을 이부와 병부로 복귀시켰다(1352). 그리고 승려 신돈으로 하여금 **전민변정도감(田民辨正都監)을 설치**하게 했다(1352). 전(田)과 민(民)은 각각 토지와 노비를 말하는 것으로, 전민변정도감을 통해 권문세족이 빼앗은 토지를 돌려주고 노비를 풀어주는 개혁을 단행하였다.

> 신돈이 전민변정도감을 설치할 것을 청하고 스스로 판사(判事)가 되었다. 빼앗았던 토지와 노비를 그 주인에게 돌려주는 권세가와 부호가 많아, 온 나라 사람들이 기뻐하였다.
> — 『고려사』 45회

공민왕은 원나라가 빼앗은 땅을 되찾고 싶었다. 원나라가 서경에 설치한 '원나라 영토' 동녕부(1270~1290)는 고려의 끈질긴 요구에 따라 요동으로 옮겨 갔고, 제주도에 설치한 **탐라총관부(1273~1284)**도 충렬왕 때 고려에 반환되었다. 그러나 원산 근처의 쌍성총관부는 끝내 돌려주지 않고 있었다. 그래서 공민왕은 유인우를 보내 **쌍성총관부를 공격**하여 철령 이북의 땅을 수복했다(1356). 그리고 같은 해에 **정동행성과 그 부속 기구인 이문소(理問所)도 폐지**하였다(1356). 이문소는 친원파들의 손만 들어주고 반원 세력을 억압하는 '나쁜 재판'이 되어 있었기 때문이다. 그리고 원나라 황실과 인척 관계를 맺고 있던 **기철 일파를 숙청**했다(1356). 기철(몽골식 이름은 '빠엔부카')의 여동생은 공녀로 갔다가 원나라 황제의 눈에 들어 황후 자리까지 올랐는데, 기철은 자신의 여동생을 믿고 횡포를 부리다가 결국 공민왕에게 제거되었다.

> 왕이 지정(至正) 연호의 사용을 중지하고 교서를 내려 말하기를, "…… 기철 등이 군주의 위세를 빙자하여 나라의 법도를 뒤흔들었다. 자신의 기분에 따라 관리를 마음대로 임명하여 정령(政令)이 원칙 없이 바뀌었다. 남이 토지를 가지고 있으면 그것을 차지하고, 노비를 가지고 있으면 빼앗았다. …… 이제 다행히도 조종(祖宗)의 영령에 기대어 기철 등을 처단할 수 있었다." 라고 하였다.
>
> – 『고려사』 49회

기출 핵심 키워드 암기

① 공민왕 – 인사 행정을 담당하던 ㅈㅂ 이 폐지되었다. [46·40회]
② 공민왕 – 권문세족을 견제하기 위해 ㅈㅁㅂㅈㄷㄱ 을 운영하였다. [54회]
③ 공민왕 – ㅆㅅㅊㄱㅂ 를 공격하여 철령 이북의 영토를 되찾았다. [58회]

정답 ① 정방 ② 전민변정도감 ③ 쌍성총관부

3 고려 말의 정치 상황

▌우왕이 요동 정벌을 단행하다

제32대 왕은 **우왕**(1374~1388)이다. 우왕 말기에 홍건적과 왜구를 토벌하는 과정에서 최영과 이성계가 국민의 신망을 얻었으며, 우왕은 최영과 이성계를 시켜 **권문세족 이인임 일파를 축출**하고 왕권을 회복하였다.

우왕 때 명나라는 철령 이북의 땅이 이전에 원나라에 속해 있었으므로, 원나라를 정복한 명나라에 귀속되어야 한다고 주장했다(1387). 즉, 철령 이북의 땅에 군사 작전에 필요한 것들을 보급 및 지원하는 군영인 **철령위(鐵嶺衛)를 설치하겠다는 통보**였다. 우왕은 이에 크게 반발하여 최영과 함께 **요동 정벌을 단행**했다.

> 최영이 백관(百官)과 함께 철령 이북의 땅을 떼어 줄지 여부를 논의하자 관리들이 모두 반대하였다. 우왕은 홀로 최영과 비밀리에 요동을 공격할 것을 의논하였는데, 최영이 이를 권하였다.
>
> – 『태조실록』 36회

요동 정벌의 총사령관(팔도도통사)은 최영이었지만, 요동 정벌을 위해 파견된 사람은 이성계였다. 압록강에 이른 이성계는 '작은 나라가 큰 나라를 거스르는 것은 옳지 않다' 등의 요동 정벌을 반대하는 4가지 이유인 **4불가론(四不可論)**을 들어 요동 정벌을 중단할 것을 요구하였지만 우왕과 최영은 계속 진군하라고 명령하였다. 하지만 **이성계**는 압록강의 **위화도에서 회군**하여 서경과 개경을 공격하였다(1388). 이로 인해 최영은 숙청되고 우왕은 폐위되어 강화도에 유배되었다.

고려의 마지막 왕, 공양왕이 등극하다

제34대 왕은 **공양왕**(1389~1392)이다. 물론 실권은 이성계에게 있었다. 위화도 회군 이후 이성계의 적극적인 조언자가 된 조준은 여러 차례 전제(田制) 개혁 상소를 올렸고, 그 결과 **과전법이 실시**되었다(1391). 이 과정에서 이성계는 군사권도 완전히 장악했다.

이성계의 아들 이방원은 선죽교에서 고려 왕조의 유지를 주장한 온건 사대부 정몽주를 죽였다. 이 사건 후 새 나라 건국은 급물살을 타게 되었고, 이방원은 정도전과 함께 공양왕을 폐위하고 이성계를 새로운 나라의 왕으로 추대하였다. 이로써 고려는 34대 475년 만에 역사의 뒤안길로 사라졌다(1392).

빈출 개념 한눈에 암기하기

1. 원의 간섭과 사회 모습

원의 내정 간섭	• 호칭 격하: 왕의 이름에 '충(忠)'이 들어감 → 충ㅇ왕 • 관제 격하: 2성 → 1) _____, 6부 → 4사, 중추원 → 밀직사
개혁 정치	• 충렬왕: 유학 교육 강화(국자감을 성균관으로 개편) • 충선왕: 사림원 설치, 2) _____ 설치(이제현이 원 학자들과 교류)
사회 모습	• 권문세족의 권력 독점: 친원 세력인 권문세족이 3) _____ 장악 • 몽골풍 유행: 4) _____, 호복 등 몽골 풍습이 지배층을 중심으로 유행 • 조혼 성행: 5) _____ 을 통해 공녀 징발 → 조혼 풍속 성행

2. 공민왕의 개혁 정치

반원 자주 정책	친원 세력(기철 일파) 숙청, 정동행성 이문소 폐지, 관제 복구, 6) _____ 공격(철령 이북의 땅 수복), 몽골풍 폐지
왕권 강화 정책	7) _____ 폐지(왕의 인사권 장악), 8) _____ 설치(신돈 등용, 권문세족 견제)

3. 고려 말의 정치 상황

요동 정벌	명의 9) _____ 설치 통보 → 최영이 요동 정벌 주장
위화도 회군	우왕과 최영이 요동 정벌 단행 → 이성계가 4불가론을 내세워 10) _____ 에서 회군 → 최영 제거, 우왕 폐위
과전법 실시	공양왕 때 조준 등의 건의로 11) _____ 실시

정답 1) 첨의부 2) 만권당 3) 도평의사사 4) 변발 5) 결혼도감 6) 쌍성총관부 7) 정방 8) 전민변정도감 9) 철령위 10) 위화도
11) 과전법

퀴즈

1 키워드와 관련된 것을 알맞게 연결해보세요.

① 공민왕 •

② 충선왕 •

③ 공양왕 •

• ㉠ 과전법 실시

• ㉡ 쌍성총관부 수복

• ㉢ 사림원 설치

2 ⟨보기⟩에서 골라 빈칸을 채워보세요.

┌─ 보기 ─────────────────────────┐
전민변정도감   정동행성   만권당
└──────────────────────────────┘

① 충렬왕 때 일본 원정을 위해 (   )이 설치되었다. [36회]

② 충선왕이 학문 교류를 위해 (   )을 설립하였다. [44회]

③ 공민왕 때 권문세족을 견제하기 위해 (   )을 설치하였다. [43회]

3 아래 표에 있는 초성을 완성해보세요.

구분	고려의 멸망 과정
배경	우왕 때 명이 ㅊㄹㅇ 설치를 통보함 → 최영이 요동 정벌을 주장함
전개	우왕과 최영이 요동 정벌을 명령하자 이성계가 ㅇㅎㄷ에서 회군함
결과	ㅈㅁㅈ가 선죽교에서 살해당함 → 공양왕이 폐위되고 이성계가 새로운 나라를 세움

4 아래 기출 사료와 관련 있는 정책을 써보세요.

> 왕이 원의 제도를 따라 변발과 호복을 하고 전상(殿上)에 앉아 있었다. 이연종이 말하기를, "변발과 호복은 선왕의 제도가 아니옵니다. 원컨대 전하께서는 본받지 마소서"라고 하였다. 왕이 기뻐하며 즉시 변발을 풀고, 이연종에게 옷과 이불을 하사하였다. – 「고려사」 [45회]

→  □ □ □ □ □ □

정답

1 ① ㉡ ② ㉢ ③ ㉠   2 ① 정동행성 ② 만권당 ③ 전민변정도감
3 철령위, 위화도, 정몽주   4 반원 자주 정책

대표 기출 문제

1 [50회] [11번]

밑줄 그은 '이 시기'에 있었던 사실로 옳은 것은? [2점]

> 이곳은 김방경의 묘입니다. 그는 개경 환도 이후 몽골의 간섭이 본격화된 이 시기에 여·몽 연합군의 고려군 도원수로 일본 원정에 참여하였습니다.

① 삼수병으로 구성된 훈련도감이 창설되었다.

② 삼군부가 부활하여 군국 기무를 전담하였다.

③ 중서문하성과 상서성이 첨의부로 개편되었다.

④ 인재를 양성하기 위한 초계문신제가 시행되었다.

⑤ 국방 문제를 논의하기 위한 비변사가 설치되었다.

2 [46회] [16번]

다음 자료에 나타난 시기의 사실로 옳은 것은? [1점]

> 흔도·홍다구·김방경이 일본의 세계촌 대명포에 이르러 통사 김저로 하여금 격문으로 이들을 회유하게 하였다. 김주정이 먼저 왜와 교전하자 여러 군사들이 모두 내려와 전투에 참여하였는데, 낭장 강언과 강사자 등이 전사하였다. 여러 군사가 일기도(一岐島)로 향할 때 수군 130명과 뱃사공 36명이 풍랑을 만나 행방을 잃었다.

① 왕조 교체를 예언하는 『정감록』이 유포되었다.

② 지배층을 중심으로 변발과 호복이 확산되었다.

③ 교정도감이 국정을 총괄하는 기구로 부상하였다.

④ 이자겸이 왕실의 외척이 되어 권력을 독점하였다.

⑤ 김사미와 효심이 가혹한 수탈에 저항하여 봉기하였다.

3

47회 16번

교사의 질문에 대한 학생의 답변으로 옳은 것은? [1점]

화면의 그림은 천산대렵도에 그려진 변발과 호복을 한 무사입니다. 이러한 머리 모양과 복장이 지배층 사이에서 유행한 시기에 있었던 사실에 대해 말해 볼까요?

① 윤관이 동북 9성을 쌓았어요.
② 권문세족이 도평의사사를 장악했어요.
③ 정중부 등이 정변을 일으켜 권력을 차지했어요.
④ 초조대장경을 만들어 국난 극복을 기원했어요.
⑤ 만적을 비롯한 노비들이 신분 해방을 도모했어요.

4

53회 12번

밑줄 그은 '이 왕'의 정책으로 옳은 것은? [2점]

이곳에는 이 왕과 그의 왕비인 노국 대장 공주의 영정이 봉안되어 있습니다. 조선의 종묘에 고려 왕의 신당이 조성되었다는 점이 특이합니다. 이 왕은 기철 등 친원 세력을 숙청하고 정동행성 이문소를 폐지하였습니다.

① 만권당을 두어 원의 학자들과 교유하였다.
② 신돈을 등용하여 전민변정도감을 운영하였다.
③ 쌍기의 건의를 받아들여 과거제를 실시하였다.
④ 『정계』와 『계백료서』를 지어 관리의 규범을 제시하였다.
⑤ 최승로의 시무 28조를 받아들여 통치 체제를 정비하였다.

5

49회 17번

밑줄 그은 '왕'에 대한 설명으로 옳은 것은? [2점]

왕이 지정(至正) 연호의 사용을 중지하고 교서를 내려 말하기를, "……기철 등이 군주의 위세를 빙자하여 나라의 법도를 뒤흔들었다. 자신의 기분에 따라 관리를 마음대로 임명하여 정령(政令)이 원칙 없이 바뀌었다. 남이 토지를 가지고 있으면 그것을 차지하고, 노비를 가지고 있으면 빼앗았다. …… 이제 다행히도 조종(祖宗)의 영령에 기대어 기철 등을 처단할 수 있었다." 라고 하였다.

– 『고려사』

① 중서문하성과 상서성을 복구하였다.
② 원의 요청으로 일본 원정에 참여하였다.
③ 조준 등의 건의로 과전법을 제정하였다.
④ 이인임 일파를 축출하고 왕권을 회복하였다.
⑤ 쌍기의 건의를 받아들여 과거제를 실시하였다.

6

51회 15번

(가) 인물의 활동으로 옳은 것은? [2점]

이것은 황산대첩비의 탁본입니다. 비문에는 당시 양광전라경상도 도순찰사였던 (가) 이/가 고려군을 이끌고 전라도 황산에서 적장 아지발도를 사살하는 등 왜구를 크게 물리친 일이 기록되어 있습니다.

① 처인성에서 몽골군을 물리쳤다.
② 정변을 일으켜 목종을 폐위하였다.
③ 위화도에서 회군하여 최영을 제거하였다.
④ 교정별감이 되어 국정 전반을 장악하였다.
⑤ 전민변정도감의 책임자로서 개혁을 이끌었다.

대표 기출 문제의 정답 및 문제풀이 방법을 다음 페이지에서 확인하세요. →

대표 기출 문제 정답 및 문제풀이 방법

1	2	3	4	5	6
③	②	②	②	①	③

1 원 간섭기의 사실

> 이곳은 김방경의 묘입니다. 그는 개경 환도 이후 몽골의 간섭이 본격화된 이 시기에 여·몽 연합군의 고려군 도원수로 일본 원정에 참여하였습니다.

→ 원 간섭기

③ 중서문하성과 상서성이 첨의부로 개편되었다.

개경 환도 이후 몽골의 간섭이 본격화된 이 시기는 원 간섭기이다. 이 시기에 여·몽 연합군이 두 차례에 걸쳐 일본 원정을 하기도 하였다. 원 간섭기에는 중서문하성과 상서성의 2부가 첨의부로 개편되는 등 2성 6부의 행정 조직이 첨의부와 4사 체계로 개편되었다.

오답 체크
① 삼수병으로 구성된 훈련도감이 창설되었다. → **조선 후기**
② 삼군부가 부활하여 군국 기무를 전담하였다.
　　→ **흥선 대원군 집권기(조선)**
④ 인재를 양성하기 위한 초계문신제가 시행되었다. → **조선 후기**
⑤ 국방 문제를 논의하기 위한 비변사가 설치되었다. → **조선 전기**

✔️ **또 나올 암기 포인트**

원의 내정 간섭

호칭 격하	왕의 이름에 '충(忠)'이 들어감 → 충○왕
관제 격하	2성(중서문하성·상서성) → 첨의부, 6부 → 4사, 중추원 → 밀직사
일본 원정 동원	두 차례 실시된 원의 일본 원정에 강제로 동원됨
인적 수탈	결혼도감이 설치되어 고려의 처녀들이 원에 공녀로 징발됨
영토 상실	원이 우리 영토에 쌍성총관부, 동녕부, 탐라총관부를 설치함

2 원 간섭기의 사실

> 흔도·홍다구·김방경이 일본의 세계촌 대명포에 이르러 통사 김저로 하여금 격문으로 이들을 회유하게 하였다. 김주정이 먼저 왜와 교전하자 여러 군사들이 모두 내려와 전투에 참여하였는데, 낭장 강언과 양사자 등이 전사하였다. 여러 군사가 일기도(一岐島)로 향할 때 수군 130명과 뱃사공 36명이 풍랑을 만나 행방을 잃었다.

→ 고려·원 연합군의 일본 원정

→ 원 간섭기

② 지배층을 중심으로 변발과 호복이 확산되었다.

흔도·홍다구·김방경 등이 왜와 교전하였고, 태풍 때문에 실패하였던 이 역사는 원 간섭기의 일본 원정이다. 원 간섭기에는 친원 세력인 권문세족이 지배층을 이루었는데, 이들을 중심으로 몽골 남자의 머리 모양인 변발과 몽골의 복장인 호복 등이 확산되었다.

오답 체크
① 왕조 교체를 예언하는 『정감록』이 유포되었다. → **조선 후기**
③ 교정도감이 국정을 총괄하는 기구로 부상하였다.
　　→ **고려 최충헌 집권기**
④ 이자겸이 왕실의 외척이 되어 권력을 독점하였다.
　　→ **고려 문벌 귀족 집권기**
⑤ 김사미와 효심이 가혹한 수탈에 저항하여 봉기하였다.
　　→ **고려 이의민 집권기**

3 원 간섭기의 사실

> 화면의 그림은 천산대렵도에 그려진 변발과 호복을 한 무사입니다. 이러한 머리 모양과 복장이 지배층 사이에서 유행한 시기에 있었던 사실에 대해 말해 볼까요?

→ 원 간섭기

② 권문세족이 도평의사사를 장악했어요.

원 간섭기 때 고려에서는 지배층 사이에서 변발과 몽골식 의복인 호복이 유행하였다. 이런 모습은 공민왕이 그린 천산대렵도에도 나타난다. 원 간섭기 때에는 권문세족이 첨의부, 밀직사 및 도평의사사를 장악하여 권력을 독점하였다.

오답 체크
① 윤관이 동북 9성을 쌓았어요. → **고려 예종**
③ 정중부 등이 정변을 일으켜 권력을 차지했어요. → **고려 의종**
④ 초조대장경을 만들어 국난 극복을 기원했어요. → **고려 현종**
⑤ 만적을 비롯한 노비들이 신분 해방을 도모했어요.
　　→ **고려 최충헌 집권기**

4 공민왕

이곳에는 이 왕과 그의 왕비인 노국 대장 공주의 영정이 봉안되어 있습니다. 조선의 종묘에 고려 왕의 신당이 조성되었다는 점이 특이합니다. 이 왕은 기철 등 친원 세력을 숙청하고 정동행성 이문소를 폐지하였습니다.

→ 공민왕

② 신돈을 등용하여 전민변정도감을 운영하였다.

공민왕은 원의 노국 대장 공주를 아내로 맞이하였고, 기철 등의 친원 세력을 숙청하였으며, 고려의 내정을 간섭하던 정동행성의 이문소를 폐지하였다. 공민왕은 신돈을 등용하고 전민변정도감을 운영하여, 권문세족이 부당하게 빼앗은 토지와 노비를 돌려주었다.

오답 체크
① 만권당을 두어 원의 학자들과 교유하였다. → **충선왕**
③ 쌍기의 건의를 받아들여 과거제를 실시하였다. → **광종**
④ 『정계』와 『계백료서』를 지어 관리의 규범을 제시하였다. → **태조 왕건**
⑤ 최승로의 시무 28조를 받아들여 통치 체제를 정비하였다. → **성종**

5 공민왕

→ 원의 연호

왕이 지정(至正) 연호의 사용을 중지하고 교서를 내려 말하기를, "……기철 등이 군주의 위세를 빙자하여 나라의 법도를 뒤흔들었다. 자신의 기분에 따라 관리를 마음대로 임명하여 정령(政令)이 원칙 없이 바뀌었다. 남이 토지를 가지고 있으면 그것을 차지하고, 노비를 가지고 있으면 빼앗았다. …… 이제 다행히도 조종(祖宗)의 영령에 기대어 기철 등을 처단할 수 있었다."라고 하였다.

— 『고려사』

→ 공민왕

① 중서문하성과 상서성을 복구하였다.

공민왕은 원의 연호(지정)를 폐지하고 명의 연호를 사용하였으며, 기철 등의 친원 세력을 제거하였다. 공민왕은 2성 6부의 관제를 복구하였는데, 이에 따라 첨의부를 없애고 중서문하성과 상서성을 복구하였다.

오답 체크
② 원의 요청으로 일본 원정에 참여하였다. → **충렬왕**
③ 조준 등의 건의로 과전법을 제정하였다. → **공양왕**
④ 이인임 일파를 축출하고 왕권을 회복하였다. → **우왕**
⑤ 쌍기의 건의를 받아들여 과거제를 실시하였다. → **광종**

또 나올 암기 포인트

공민왕의 개혁 정치

반원 자주 정책	• 원의 연호와 풍습 폐지, 관제 복구 • 정동행성 이문소 폐지 • 쌍성총관부 공격(철령 이북의 영토 수복) • 기철 등 친원 세력 제거
왕권 강화 정책	• 정방 폐지(인사권 회복) • 신돈을 등용하여 전민변정도감 설치

6 이성계

이것은 황산대첩비의 탁본입니다. 비문에는 당시 양광전라경상도 도순찰사였던 (가) 이/가 고려군을 이끌고 전라도 황산에서 적장 아지발도를 사살하는 등 왜구를 크게 물리친 일이 기록되어 있습니다.

→ 이성계

③ 위화도에서 회군하여 최영을 제거하였다.

고려 우왕 때, 황산(남원)에서 적장 아지발도(아지바투)를 사살하는 등 왜구를 섬멸하였던 인물은 **이성계**이다(1380). 이후 명이 철령 이북의 땅을 차지하려 하자, 우왕과 최영은 이성계를 시켜 요동 정벌을 단행하였다. 그러나 이성계는 4불가론을 들며 위화도에서 회군하여 최영을 제거하였다(1388).

오답 체크
① 처인성에서 몽골군을 물리쳤다. → **김윤후**
② 정변을 일으켜 목종을 폐위하였다. → **강조**
④ 교정별감이 되어 국정 전반을 장악하였다. → **최충헌**
⑤ 전민변정도감의 책임자로서 개혁을 이끌었다. → **신돈**

14강 고려의 경제·사회·문화

외부의 침략을 많이 받으면서, 고려 정부도 다양한 대응책을 마련하였습니다. 우선 토지 제도를 개혁하여 공신과 관리들을 우대하였습니다. 그리고 여러 병원과 약국을 설치하여 백성들의 생활도 안정시키려 하였습니다. 이런 혼란한 상황에서도 사람들은 고려 청자라는 걸작을 만들어 냈습니다.

청자 상감 운학문 매병 ▶

① 고려의 경제

▎토지 제도를 정비하다

역분전

태조 왕건(918~943)은 후삼국 통일에 공을 세운 신하들에게 관등의 높고 낮음에 상관없이 인품과 공훈(공로)에 기준을 두어 **역분전(役分田)을 지급**하였다(940). 역분전이란 '공훈을 구분하여 지급하는 토지'라는 뜻으로, 토지를 지급할 때 관등의 높고 낮음은 따지지 않았으므로 그 지급 기준이 객관적이지 않았다.

기출 핵심 키워드 암기

역분전 – 개국 공신에게 인성, ㄱㄹ 를 기준으로 토지를 지급하였다. [53회]

공훈 륨오

전시과

'관등'이 지급 기준이 되는 토지 제도를 **전시과**라고 한다. 고려는 전시과 제도를 마련하여 관직에 복무하거나 직역을 부담하는 자들에게 **전지(田地)와 시지(柴地)를 지급**하였다. 이것은 실제로 땅을 준 것은 아니고, 세금을 거두어 갈 수 있는 '수조권'을 준 것이었다. 관리들은 '전지'에서 곡물을 수취하고, '시지'에서는 땔감을 수취할 수 있었다.

기출 한 컷 [41회]

　　경종(975~981) 때 실시된 **시정 전시과**는 **전·현직 관리**에게 모두 전지와 시지를 지급하면서, 그 지급 기준을 인품과 관등(공복)으로 하였다. 즉 주관적 지급 기준인 인품과 객관적 지급 기준인 관등이 섞여 있는 상태였다.

목종(997~1009) 때 실시된 **개정 전시과**는 **전·현직 관리**에게 모두 전지와 시지를 지급하면서, 그 지급 기준을 **관등**으로만 하였다. 즉 인품을 지급 기준에서 배제하였다.

문종(1046~1083) 때 실시된 **경정 전시과**는 **현직 관리**에게만 전지와 시지를 지급하였다. 전직 관리, 즉 산관(散官)이 지급 대상에서 탈락한 것이다. 그리고 이때 **문관과 무관의 차별이 완화**되었다.

녹과전

무신정변 이후로 권력을 가진 자들이 토지를 독점하면서 전시과 제도는 붕괴되고 말았다. 개경 환도 직후, 새로 중앙 정계에 진출한 관리들에게 토지를 지급하기 위해 **녹과전(祿科田)** 제도를 실시하였다(1271). 이 제도는 급여 대신 토지에 대한 수조권을 지급하는 것이어서 관리들의 거주지와 가까운 **경기 8현의 토지만 지급**했다.

조선 건국 직전에 과전법이 실시되었는데, 이것도 녹과전과 비슷하게 경기도의 토지만 지급하는 제도였다(1391). 이후 과전법은 조선의 기본적인 토지 제도가 되었다.

| 경제가 발달하고 화폐를 발행하다

농업의 발달

고려 시대에 들어 농업 기술은 이전보다 크게 발달하였다. 소를 이용한 **깊이갈이가 일반화**되어 휴경 기간이 단축되고 생산력도 증대되었다. 이 시기에는 시비법(거름 주는 기술)이 발달하여 휴경지가 감소하고, 실질적인 토지 확대의 효과가 생겼다. 또한 콩, 조, 보리를 돌려짓기하는 **2년 3작**도 보급되었으며, 논에 직접 씨를 뿌리는 '직파법' 대신에 모를 옮겨 심는 방식의 **'이앙법'도 남부 지방 일부에 보급**되었다. 농업의 발달은 원나라의 영향을 많이 받았는데, 원 간섭기에는 이암이 원의 농서인 『**농상집요**』를 소개하여 목화 재배와 양잠 등에 필요한 지식을 전파하였고, 공민왕 때에는 **문익점**이 원에서 **목화씨**를 가져왔다.

소(所) 수공업의 발달

고려 시대에는 **소(所, 특수 행정 구역) 수공업**이 발달하였다. 금·은·동·철·자기를 비롯한 실·비단·종이·기와·소금·먹 등이 소(所)에서 생산되었고, 생산되는 물품에 따라 금소, 철소, 은소, 자기소 등으로 불렸다. 소에서 생산된 물품은 모두 공물로 납부하여야 했다. 소에서 수공업 활동을 하는 사람들은 힘이 들어도 다른 지역으로 이주하는 것이 원칙적으로 금지되었다.

화폐 발행

고려 시대에는 상업 활동이 활발해지면서 화폐가 만들어졌지만, 자급 자족적 경제 구조로 인해 널리 유통되지는 못하였다. **성종**(981~997) 때에는 금속 화폐(철전, 동전)인 **건원중보**를 발행하였고, **숙종**(1095~1105) 때에는 **주전도감**을 설치하여 **해동통보, 삼한통보** 등의 동전을 발행하였다. 그리고 **고액 화폐인 은병(銀瓶)도 주조**되었는데, 은병을 민간에서는 '활구'라고 불렀다.

기출 핵심 키워드 암기

고액 화폐인 ☐☐ 가 주조되었다. [51·49회]

병은 :답장

국내 상업과 국제 무역

고려 정부는 개경·서경·동경 등의 대도시에 서적점, 약점, 주점, 다점 등 **관영 상점(국영 점포)**을 설치하여 운영하였다. 문종(1046~1083) 때에는 개경의 시전을 감독하기 위한 **경시서(京市署)**가 설치되었다. 고려 후기에는 점차 지방 상업도 활발해지기 시작했다.

　　고려의 대외 무역에서 가장 큰 비중을 차지한 것은 송과의 무역이었다. 예성강 어귀의 **벽란도**는 대외 무역의 발전과 함께 **국제 무역항으로 번성**하였다. 거란, 여진과의 무역에서는 은·모피·말 등을 수출하고, 농기구·곡식 등을 수입하였다. 아라비아 상인들은 고려에 수은, 향료, 산호 등을 판매하였다. 그래서 이 시기에 고려(Korea)라는 이름이 서방에 널리 전파되었다.

기출 핵심 키워드 암기

☐☐☐ 가 국제 무역항으로 번성하였다. [58·53회]

도란벽 :답장

---

2 고려의 사회

▌중간 계층이 존재하다

고려의 신분은 '귀족, 중간 계층(중류층), 양민, 천민'으로 구성되었는데, 이 중 **중간 계층**은 고려 시대에 들어 새로 등장한 신분층이다. 중간 계층은 직역(職役, 나랏일)을 세습적으로 물려받았고, 그에 상응하는 토지를 국가에서 받았으며, 중앙 관청의 말단 서리인 '**잡류**', 궁중 실무 관리인 '**남반**' 등과 지방 행정의 실무를 담당하는 '**향리**'도 중간 계층에 속하였다.

▌향도를 조직하다

고려 시대 농민 조직의 대표는 불교의 신앙 조직인 향도(香徒)였다. 향도는 '매향(埋香) 활동을 하는 무리'라는 뜻으로, 각종 **불교 행사를 주관**하였다. 이들은 향나무를 바닷가에 묻으면서 미륵을 만나 구원받기를 바랐다.

▌백성들의 생활을 안정시키다

태조 왕건(918~943) 때에는 빈민 구제를 위해 **흑창**을 두었으며, **광종**(949~975) 때에는 기금을 모아 그 이자로 빈민을 도와주는 제위보(濟危寶)를 운영하였다. **성종**(981~997) 때에는 흑창에 쌀 1만 석을 더 보태어 의창을 설치하고, 곡물 가격의 안정을 위해 개경, 서경, 12목에 상평창을 설치하기도 했다. **문종**(1046~1083) 때에는 환자 치료와 빈민 구제를 위해 개경의 동쪽과 서쪽에 **동·서 대비원**(東西大悲院)이라는 '병원'을 두었다. **예종**(1105~1122) 때에는 백성들에게 의약품을 제공하는 **혜민국**(惠民局)이라는 '약국'을 두었고, **구제도감**이라는 임시 기구에서는 백성을 구호하였다.

▌여성의 지위가 높다

고려 시대는 오히려 조선 후기에 비해 여성의 가족 내 지위가 높았다. 부모의 유산은 자녀에게 골고루 분배되었고, 아들이 없으면 양자를 들이지 않고 딸이 제사를 지냈다.

　여성의 재혼은 비교적 자유롭게 이루어졌으며, 재혼한 여성이 낳은 자식의 사회적 진출에도 차별을 두지 않았다. 사위와 외손자에게까지 음서의 혜택이 있었으며, 사위가 처가의 호적에 이름을 올려 처가에서 생활하는 경우도 적지 않았다.

③ 고려의 문화

| 불교

고려 초기의 승려

균여(923~973)는 고려 초기 광종 때 활동한 승려이다. 광종은 개경에 **귀법사**를 세우고 균여를 주지로 삼았으며, 불교 통합 운동을 전개하였다. 균여는 불교 대중화에도 노력을 기울였으며, 「**보현십원가**」를 지어 불교 교리를 대중에게 전파하였다.

고려 중기의 승려

의천(1055~1101)은 문종의 넷째 아들로, 고려 중기의 승려이다. 의천은 송나라 유학을 마치고 귀국하여 '아버지 절'인 흥왕사에 머물렀다. 의천은 여기에서 화엄종을 중심으로 교종을 통합하였다. 그리고 '어머니 절'인 **국청사를 창건**하고, 여기에서 **천태종을 개창**하여 불교 통합에 힘썼다.

의천은 교종을 중심으로 선종을 통합하려 하면서, 이론 연마와 수행을 함께 강조하는 **교관겸수(敎觀兼修)를** 제시하였다. 또한 의천은 송·요·일본으로부터 불교 서적을 구입하여 대장경을 보완한 **교장(속장경)을 간행**하였으며, 교장(속장경) 간행을 위해 모은 불교 서적의 목록집인 『**신편제종교장총록**』을 편찬하였다.

기출 핵심 키워드 암기

① 의천 – 불교 교단을 통합하기 위해 ㅊㅌㅈ 을 개창하였다. [56회]
② 의천 – 이론 연마와 수행을 함께 강조하는 ㄱㄱㄱㅅ 를 제시하였다. [48회]

정답 ① 천태종 ② 교관겸수

무신 정권기의 승려

지눌(1158~1210)은 무신 정권기의 승려이다. 지눌은 '세속의 일에 골몰'하는 타락한 불교를 개혁하려고 **수선사 결사**를 만들었다. 수선사 결사는 개혁적인 승려들과 지방민들의 호응을 얻어 활발하게 활동하였다. 지눌은 선을 중심으로 교학을 포용하자는 **정혜쌍수(定慧雙修)**와 단번에 깨닫고 꾸준히 실천하자는 **돈오점수(頓悟漸修)**를 내세웠다. 지눌은 『권수정혜결사문』을 통해 선정과 지혜를 함께 닦아야 한다고 주장하였다. 또 자신의 이름인 목우자(牧牛子)를 따서 『(목우자)수심결』을 저술하기도 하였다.

지눌의 제자인 **혜심**(1178~1234)은 수선사 결사를 이어갔다. 혜심은 **심성의 도야를 강조**하였으며, '노자도 가섭보살, 공자도 유동보살'이라며 **유·불 일치설**(유교와 불교의 뜻이 일치한다는 이론)을 제창하였다.

마찬가지로 지눌의 제자였던 **요세**(1163~1245)는 스승을 떠나 천태종 쪽으로 이동하였다. 요세는 강진 만덕사를 중심으로 **백련 결사를 주도**하였다. 또 자신의 행동을 진정으로 참회하는 **법화 신앙을 강조**하였다.

문화유산

사원

공포(栱包)란 지붕의 무게를 받치기 위해 목조 건물의 지붕과 기둥 사이에 두는 나무 토막을 말한다. 기둥 위에만 공포를 두는 것을 주심포(柱心包)라고 하고, 기둥과 기둥 사이에 많은 공포를 두는 것을 다포(多包)라 한다. **고려 전기**에는 단아한 **주심포 양식이 유행**하였다. 주심포계의 대표적인 건물에는 안동 봉정사 극락전과 영주 부석사 무량수전이 있다.

안동 봉정사 극락전은 **주심포, 맞배 지붕, 배흘림 기둥**의 건물이다. 1972년 보수 공사 때 발견된 상량문(집의 내력을 적은 문서)에 의해 건립 연대가 1200년대 초로 추정되어 우리나라에서 가장 오래된 목조 건물로 보고 있다. **영주 부석사 무량수전**은 **주심포, 팔작 지붕, 배흘림 기둥**의 건물이다. 이 건물 내부에는 국보 제45호인 소조 여래 좌상이 봉안되어 있다.

안동 봉정사 극락전

고려 후기에는 **다포식 건물이 등장**하였다. 많은 공포에 조각을 하고 색을 칠하다 보니, 다포식 건물은 전체적으로 화려하고 장중한 모습을 보인다. 다포계의 대표적인 건물은 **황해도 사리원의 성불사 응진전**이다. 이 건물은 **다포계 맞배 지붕 건물로, 기둥은 배흘림 양식**이다. 다포 양식은 계속 이어져 조선 시대 건물에도 영향을 주었다.

영주 부석사 무량수전

탑

평창 월정사 8각 9층 석탑은 다각 다층탑이라는 고려 석탑의 특징을 잘 보여준다. 이 탑은 송나라 석탑의 영향을 받았으며, 현재 강원도 오대산 월정사 경내에 있다.

개성 경천사지 10층 석탑은 원의 석탑 양식을 모방하였으며, 대리석으로 만든 석탑으로, 충목왕(1344~1348) 때 세워졌다. 이 탑은 14세기에 경기도 개성 부소산 사찰에 세워졌으나, 일제 강점기 직전에 일본 궁내대

평창 월정사
8각 9층 석탑

개성 경천사지
10층 석탑

신이 해체하여 일본으로 밀반출하였다. 일제 강점기에 돌아와 '경복궁'에 보관되어 있다가, 2005년 이후 국립 중앙 박물관에 전시되고 있다. 이 탑만큼 그 역사가 '파란만장'한 것도 없을 것 같다. 경천사지 10층 석탑은 똑같이 '원의 석탑 양식'과 '대리석 석탑'이라는 특징을 가지고 있는 조선의 **원각사지 10층 석탑**에 영향을 주었다.

불상

영주 부석사 무량수전 안에는 **소조 여래 좌상**이 있다. 이 불상은 흙으로 빚은 대형 소조상으로 서방 극락 세계를 주관하는 부처를 항마촉지인의 자세로 구현하였다. 이 불상은 **통일 신라의 양식을 계승**한 고려의 불상이다.

하남 하사창동 철조 석가여래 좌상은 고려 시대의 문화유산이다. 철불은 신라 하대에 등장하기 시작하여, 고려 시대에 들어 대형화되었다. **대형 철불**의 대표가 바로 하남 하사창동 철조 석가여래 좌상이다.

논산 관촉사 석조 미륵보살 입상은 고려 시대에 조성된 가장 큰 석조 불상으로 '은진 미륵'이라 불린다. 규모가 거대하고 인체 비례가 불균형한 불상으로, 현재 (삼국 시대에 황산벌 전투가 벌어졌던) 논산에 있다.

파주 용미리 마애 이불 입상은 고려 시대의 석불이다. 두 구의 불상이 나란히 서 있는 마애불로 천연 암벽의 자연미를 불상 조각에 적절히 활용하였다.

논산 관촉사 석조　　파주 용미리
미륵보살 입상　　마애 이불 입상

청자

12세기 중엽은 청자의 전성기였다. 이 시기에는 도자기의 표면을 파내고 그 자리에 백토나 흑토를 메워 넣는 방식인 **상감 청자**가 등장하였는데, 가장 대표적인 것은 **청자 상감 운학문 매병**이다. 상감 청자의 주생산지는 **전남 강진, 전북 부안, 강화도** 등이다. 또 이 시기에는 맑고 투명한 비취색의 참외 모양 병 등 특이한 형태의 청자가 제작되었다.

청자 상감 운학문 매병

원 간섭기에는 청자의 빛깔이 퇴조하면서, 청자에 백토의 분을 칠한 **분청사기**가 널리 유행하였다. 회색이나 회흑색의 태토(胎土) 위에 맑게 거른 백토로 표면을 분장한 뒤 유약을 씌워 굽는 방식으로 제작한다. 분청사기는 원 간섭기부터 조선 초기까지 유행하였다.

▌사학의 융성과 관학 진흥책

사학의 융성

고려 **성종**(981~997)이 **국자감을 설립**하여 학문을 진흥시켰다. 그런데 거란이 침입하여 국정이 혼란해지고 관학이 침체되기 시작했다. 과거는 시행되고 있는데, 이것을 대비하는 학교는 변변치 않은 상황이 계속되자, **문종**(1046~1083) 때 지공거 출신의 **최충**은 **9재 학당**이라는 사학을 세워 유학 교육을 실시하였다. 9재 학당에서 과거 급제자가 나오고, '잘 가르친다'는 소문이 돌자, 개경에 열한 개의 사학이 더 생겨 9재 학당을 포함한 **'사학 12도'**가 발달하였다.

관학 진흥책

사학에서 공부한 학생들이 과거에서도 좋은 성적을 거두게 되자, 국자감의 관학 교육은 더욱 위축되었다. 이에 고려 정부는 관학을 진흥하기 위해 '숙종 – 예종 – 인종'에 걸쳐 관학 진흥책을 실시하였다.

숙종(1095~1105)은 목판 인쇄 출판 기관인 서적포를 국자감 안에 설치하였다. **예종**(1105~1122)은 국자감에 **7재**라는 **전문 강좌를 설치**하고, **양현고**라는 **장학 재단을 설립**하였으며, 궁중에 학술 연구 기구로 **청연각, 보문각** 등을 설치하였다. **인종**(1122~1146)은 국자감(국학)의 교육 과정을 **경사 6학**으로 정비하고, 7재 중 무학을 배우던 **강예재를 폐지**하였다. 경사 6학이란 유학부에 국자학, 태학, 사문학을 두고, 기술학부에 율학, 서학, 산학을 두는 체제를 말한다.

> **기출 핵심 키워드 암기**
>
> ① 숙종 – 국자감에 ㅅㅈㅍ 를 설치하였다. [56회]
> ② 예종 – 전문 강좌인 7ㅈ 가 설치되어 운영되었다. [56회]
> ③ 예종 – 관학 진흥을 위해 ㅇㅎㄱ 를 설치하였다. [58·41회]
> ④ 인종 – ㄱㅅ 6ㅎ 을 중심으로 교육 제도를 정비하였다. [33회]

정답 ① 서적포 ② 7재 ③ 양현고 ④ 경사 6학

역사서 편찬

고려 중기의 역사서

현존하는 우리나라 최고(最古)의 역사서는 김부식 등이 왕명으로 편찬한 『**삼국사기**』이다. 『삼국사기』는 본기 28권, 지 9권, 연표 3권, 열전 10권으로 구성된 **기전체** 역사서이다. 기전체(紀傳體)의 본기는 왕 이야기이고, 열전은 그 밖의 다양한 인물들 이야기이다. 즉 기전체는 '인물 중심'으로 역사서를 쓰는 방식이다.

『**삼국사기**』는 **유교적 합리주의 사관**으로 쓰여졌다. 허무맹랑한 이야기를 배제하였고 현실적인 입장을 대변하였다. 『삼국사기』는 고구려의 수·당과의 전쟁을 '어쩌다 이긴 전쟁'이라 표현하고, 백제는 '거짓말하기 좋아하는 나라'로 표현하는 등 고구려와 백제는 격하하고, 신라에게만 호의적인 '**신라 계승 의식**'을 가지고 있다.

> **기출 핵심 키워드 암기**
>
> ① 『삼국사기』 – 현존하는 우리나라 ㅊㄱ (最古)의 역사서이다. [58·43회]
> ② 『삼국사기』 – 유교 사관에 입각하여 ㄱㅈㅊ 형식으로 서술하였다. [51회]

정답 ① 최고 ② 기전체

무신 정권기의 역사서

이규보의 『동명왕편』은 고구려 건국 시조인 동명왕(주몽)의 일대기를 서사시 형태로 서술한 역사서이다. 그래서 이 책에는 **고구려 계승 의식**이 반영되어 있다. 이 책도 『삼국사기』와 마찬가지로 『구삼국사』라는 역사서를 기반으로 하였다.

각훈의 『해동고승전』은 **삼국의 승려들을 정리**한 역사서이다. 이 책은 우리 불교사를 중국과 대등한 입장에서 서술했다.

원 간섭기의 역사서

원 간섭기에 발행된 『삼국유사』와 『제왕운기』에는 **단군의 고조선 건국 이야기가 수록**되어 있다. 이 두 책은 모두 **고조선 계승 의식**을 담고 있다. 군위 인각사에서 저술된 **일연의 『삼국유사』는 불교사 중심**으로 서술했으며, **고대 민간 설화를 많이 수록**하였다. **이승휴의 『제왕운기』**는 우리 역사를 단군에서부터 서술했으며, 중국사와 우리 역사를 시(詩)로 표현하였다. 또한 **발해사를 우리 역사에 포함**시켰다.

▌과학 기술의 발달

고려 고종(1213~1259) 때 『상정고금예문』이 금속 활자로 인쇄되었다는 사실이 이규보의 『동국이상국집』에 기록되어 있다(1234). 그러나 그 금속 활자본 자체는 현재 전해지지 않는다. 반면에 우왕(1374~1388) 때 청주 흥덕사에서 금속 활자로 간행된 『직지심체요절』은 현재까지 전해지고 있다(1377). 이것은 독일 구텐베르크의 활자보다 70여 년이나 앞선 것으로, 1972년 '세계 도서의 해'에 출품되어 **현존하는 세계 최고(最古)의 금속 활자본**으로 공인되었다.

현존하는 우리나라 최고(最古)의 의학 서적은 **『향약구급방』**이다(1236). 『상정고금예문』이 금속 활자로 인쇄된 시기와 가까운 이때는 고려 정부가 몽골의 침입에 대응하여 강화도로 수도를 옮겼을 때이다.

『직지심체요절』이 금속 활자로 간행되던 해에 **최무선**은 **화통도감**을 두어 화포를 제작하였다(1377). 최무선은 진포로 쳐들어온 왜구를 화통도감에서 만든 화포로 격퇴하였다(1380).

빈출 개념 한눈에 암기하기

1. 고려의 경제

토지 제도	[1)⁢] 공신에게 공로와 인품에 따라 토지 지급 → [시정 전시과] 전·현직 관리에게 2)⁢ 과 관등에 따라 토지 지급 → [개정 전시과] 전·현직 관리에게 관등에 따라 토지 지급 → [경정 전시과] 3)⁢ 관리에게 토지 지급, 문관과 무관의 차별 완화 → [녹과전] 경기 8현의 토지 지급 → [4)⁢] 경기 지역의 토지 지급
경제 발달	• 농업 발달: 깊이갈이 일반화, 시비법 발달(휴경지 감소), 2년 3작 보급(콩·조·보리), 이앙법 보급(남부 지방 일부), 『농상집요』 소개(이암), 목화씨 전래(문익점) • 수공업 발달: 소 수공업 발달(금소·철소·은소·자기소 등) • 상업 발달: 5)⁢ 설치(서적점·약점·주점·다점 등), 경시서 설치 • 화폐 발행: 성종(건원중보), 숙종[주전도감 설치, 해동통보·삼한통보·은병(6)⁢) 등 발행] • 국제 무역: 7)⁢ 가 국제 무역항으로 번성

2. 고려의 사회

민생 안정책	제위보(광종, 빈민 구제), 흑창·의창(태조·성종, 빈민 구제), 8)⁢ (물가 조절 기구), 동·서 대비원(환자 치료 및 빈민 구제), 혜민국(환자에게 의약품 지급), 구제도감(환자 치료)

3. 고려의 문화

불교	균여(귀법사 창건, 『보현십원가』 저술), 의천(9)⁢ 개창, 교관겸수 제시, 『신편제종교장총록』 편찬), 지눌(수선사 결사 전개, 정혜쌍수 · 10)⁢ 제시), 혜심(유·불 일치설 제창), 요세(백련 결사 주도, 11)⁢ 강조)
문화유산	• 사원: 안동 봉정사 극락전, 영주 부석사 무량수전 • 탑: 평창 월정사 8각 9층 석탑, 개성 경천사지 10층 석탑 • 불상: 영주 부석사 소조 여래 좌상, 하남 하사창동 철조 석가여래 좌상, 논산 관촉사 석조 미륵 보살 입상, 파주 용미리 마애 이불 입상 • 청자: 상감 청자 → 분청사기
유학 교육	• 사학 융성: 최충의 9재 학당 → 사학 12도 발달, 관학 위축 • 관학 진흥책: 숙종(서적포 설치), 예종(7재, 양현고, 청연각 · 12)⁢ 설치), 인종(경사 6학 정비)
역사서	『13)⁢ 』(김부식, 기전체, 유교적 합리주의 사관), 『동명왕편』(이규보, 동명왕의 일대기를 서사시 형태로 서술), 『14)⁢ 』(각훈, 삼국 시대 승려들의 전기 정리), 『삼국유사』(일연, 불교사 중심, 고대 민간 설화 수록), 『제왕운기』(이승휴, 단군 조선 내용 수록)
과학 기술	『직지심체요절』[세계 최고(最古) 금속 활자본], 화포 제작(최무선, 화통도감)

정답 1) 역분전 2) 인품 3) 현직 4) 과전법 5) 관영 상점 6) 활구 7) 벽란도 8) 상평창 9) 천태종 10) 돈오점수 11) 법화 신앙
12) 보문각 13) 삼국사기 14) 해동고승전

퀴즈

1 키워드와 관련된 것을 알맞게 연결해보세요.

① 이규보 •　　　　　　• ㉠ 『삼국유사』

② 일연 •　　　　　　　• ㉡ 『삼국사기』

③ 김부식 •　　　　　　• ㉢ 『동명왕편』

2 〈보기〉에서 골라 빈칸을 채워보세요.

┤ 보기 ├

경정 전시과　　　　역분전　　　　개정 전시과

① 공신에게 공로와 인품에 따라 (　　　)을 지급하였다. [50회]

② (　　　　　　)는 관등에 따라 관리에게 전지와 시지를 차등 지급하였다. [43회]

③ (　　　　　　)는 현직 관리에게 전지와 시지를 지급하였다. [39회]

3 아래 표에 있는 초성을 완성해보세요.

고려 시대의 승려	주요 활동
의천	해동 천태종 창시, ㄱㄱㄱㅅ 주장, 『신편제종교장총록』 편찬
지눌	수선사 결사 운동 전개, 돈오점수와 ㅈㅎㅆㅅ 강조, 『권수정혜결사문』 저술
요세	백련 결사 주도, ㅂㅎ ㅅㅇ 강조

4 아래 기출 사료와 관련 있는 기구를 써보세요.

　　내가 듣건대, 덕이란 오직 정치를 잘 하는 것일 뿐이고, 정치의 요체는 백성을 잘 기르는 데에 있으며, 나라는 사람을 근본으로 삼고 사람은 먹는 것을 하늘로 삼는다고 하였다. 이에 우리 태조께서는 흑창(黑倉)을 설치하셨다. …… 쌀 1만 석을 더 보태고, 그 이름을 바꾸도록 하라.

[32회]

→ □□

정답

1 ① ㉢ ② ㉠ ③ ㉡　　2 ① 역분전 ② 개정 전시과 ③ 경정 전시과
3 교관겸수, 정혜쌍수, 법화 신앙　4 의창

대표 기출 문제

1　49회 13번

다음 자료에 나타난 시기의 경제 상황으로 옳은 것은?[1점]

○ 화폐를 주조하는 법을 제정하여, 그것에 따라 주조한 전(錢) 15,000관을 재추와 문무 양반 및 군인에게 나누어 주어 화폐 사용의 시작점으로 삼고 이름을 해동통보라고 하였다.

○ 주현에 명령하여 미곡을 내어 술과 음식을 파는 점포를 열고 백성에게 교역을 허락하여 전(錢)의 이로움을 알게 하였다.

① 모내기법이 전국적으로 확산되었다.

② 초량 왜관을 통해 일본과 무역하였다.

③ 독점적 도매 상인인 도고가 활동하였다.

④ 감자, 고구마 등의 작물이 널리 재배되었다.

⑤ 경시서의 관리들이 수도의 시전을 감독하였다.

2　46회 18번

다음 자료에 나타난 시기의 사회 모습으로 옳은 것은?

[2점]

　　왕이 명하기를, "개경 내의 백성들이 역질에 걸렸으니 마땅히 구제도감을 설치하여 이들을 치료하고, 또한 시신과 유골은 거두어 묻어서 비바람에 드러나지 않게 할 것이며, 관리들을 나누어 보내 동북도와 서남도의 굶주린 백성을 진휼하라."라고 하였다.

① 을파소의 건의로 진대법이 실시되었다.

② 기근에 대비하기 위해 『구황촬요』가 발간되었다.

③ 우리 풍토에 맞는 농법을 소개한 『농사직설』이 편찬되었다.

④ 국산 약재와 치료 방법을 정리한 『향약집성방』이 간행되었다.

⑤ 기금을 모아 그 이자로 빈민을 도와주는 제위보가 운영되었다.

3

48회 15번

밑줄 그은 '그'에 대한 설명으로 옳은 것은?　　　[2점]

이것은 경상북도 칠곡군 선봉사에 있는 비석입니다. 문종의 아들인 그가 국청사를 중심으로 천태종을 개창한 행적이 기록되어 있습니다.

① 「보현십원가」를 지어 불교 교리를 전파하였다.
② 불교 개혁을 주장하며 수선사 결사를 조직하였다.
③ 『선문염송집』을 편찬하고 유·불 일치설을 주장하였다.
④ 불교 관련 설화를 중심으로 『삼국유사』를 저술하였다.
⑤ 이론 연마와 수행을 함께 강조하는 교관겸수를 제시하였다.

4

46회 14번

(가)에 들어갈 내용으로 적절한 것은?　　　[2점]

여기는 순천시 조계산에 자리한 송광사입니다. 해인사, 통도사와 함께 우리나라 삼보사찰(三寶寺刹) 중 하나로, 16명의 국사를 배출하여 승보사찰(僧寶寺刹)로 불립니다. 이곳에서 (가)

① 일연이 『삼국유사』를 집필하였습니다.
② 원효가 『금강삼매경론』을 저술하였습니다.
③ 의천이 『신편제종교장총록』을 편찬하였습니다.
④ 지눌이 정혜쌍수와 돈오점수를 내세웠습니다.
⑤ 요세가 법화 신앙을 바탕으로 백련 결사를 이끌었습니다.

5

54회 13번

밑줄 그은 '역사서'에 대한 설명으로 옳은 것은?　　　[1점]

이번에 왕명을 받아 편찬한 역사서에 대해 설명해 주세요.

이 책은 묘청의 난을 진압한 뒤, 우리나라의 역사를 좀 더 잘 알아야 한다는 폐하의 말씀에 따라 유교 사관을 바탕으로 삼국의 역사를 충실히 기록하였습니다.

① 남북국이라는 용어를 처음 사용하였다.
② 「사초」, 『시정기』 등을 바탕으로 편찬되었다.
③ 단군의 고조선 건국 이야기를 수록하였다.
④ 본기, 열전 등 기전체 형식으로 서술되었다.
⑤ 고구려 건국 시조의 일대기를 서사시로 표현하였다.

6

49회 12번

(가)에 들어갈 내용으로 적절하지 <u>않은</u> 것은?　　　[3점]

학술 발표회 안내

우리 연구회에서는 고려 시대 문화유산에 대한 학술 발표회를 마련하였습니다. 관심 있는 분들의 많은 참석 바랍니다.

■ 주제: (가)
■ 일시: 2020년 ○○월 ○○일 14:00~17:00
■ 장소: △△ 연구회 회의실

① 논산 개태사 철확의 제작 시기
② 예산 수덕사 대웅전의 공포 구조
③ 서울 원각사지 십층 석탑의 건립 목적
④ 안동 이천동 마애 여래 입상의 조성 배경
⑤ 청주 흥덕사에서 간행된 『직지심체요절』의 특징

대표 기출 문제의 정답 및 문제풀이 방법을 다음 페이지에서 확인하세요. ➡

대표 기출 문제 정답 및 문제풀이 방법

1	2	3	4	5	6
⑤	⑤	⑤	④	④	③

1 고려 시대의 경제 상황

> ○ 화폐를 주조하는 법을 제정하여, 그것에 따라 주조한 전(錢) 15,000관을 재추와 문무 양반 및 군인에게 나누어 주어 화폐 사용의 시작점으로 삼고 이름을 해동 통보라고 하였다.
> ○ 주현에 명령하여 미곡을 내어 술과 음식을 파는 점포를 열고 백성에게 교역을 허락하여 전(錢)의 이로움을 알게 하였다.

→ 고려 시대

⑤ 경시서의 관리들이 수도의 시전을 감독하였다.

해동통보는 고려 숙종 때 발행된 화폐이다. '다음 자료에 나타난 시기'란 고려 시대를 말한다. 고려 문종 때에는 **경시서를 두어 수도(개경)의 시전을 감독**하였다.

오답 체크
① 모내기법이 전국적으로 확산되었다. → **조선 후기**
② 초량 왜관을 통해 일본과 무역하였다. → **조선 후기**
③ 독점적 도매 상인인 도고가 활동하였다. → **조선 후기**
④ 감자, 고구마 등의 작물이 널리 재배되었다. → **조선 후기**

2 고려 시대의 사회 모습

> 왕이 명하기를, "개경 내의 백성들이 역질에 걸렸으니 마땅히 구제도감을 설치하여 이들을 치료하고, 또한 시신과 유골은 거두어 묻혀져 미바람에 드러나지 않게 할 것이며, 관리들을 나누어 보내 동북도와 서남도의 굶주린 백성을 진휼하라."라고 하였다.

→ 고려 시대

⑤ 기금을 모아 그 이자로 빈민을 도와주는 제위보가 운영되었다.

예종 때 개경 내의 백성들이 역질(전염병)에 걸려서 이들을 치료하기 위해 구제도감을 설치하였다. '다음 자료에 나타난 시기'란 고려 시대를 말한다. 고려 광종 때에는 **기금을 모아 그 이자로 빈민을 도와주는 제위보가 운영**되었다.

오답 체크
① 을파소의 건의로 진대법이 실시되었다. → **고구려(고국천왕)**
② 기근에 대비하기 위해 『구황촬요』가 발간되었다. → **조선 전기(명종)**
③ 우리 풍토에 맞는 농법을 소개한 『농사직설』이 편찬되었다.
   → **조선 전기(세종)**
④ 국산 약재와 치료 방법을 정리한 『향약집성방』이 간행되었다.
   → **조선 전기(세종)**

3 의천

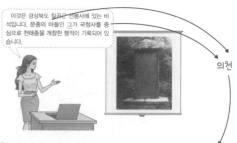

이것은 경상북도 칠곡군 선봉사에 있는 비석입니다. 문종의 아들인 그가 국청사를 중심으로 천태종을 개창한 행적이 기록되어 있습니다.

→ 의천

⑤ 이론 연마와 수행을 함께 강조하는 교관겸수를 제시하였다.

의천은 문종의 넷째 아들로, **국청사를 중심으로 천태종을 개창**하였다. 의천은 **이론의 연마와 수행을 함께 강조하는 교관겸수를 제시**하였으며, 교관겸수 사상을 바탕으로 교종을 중심으로 선종을 통합하려는 불교 통합 운동을 전개하였다.

오답 체크
① 『보현십원가』를 지어 불교 교리를 전파하였다. → **균여**
② 불교 개혁을 주장하며 수선사 결사를 조직하였다. → **지눌**
③ 『선문염송집』을 편찬하고 유·불 일치설을 주장하였다. → **혜심**
④ 불교 관련 설화를 중심으로 『삼국유사』를 저술하였다. → **일연**

4 지눌

여기는 순천시 조계산에 자리한 송광사입니다. 해인사, 통도사와 함께 우리나라 삼보사찰(三寶寺刹) 중 하나로, 16명의 국사를 배출하여 승보사찰(僧寶寺刹)로 불립니다. 이곳에서

(가)

→ 지눌

④ 지눌이 정혜쌍수와 돈오점수를 내세웠습니다.

지눌, 혜심 등 큰 스님들을 많이 배출한 **순천 송광사**는 삼보사찰 중의 하나인 승보사찰이다. 이곳에서 **지눌**은 승려 본연의 자세로 돌아가 독경과 선 수행, 노동에 두루 힘쓰자며 '**정혜쌍수**', '**돈오점수**'를 주장하였다.

오답 체크
① 일연이 『삼국유사』를 집필하였습니다. → **일연(고려)**
② 원효가 『금강삼매경론』을 저술하였습니다. → **원효(신라)**
③ 의천이 『신편제종교장총록』을 편찬하였습니다. → **의천(고려)**
⑤ 요세가 법화 신앙을 바탕으로 백련 결사를 이끌었습니다.
   → **요세(고려)**

5 『삼국사기』

이번에 왕명을 받아 편찬한 역사서에 대해 설명해 주세요.

이 책은 묘청의 난을 진압한 뒤, 우리나라의 역사를 좀 더 잘 알아야 한다는 폐하의 말씀에 따라 유교 사관을 바탕으로 삼국의 역사를 충실히 기록하였습니다.

『삼국사기』

④ 본기, 열전 등 기전체 형식으로 서술되었다.

고려 인종 때 김부식이 편찬한 『삼국사기』는 유교적 합리주의 사관을 바탕으로 삼국의 역사를 서술한 현존하는 우리나라 최고(最古)의 역사서이다. 『삼국사기』는 역사를 본기, 지, 열전, 연표 등으로 나누어 서술한 기전체 형식을 갖추고 있다.

오답 체크
① 남북국이라는 용어를 처음 사용하였다. → 『발해고』
② 『사초』, 『시정기』 등을 바탕으로 편찬되었다. → 『조선왕조실록』
③ 단군의 고조선 건국 이야기를 수록하였다.
　　→ 『삼국유사』, 『제왕운기』 등
⑤ 고구려 건국 시조의 일대기를 서사시로 표현하였다. → 『동명왕편』

✔ 또 나올 암기 포인트
『삼국사기』와 『삼국유사』

구분	『삼국사기』	『삼국유사』
저자	김부식	일연
편찬 시기	고려 중기, 인종(1145)	원 간섭기, 충렬왕(1281)
사관	보수적, 유교적 합리주의 사관	불교적, 자주적 민족주의 사관
계승 의식	신라 계승	고조선 계승
의의	현존하는 우리나라 최고(最古)의 역사서	단군 신화를 수록

6 고려 시대의 문화유산

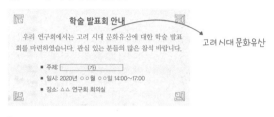

학술 발표회 안내

우리 연구회에서는 고려 시대 문화유산에 대한 학술 발표회를 마련하였습니다. 관심 있는 분들의 많은 참석 바랍니다.

■ 주제: ____(가)____
■ 일시: 2020년 ○○월 ○○일 14:00~17:00
■ 장소: △△ 연구회 회의실

고려 시대 문화유산

③ 서울 원각사지 십층 석탑의 건립 목적 → 조선 시대

원각사지 10층 석탑은 고려 경천사지 10층 석탑의 영향을 받아 조선 세조 때 세워진 석탑이다. '고려 시대의 문화유산'이 아니다.

오답 체크
① 고려 시대에 논산 개태사 철확이 제작되었다.
② 고려 시대에 예산 수덕사 대웅전이 지어졌다.
④ 고려 시대에 안동 이천동 마애 여래 입상이 조성되었다.
⑤ 고려 시대에 청주 흥덕사에서 『직지심체요절』이 간행되었다.

✔ 또 나올 암기 포인트
고려 시대의 대표 문화유산

사원	안동 봉정사 극락전, 영주 부석사 무량수전, 황해도 사리원 성불사 응진전
탑	평창 월정사 8각 9층 석탑, 개성 경천사지 10층 석탑
불상	영주 부석사 소조 여래 좌상, 하남 하사창동 철조 석가 여래 좌상, 논산 관촉사 석조 미륵보살 입상, 파주 용미리 마애 이불 입상
청자	청자 참외모양 병, 청자 상감 운학문 매병

IV. 조선 시대

1300년	1392	태조 이성계, 조선 건국
	1394	태조 이성계, 한양 천도
1400년	1419	세종, 이종무의 대마도 정벌
	1446	세종, 훈민정음 반포
	1453	단종, 계유정난
	1474	성종, 『경국대전』 반포
	1498	연산군, 무오사화
1500년	1504	연산군, 갑자사화
	1519	중종, 기묘사화
	1545	명종, 을사사화
	1592	선조, 임진왜란 발발
1600년	1623	광해군, 인조반정
	1627	인조, 정묘호란 발발
	1636	인조, 병자호란 발발
	1680	숙종, 경신환국
	1689	숙종, 기사환국
	1694	숙종, 갑술환국
1700년	1750	영조, 균역법 실시
	1791	정조, 신해박해
		정조, 신해통공 반포
1800년	1811	순조, 홍경래의 난
	1862	철종, 임술 농민 봉기

15강 조선의 건국과 통치 체제의 정비

태정태세문단세... 이 순서를 외우고 있나요? 조선 초기의 왕들을 공부할 때는 '세종'을 중심에 두고 다른 왕들과 다른 점을 살펴보는 것이 효율적입니다. 우리는 이 단원에서 『경국대전』에 명문화된 조선의 통치 체제에 대해서도 살펴볼 예정입니다.

『훈민정음』 ▶

▣ 조선의 건국과 기틀 마련

| 조선이 건국되다

이성계는 우왕 때 황산 대첩에서 아지바투가 지휘하던 왜구를 섬멸하였다(1380). 그리고 요동 정벌을 떠났다가 위화도에서 회군(1388)하여 최영을 숙청하고, 우왕을 폐하였다. 창왕을 세웠으나 다시 폐하고, 공양왕을 세웠다(1389). 공양왕 때 군권을 장악하고(1391), 과전법을 시행하였다(1391). 그리고 조선의 첫 번째 왕이 되었다(1392).

| 태조, 정도전을 중심으로 개혁을 추진하다

제1대 왕은 **태조 이성계**(1392~1398)이다. 태조가 왕이 되었을 때 아직 국호는 고려(高麗)였고, 수도도 개경에 있었다. 그러나 곧 국호를 '고조선의 계승자'라는 의미로 조선(朝鮮)으로 바꿨다(1393). 태조는 정도전, 조준 등 소수의 재상을 중심으로 정치를 운영하였다.

태조는 **한양**으로 천도하면서 처음으로 **경복궁**을 지었다(1394). 삼봉 정도전(1342~1398)은 『시경』에 나오는 경복(景福, 큰 복을 빈다)이라는 말을 빌려 경복궁의 이름을 지었다. 경복궁의 정전인 근정전(勤政殿)은 '부지런히 정사를 돌본다'는 뜻인데, 이것도 정도전이 지은 이름이다.

정도전은 『**조선경국전**』(1394)과 『**경제문감**』(1395)을 저술하여 통치 제도 정비에 기여하였다. 그리고 그도 성리학자였으므로 『**불씨잡변**』을 지어 불교를 비판하였다. **표전문 사건**이 원인이 되어 정도전을 중심으로 **요동 정벌이 추진**되었을 때에는 진법과 진도를 제작하고, 사병 혁파를 주장하였다.

왕자의 난이 일어나다

이방원이 중심이 된 큰 사건도 있었다. 태조는 일찌감치 여덟 번째 아들인 이방석을 세자로 정하고 있었다(1392). 이에 불만을 가진 다섯 번째 아들 이방원은 방석과 그를 지지하는 정도전, 남은 등을 죽였다(1398). 왕위 계승을 둘러싸고 일어난 이 사건을 '1차 왕자의 난'이라고 한다.

제2대 왕 **정종**(1398~1400) 때에도 왕자의 난이 일어났다. 태조의 셋째 아들 방간이 이방원에게 도전장을 내밀었으나 패하여 유배를 가게 되었고, 박포 등 방간의 지지 세력도 모두 죽임을 당하였다(1400). 이것을 '2차 왕자의 난'이라고 한다.

태종, 왕권을 강화하다

제3대 왕은 **태종**(1400~1418)이다. 태종 이방원은 형(정종)이 2년 만에 왕위를 포기하면서 그 자리를 차지하게 되었다. 두 차례 왕자의 난의 '중심'에 서 있었던 태종이기에, 사방에 적도 많았다. 그래서 태종은 이를 악물고 '**왕권 강화**'에 돌입하였다. 태종은 우선 고려 시대에 문하부(중서문하성)의 낭사가 가지고 있던 서경과 간쟁의 기능을 **사간원이라는 관청으로 독립**시켰다(1401). 사간원을 언론 기관으로 독립시켜 영의정, 우의정, 좌의정 등의 대신들을 견제하게 한 것이다.

또한 태종은 **6조 직계제(六曹直啓制)를 처음 실시**하여 의정부의 정치적 권한을 약화시키고, 국왕 중심의 집권 체제로 정비하였다(1414). 『경국대전』에 따르면 의정부가 국가의 모든 업무를 처리하고, 6조는 그 아래에서 실무 집행을 하는 부서에 불과하였다. 그러나 왕권 강화가 절실하였던 태종은 6조가 중요 사안을 왕에게 직접 보고하도록 하였다. 그리고 왕자 시절에 많은 사병을 가지고 있던 태종이지만, 다른 사람들이 사병을 가지고 있어서는 안 된다며 대대적으로 **사병을 혁파**하였다.

태종

앞으로는 6조의 업무를 판서가 직접 과인에게 아뢰도록 하시오.

🎬 기출 한 컷 [24회]

기출 핵심 키워드 암기

▌태종, 개혁 정책을 시행하다

태종은 민생 안정에도 신경을 많이 썼다. 우선 창덕궁 앞에 **신문고**라는 '북'을 설치하였다(1401). 원통하고 억울한 일을 당한 사람이 있으면, 누구든지 와서 북을 치고 자기의 사정을 알리는 제도였다. 그러나 이 북은 상민이나 노비, 지방민 등은 제대로 칠 수 없었기 때문에 널리 활용되지 못하였다. 또한 태종은 호구 파악을 위해 **호패법(號牌法)을 처음 도입**하였다(1413). 호패는 신분 증명서와 같은 것인데, 16세 이상의 남자들이 허리에 차고 다녔다. 『태종실록』에 보면 호패법 때문에 '백성들이 유망(流亡)할 마음을 근절'하였다고 하는데, 고향을 떠나 여기저기 떠돌아다니는 것을 방지하는 것이 호패법의 또 하나의 목적이었다.

그리고 태종은 활자의 주조를 담당하는 관청인 **주자소를 설치**하여 조선 최초의 동활자인 계미자를 **주조**하였다(1403). 고려 시대에 『직지심체요절』을 찍어낼 때보다 주조술은 발달했지만, 활자의 크기나 모양이 고르지는 않았다고 한다. 또 태종은 현존하는 동양에서 가장 오래된 세계 지도인 **혼일강리역대국도지도를 제작**하였다(1402).

> **기출 핵심 키워드 암기**
>
> ① 태종 - 호구의 정확한 파악을 위해 ㅎㅍㅂ 을 시행하였다. [40·38회]
> ② 태종 - 주자소를 설치하여 ㄱㅁㅈ 를 주조하였다. [54·51회]
> ③ 태종 - 세계 지도인 ㅎㅇㄹㄹㅇㄷㄱㄷㅈㄷ 가 제작되었다. [49·38회]

정답 ① 호패법 ② 계미자 ③ 혼일강리역대국도지도

▌세종, 대마도를 정벌하다

제4대 왕은 **세종**(1418~1450)이다. 세종은 즉위하자마자 **이종무**를 보내 왜구의 근거지인 **대마도(쓰시마섬)를 정벌**하였다(1419). 그런데 호되게 당한 이들이 통상을 간청하자, 세종은 **부산포, 제포, 염포의 3포(三浦)를 개항**하여 무역을 허용하였다(1426). 이후 왜인의 출입이 증가하고 식량의 유출이 심해지자 세종은 제한된 범위의 무역을 허용하기 위해 **계해약조를 체결**하였다(1443). 세종은 이를 통해 1년에 우리나라와 일본을 왕래할 수 있는 **세견선(무역선)을 50척으로 제한**하였다.

> **기출 핵심 키워드 암기**
>
> ① 세종 - ㅇㅈㅁ 가 왜구의 근거지인 대마도(쓰시마섬)를 정벌하였다. [47·43회]
> ② 세종 - 제한된 범위의 무역을 허용한 ㄱㅎㅇㅈ 가 체결되었다. [51·47회]

정답 ① 이종무 ② 계해약조

세종, 공법을 시행하다

세종은 전국 17만 2,806명에게 여론 조사를 하여 조세 제도 개혁을 단행하였다. 세종은 마침내 **공법(貢法)** 체계를 마련하였다(1444). 이 제도는 **토지의 비옥도에 따라 세 부담을 달리하는 전분 6등법**과 **풍흉의 정도에 따라 세 부담을 달리하는 연분 9등법**으로 이루어졌다. 연분 9등법은 매년 풍흉을 판단하여 상상년, 상중년, 상하년 등으로 구분하는 제도였는데, 이에 따라 1결당 4두에서 최고 20두까지 받기로 하였다. **연분 9등법을 시행**하여 수취 체제를 정비하였으며, 수확량은 크게 늘었는데 세금은 적어졌으니 농민들에게는 좋은 세상이 온 것이다.

세종, 민족 문화 발전에 힘쓰다

세종은 즉위 초기부터 학문 연구를 중요하게 여겨 **집현전을 설치**하였다(1420). 집현전은 학자 양성과 학문 연구를 위한 기관으로, 가장 중요한 직무는 왕을 가르치는 경연(經筵)이었다. 또한 세종은 과학 기술에도 관심이 많았는데, 해시계인 **앙부일구(仰釜日晷)**를 혜정교와 종묘 앞에 설치하여 백성들이 모두 볼 수 있도록 하였다. 그리고 천민 **장영실**을 특별히 채용하여 **자격루(自擊漏)**라는 물시계를 완성하였다(1434). 또 천체의 운행을 측정하는 **혼천의**를 제작하기도 하였다.

세종은 개량된 금속 활자인 **갑인자(甲寅字)**를 주조하였다(1434). 그리고 민본 사상 등을 담은 많은 서적을 출간하였다. 우리 풍토에 맞는 농법을 정리한 『**농사직설**』, 충신·효자 등의 행적을 수록한 『**삼강행실도**』, 국산 약재와 치료 방법을 정리한 『**향약집성방**』, 한양을 기준으로 한 독자적 역법서인 『**칠정산**』 「내편」과 「외편」, 왕실을 찬양한 「용비어천가」 등이 모두 세종 때의 편찬물이다. 세종의 가장 큰 업적은 **훈민정음(訓民正音) 창제**이다. 세종은 집현전 학사들의 도움을 받아 훈민정음을 창제하고(1443), 3년간의 검증 기간을 거쳐 반포하였다(1446).

새로 만든 글자를 훈민정음이라 하고, 널리 보급하도록 하시오.

세종

🎬 기출 한 컷 [32회]

▌세종, 4군 6진을 개척하고 영토를 확장하다

세종은 안정된 왕권을 기반으로 4군 6진을 설치하여 북방 영토를 개척하였다. 김종서로 하여금 여진족을 물리치게 하고 두만강 유역에 경원, 종성, 회령 등 6진을 개척하였다. 그리고 최윤덕으로 하여금 여진족을 물리치게 하고 압록강 유역에 여연군, 우예군, 자성군, 무창군 등의 4군을 설치하였다. 이로써 우리나라의 국경이 압록강과 두만강을 잇는 선으로 확장되었다. 영토를 확장한 세종은 남부의 주민을 이주시켜 북부 지역에 살게 하는 사민(徙民) 정책을 실시하고, 이곳의 토착민을 관리로 삼는 토관(土官) 제도를 실시하기도 하였다.

세종은 신무기인 신기전을 개발하였다(1448). 사실 세종이 개발했다기보다는 나중에 문종이 되는 세자가 무기에 관심이 많았다.

기출 핵심 키워드 암기

세종 – ☐4ㄱ 6ㅈ☐ 을 설치하여 북방 영토를 개척하였다. [56·55회]

정답 4군 6진

▌세조, 단종을 몰아내고 왕위를 찬탈하다

제7대 왕은 세조(1455~1468)이다. 세조는 세종의 둘째 아들이고, 문종의 동생이며, 단종의 삼촌이다. 문종이 일찍 죽고 어린 단종(폐위된 후 노산군으로 강등됨)이 즉위하자(1452), 다음 해 10월에 한명회, 권람 등과 함께 계유정난을 일으켜 김종서 등의 반대 세력을 숙청하고 정권을 장악하였다(1453). 그리고 2년 후 조카를 쫓아내고 왕위에 올랐다(1455). 그런데 조카를 몰아낸 사실은 신하들 사이에서 큰 문제점으로 지적되었다. 그래서 성삼문, 박팽년, 이개, 하위지, 유성원, 유응부 등 이른바 사육신(死六臣)이 단종 복위를 계획했다. 그러나 단종 복위 계획이 발각되면서 많은 사람들이 사형에 처해졌다(1456). 세조는 집현전 학사들이 이 계획을 주도했다고 여겨 집현전(集賢殿)을 폐지하였다(1456).

▌세조, 약해진 왕권을 다시 강화하다

세조는 왕권을 강화하기 위해 6조 직계제를 부활시켜 국왕 중심의 집권 체제를 수립하려고 하였다. 세종, 문종, 단종을 이어오며 의정부의 역할이 너무 커졌기 때문이었다. 세조는 국방에도 관심을 기울였다. 세조는 궁궐과 도성을 수비하기 위하여 5위 체제를 수립하였다(1457). 그리고 지방 군사 제도로 진관(鎭管) 체제를 두었다. 세조가 중앙 집권을 위해 수령을 통한 유향소의 감독을 강화하려고 하자 함경도 길주의 토호 세력이었던 이시애가 아우 이시합과 함께 반란을 일으켰다(1467). 이시애의 난은 3개월 만에 진압되었지만, 이로 인해 유향소(留鄕所)가 폐지되었다.

세조 이전에는 과전법이 시행되고 있었기 때문에, 전·현직 관료가 모두 토지를 지급받을 수 있었다. 그러나 세조는 과전법을 폐지하고 현직 관료에게만 수조권을 지급하는 **직전법(職田法)을 시행**하였다(1466).

세조는 조선에서는 보기 드물게 '숭불(崇佛) 정책'을 시행한 왕이다. 세조는 원각사라는 절을 세우고, 여기에 대리석으로 만든 **원각사지 10층 석탑**을 세웠다. 원각사지 10층 석탑은 고려 충목왕 때 세운 경천사지 10층 석탑과 매우 비슷하여, 우리는 그 영향을 짐작해 볼 수 있다.

기출 핵심 키워드 암기

세조 – ㅈㅈㅂ 을 실시하여 현직 관리에게만 수조권을 지급하였다. [51·45회]

정답 직전법

▌성종, 문물 제도를 완성하다

제9대 왕은 **성종**(1469~1494)이다. 성종은 왕권을 강화하기 위해 김종직, 김굉필 등 **사림 세력을 등용**하였다. 훈구파를 견제하기 위해서였다. 그리고 세조 때 폐지되었던 집현전을 계승하여 **홍문관(弘文館)을 설치**하였다(1478). 집현전의 기능이 복구되어 설치된 홍문관은 학술 기관으로 경연을 관장하였다. 성종 때의 경연은 왕과 신하가 함께 모여 정책을 토론하고 심의하는 중요한 자리가 되었다.

성종은 '문화'에 관심이 많았다. 성종은 세조 때 시작했으나 완성하지 못한 『**경국대전**』을 완성하여 **반포**하였다(1474). 서적 간행도 활발히 추진하여 고조선부터 고려까지의 역사를 정리한 『**동국통감**』, 한문학 작품집인 『동문선』, 각 도의 지리, 풍속 등이 수록된 『**동국여지승람**』, 국가의 의례를 정비한 『**국조오례의**』를 편찬하였다. 신숙주는 일본에 다녀와서 『**해동제국기**』를 편찬하였고, 성현 등은 『**악학궤범**』이라는 음악책을 간행하였다. 강희맹은 자신의 경험을 바탕으로 『**금양잡록**』을 저술하였다.

성종은 정희 왕후 등 세 분의 대비를 모시기 위해 수강궁을 수리하여 창경궁을 세웠다(1484). 태조 때 경복궁, 태종 때 창덕궁이 설치되었고, 이제 세 번째 궁궐이 세워진 것이다.

기출 핵심 키워드 암기

① 성종 – 『ㄱㄱㄷㅈ』을 완성하여 법령을 정비하였다. [51·50회]
② 성종 – 성현 등이 『ㅇㅎㄱㅂ』을 편찬하였다. [49·38회]

정답 ① 경국대전 ② 악학궤범

2 조선의 통치 체제

중앙 정치 조직

의정부와 6조

조선은 '백성이 나라의 근본'이라는 민본주의(民本主義)를 국가 통치 이념으로 삼았다. 그런 통치 체제는 『경국대전』에 법제화되었다. 조선의 국정을 총괄하는 최고 권력 기관은 **의정부**이다. 의정부는 그 아래에 이조, 호조, 예조, 병조, 형조, 공조의 **6조**를 두었다. 의정부가 '결정'하면, 6조가 '집행'하는 구조였다. 그러나 태종 때 **6조 직계제**를 실시하여 의정부의 권한이 약화되었으며, 조선 중기 이후에는 **비변사의 권한이 확대**되면서 의정부의 입지는 다시 좁아졌다.

왕권과 신권의 조화

왕권을 강화하기 위해 설치한 관청은 **승정원(수장: 도승지)**과 **의금부(수장: 판사)**이다. **승정원**은 왕명 출납을 맡은 왕의 비서 기관으로, 은대(銀臺)라고도 했다. **의금부는 반역죄, 강상죄(유교 윤리를 어긴 죄) 등 큰 죄인들을 다루는 국왕 직속 사법 기관**이다. 권력을 견제하기 위해 설치한 관청은 흔히 '**3사**'라고 불리는 **사헌부(수장: 대사헌), 사간원(수장: 대사간), 홍문관(수장: 대제학)**이다. 이 세 관청은 정책에 대한 의견을 밝힌다는 의미에서 '3사 언론'으로 불리거나, 청빈함이 요구되는 자리라는 의미에서 '청요직'이라고 불리기도 했다. 이중 사간원과 사헌부는 양사(兩司)로 불렸고 그 관원은 대간(臺諫)이라 하였으며, **5품 이하의 관리의 임명 과정에서** 서경권을 행사하였다. 사간원만의 기능은 '간쟁'이고, 사헌부만의 기능은 '감찰'이었다. (3사이지만, 양사는 아닌) **홍문관**은 집현전을 계승하여 설치한 학술 기관으로, **옥당(玉堂)**이라고도 불리며 경연을 **담당**하였다.

기타 중앙 정치 조직

한성부는 수도의 치안과 행정을 담당하는 관청이고, **춘추관**은 『실록』을 보관하고 관리하는 업무를 관장하였다. **장례원**은 노비 문서를 관리하고 노비에 관한 소송을 맡은 관청이었다.

비변사

중종(1506~1544) 때 **3포 왜란**이 일어났다. 조선 정부는 병조(兵曹, 지금의 국방부)가 외적의 침입에 효율적으로 대응하지 못한다는 사실을 인정해야 했다. 그래서 '변방의 방비를 담당하는 기구'라는 의미의 **비변사(備邊司)가 임시 기구로 설치**되었다(1517). 명종(1545~1567) 때 **을묘왜변**을 계기로 비변사는 상설 기구화되었다.

　선조(1567~1608) 때 임진왜란을 거치며 비변사는 **국정 최고 기구로 성장**하였다. 3정승과 5조 판서(6조 중 공조 제외) 등이 비변사 회의에 참여하였다. 비변사의 기능이 강화되자 의정부와 6조 중심의 행정 체계는 유명무실해졌다. 세도 정치기에는 비변사를 중심으로 소수의 가문이 권력을 행사하였다. 그러다가 **19세기 흥선 대원군 때 폐지**되었다.

▎지방 행정 조직

관찰사·수령·향리

조선은 전국을 **8도**로 나누고, 관내 군현의 수령을 감독하고 근무 성적을 평가하기 위해 **관찰사(감사, 방백, 도백으로 불림)를 파견**하였다. 8도 아래에는 부, 목, 군, 현을 두었는데, 여기에 파견되는 부윤, 목사, 군수, 현령 등을 수령이라고 불렀다. **수령**은 지방에서 **행정권, 사법권, 군사권을 행사**하였다.

　수령 아래에는 **향리**가 있었는데, 조선 시대의 향리는 **수령의 행정 실무를 보좌**하는 세습적인 아전으로 격하되어 고려에 비해 지위가 낮아졌다. 조선 시대 향리들은 호장, 기관, 장교, 통인 등으로 분류되었다. 호장은 고려 시대부터 쓰던 명칭으로, 향리직의 최고위를 의미한다. 이들은 중앙의 6조 조직을 모방하여 이·호·예·병·형·공방으로 나누어 직무를 분담하였다.

> ┌ 기출 핵심 키워드 암기 ┐
>
> 향리 - [ㅅㄹ]을 보좌하며 행정 실무를 담당하였다. [48회]
>
> 당수 : 답정

유향소와 경재소

유향소(留鄕所)란 '품계는 있으나 향촌에 머무는 양반들'이 조직한 향촌 자치 기구이다. 유향소는 수령의 보좌 및 감시, 향리의 규찰 및 감시, 백성의 교화를 담당하였다. 유향소 운영을 위해 향회(향안에 오른 사족들의 총회)에서 **좌수와 별감을 선발**하였다. 정부는 유향소를 통제하기 위해 서울에 **경재소**를 두었다. 경재소에서는 지방 출신의 중앙 고관을 출신 지역의 책임자로 임명하였다.

관리 등용 제도

조선 시대에 관리가 되는 방법에는 **과거, 음서** 등이 있었는데, 과거가 음서보다 더 중시되었다. 고려 시대와 크게 다른 점이 있다면 문과가 소과와 대과로 구분되었고, 무과가 상설되었다는 점이다. 『경국대전』에서 탐관오리의 아들, 서얼, 재가한 여자의 자손은 문과를 볼 수 없도록 규정하였으므로, 이들이 과거를 본다면 무과나 잡과를 봐야 했다.

문과의 소과에는 유교 경전에 대한 이해도를 묻는 **생원시**와 글쓰기 능력을 묻는 **진사시**가 있었다. 소과에 합격한 생원과 진사는 하급 관리가 되거나 성균관에 입학하거나 바로 대과를 볼 수 있었다. 대과는 문과의 최종 관문이므로, 대과를 아예 '문과'라고 부르기도 했다. 초시, 복시, 전시의 3단계로 진행되는 이 시험에 합격하면 홍패를 받을 수 있었다.

무과는 무신 선발을 위한 시험이었고, **잡과**는 기술관을 뽑는 시험이었다. 문과, 무과, 잡과는 모두 3년에 한 번씩 실시하는 것이 원칙이었으나(식년시), 증광시와 알성시 같은 부정기 시험도 있었다.

조선 시대에도 음서가 있었으나, 음서로 관직을 얻은 자라 할지라도 문과에 합격하지 않으면 고관으로 승진하는 것이 어려웠다. 이 외에도 고관의 추천을 받아 관직에 등용하는 천거나, 간단한 시험을 치러 하급 관리를 뽑는 취재도 있었다.

교육 기관

성균관

최고의 국립 교육 기관이었던 '성균관'이라는 학교 명칭은 고려 충렬왕 때 처음 사용하기 시작했다. 조선 정부는 **성균관**을 설치하여 유교 경전을 교육하였다. 성균관은 대성전과 명륜당을 중심으로 두 공간이 나누어졌다. 대성전은 공자를 비롯한 성현의 위패를 봉안하고 제향하는 곳이며, 명륜당은 유교 경전 등을 강의하는 곳이다. 조선의 문과는 소과(생원시와 진사시)와 대과로 구분되어 있었는데, 소과에 합격해야 성균관 입학 자격이 주어졌다.

4부 학당, 향교

중앙에 있는 4부 학당과 지방에 있는 향교에서는 소과를 준비하였다. 4부 학당이란 중앙에 있는 동부 학당, 서부 학당, 남부 학당, 중부 학당을 말한다. 조선 시대의 대표적인 지방 교육 기관은 **향교**이다. 향교에도 성균관과 마찬가지로 대성전과 명륜당이 있었다. 향교는 **전국의 부·목·군·현에 하나씩 설립**되었다. 그리고 중앙에서 교관인 **교수나 훈도가 파견**되었다.

기출 핵심 키워드 암기

① 향교 – 전국의 ㅂ·ㅁ·ㄱ·ㅎ 에 하나씩 설립되었다. [56·50회]
② 향교 – 중앙에서 ㄱㅅ 와 ㅎㄷ 를 파견하기도 하였다. [56·54회]

정답 ① 부·목·군·현 ② 교수, 훈도

서원

서원은 지방의 사림 세력이 주로 설립하였다. 서원은 선현의 제사와 유학 교육을 담당한 교육 기관이다. 최초의 서원은 중종 말기에 주세붕이 안향을 제사 지내기 위해 세운 백운동 서원이다. 백운동 서원은 나중에 풍기 군수로 부임한 이황이 국왕으로부터 편액과 함께 서적 등을 받아 '소수 서원'이라고 이름을 바꿨다.

> 안유(안향)가 살던 이 고을에는 백운동 서원이 있는데, 전 군수 주세붕이 창건하였습니다. …… 임금께 아뢰어 서적과 편액을 내려 주시고 토지와 노비를 지급해 주실 것을 청하고자 합니다.
>
> – 『퇴계선생문집』 [24회]

기출 핵심 키워드 암기

서원 – 지방의 [ㅅㄹ] 세력이 주로 설립하였다. [47·42회]

▎군사 제도

중앙군

조선 전기 세조(1455~1468) 때 의흥위, 용양위, 호분위, 충좌위, 충무위 등의 5위가 수도와 궁궐을 수비하면서 중앙군 역할을 했다. 그러나 5위 제도는 16세기 이후 군역의 대립제가 성행하면서 크게 동요하였다.

조선 후기에는 훈련도감(선조), 어영청·총융청·수어청(인조), 금위영(숙종)의 5군영이 차례대로 설치되었다. 임진왜란으로 국가적 위기를 맞았던 선조(1567~1608) 때 유성룡이 군사력 강화를 위해 훈련도감 설치를 건의하였다. 그리하여 포수, 사수, 살수 등 삼수병으로 구성된 훈련도감이 설치되었다(1593). 인조반정으로 왕이 된 인조(1623~1649)는 즉위하자마자 수도를 방어하기 위해 어영청을 설치하였다(1623). 반정 다음 해에 이괄의 난이 일어났을 때 인조를 공주까지 호종한 군대가 어영청이었다. 그 이후 인조는 북한산성에 총융청을 설치하고(1624), 남한산성에 수어청을 설치하여(1626) 도성을 방비하였다. 마침내 숙종(1674~1720)이 수도 방어를 위하여 금위영을 설치하면서(1682) 5군영이 완성되었다.

기출 핵심 키워드 암기

① 포수·사수·살수의 삼수병으로 편제된 [ㅎㄹㄷㄱ] 이 신설되었다. [56·55회]
② 숙종 때 수도 방어를 위하여 [ㄱㅇㅇ] 을 창설하였다. [51회]

지방군

조선 초기의 지방 군사 제도는 **영진군(營鎭軍) 체제**였다. 국방상의 요지에 영(營)과 진(鎭)을 설치하여 군사를 배치하는 제도였다. 그러나 국경 수비가 무너지면 후방 방어가 어렵다는 단점이 있었다. 내륙에는 유사시에 향토 방위를 맡은 예비군 성격의 **잡색군**이 있었지만, 전투력이 강하지 못했다.

그래서 세조(1455~1468) 때 영진군 체제를 전국으로 확대한 **진관(鎭管) 체제**가 실시되었다. 지역 단위의 방어 체제인 진관 체제는 제대로만 운영된다면 '지방 군사 제도의 완성'이라 부를 수 있는 제도였다. 그러나 16세기에 들어서 군역 회피의 현상이 팽배하면서 진관 체제는 무너지기 시작했다.

진관 체제의 문제점으로 인해, 임진왜란 직전에 **제승방략(制勝方略) 체제**라는 총동원 체제를 둔 적이 있었다. 군사가 부족하니 한 군데로 모여서 싸우자는 것이었다. 그러나 임진왜란을 거치며 다시 진관 체제를 복구하자는 주장이 등장하였다. 그래서 선조(1567~1608) 때 등장한 것이 **속오법(속오군)**이다(1594). 속오법은 진관 체제와 유사하지만, 양반부터 농민, 노비까지 모두 군사로 편제하는 방식이었다.

기출 핵심 키워드 암기

잡색군 – 유사시에 향토 방위를 맡은 ☐☐☐ 이었다. [48·35회]

정답 예비군

빈출 개념 한눈에 암기하기

1. 조선의 건국과 기틀 마련

태조	• 조선 건국: 한양 천도, 경복궁 창건 • 1) 등용: 『조선경국전』, 『경제문감』, 『불씨잡변』 저술
태종	• 왕권 강화 정책: 사간원 독립, 6조 직계제 실시, 사병 혁파 • 사회·문화 정책: 신문고 설치, 2) 실시(호구 파악), 주자소 설치(3) 주조), 혼 일강리역대국도지도 제작

세종	• 공법 시행: 전분 6등법(토지 비옥도 기준), 4) (풍흉 정도 기준) 실시
	• 문화 정책: 집현전 설치, 훈민정음 창제, 앙부일구·자격루·혼천의 제작, 갑인자 주조, 서적 간
	행(『농사직설』, 『삼강행실도』, 『향약집성방』, 『칠정산』, 『용비어천가』 등)
	• 대외 정책
	    – 일본: 대마도 정벌(5)), 3포 개항, 계해약조 체결
	    – 여진: 6) 설치(최윤덕·김종서) → 사민 정책, 토관 제도 실시

세조	집현전 폐지, 6조 직계제 부활, 이시애의 난 진압(→ 유향소 폐지), 직전법 실시
성종	사림 세력 등용, 홍문관 설치, 『7) 』 완성·반포, 서적 간행(『동국통감』, 『국조오례의』, 『해동제국기』, 『악학궤범』 등)

2. 조선의 통치 체제

중앙 정치
조직
	• 의정부: 국정 총괄, 최고 권력 기구
	• 6조: 이조, 호조, 예조, 병조, 형조, 공조
	• 8) (왕명 출납), 의금부(국왕 직속 사법 기관)
	• 3사
	    – 사헌부: 관리의 비리 감찰 ⎤
	    – 사간원: 정책에 대한 간언·간쟁 담당 ⎦ 9) 행사
	    – 10) : 집현전 계승, 경연 주관, 옥당이라고도 불림
	• 기타: 한성부(수도 치안·행정 담당), 춘추관(『실록』 보관 및 관리), 장례원(노비 소송)

지방 행정 조직	• 지방 행정 구역: 전국을 8도로 나누고, 8도 아래 부·목·군·현 설치 • 지방 행정 조직 운영: 11) (8도에 파견, 수령 감독), 12) (부·목·군·현에 파견, 지 방의 행정·사법·군사권 행사), 향리(수령의 행정 실무 보좌) • 향촌 사회 통제 기구: 13) (향촌 자치 기구), 경재소(유향소 통제)
군사 제도	• 중앙군: 5위 → 5군영(훈련도감·어영청·총융청·수어청·금위영) • 지방 군사 제도: 영진군 체제 → 진관 체제 → 제승방략 체제 → 속오법

정답 1) 정도전 2) 호패법 3) 계미자 4) 연분 9등법 5) 이종무 6) 4군 6진 7) 경국대전 8) 승정원 9) 서경권 10) 홍문관 11) 관찰사
12) 수령 13) 유향소

퀴즈

1 키워드와 관련된 것을 알맞게 연결해보세요.

① 성종 •　　　　　　　　　• ㉠ 호패법 실시

② 태종 •　　　　　　　　　• ㉡ 『경국대전』 반포

③ 세종 •　　　　　　　　　• ㉢ 집현전 설치

2 〈보기〉에서 골라 빈칸을 채워보세요.

┌─ 보기 ┐

　　한성부　　　　유향소　　　　의금부

① (　　　　)는 국왕 직속 사법 기구로 반역죄, 강상죄 등을 처결하였다. [54·46회]

② (　　　　)는 수도의 치안과 행정을 담당하였다.
[48·16회]

③ (　　　　)는 좌수와 별감을 선발하여 운영되었다.
[51·47회]

3 아래 표에 있는 초성을 완성해보세요.

왕	조선 전기 왕의 문화 정책
태종	세계 지도인 ㅎㅇㄱㄹㅇㄷㄱㄷㅈㄷ 제작
세종	『ㅊㅈㅅ』(역법), 『농사직설』(농업), 『향약집성방』(의학) 등 편찬
성종	『ㄱㅈㅇㄹㅇ』(예법), 『악학궤범』(음악), 『동문선』(문학) 등 편찬

4 아래 기출 자료와 관련 있는 기관을 써보세요.

　　조선 시대 옥당, 옥서로 불렸던 이 기관의 관직을 역임한 인물들의 성명, 주요 관직, 본관 등을 기록한 책이다. 이 기관은 집현전의 기능을 이었으며, 직제에는 영사, 대제학, 부제학, 응교, 교리 등이 있다. [46회]

→ ☐☐☐

대표 기출 문제

1　[48회 19번]

다음 글을 쓴 인물에 대한 설명으로 옳은 것은?　　[2점]

> 　　선유(先儒)가 불씨(佛氏)의 지옥설을 논박하여 말하기를, "…… 불법(佛法)이 중국에 들어오기 전에도 죽었다가 다시 살아난 사람들이 있었는데, 어째서 한 사람도 지옥에 들어가 소위 시왕(十王)*이란 것을 본 자가 없단 말인가? 그 지옥이란 없기도 하거니와 믿을 수 없음이 명백하다."라고 하였다.　　– 『삼봉집』
>
> *시왕(十王): 저승에서 죽은 사람을 재판하는 열 명의 대왕

① 계유정난을 계기로 정계에서 축출되었다.

② 일본에 다녀와서 『해동제국기』를 편찬하였다.

③ 기축봉사를 올려 명에 대한 의리를 내세웠다.

④ 군주의 도를 도식으로 설명한 『성학십도』를 지었다.

⑤ 『조선경국전』을 저술하여 통치 제도 정비에 기여하였다.

2　[59회 19번]

밑줄 그은 '임금'의 재위 시기에 있었던 사실로 옳은 것은?
[2점]

얼마 전에 임금께서 원통하고 억울한 일을 당한 백성들을 위해 신문고를 설치하라고 명하셨다더군.

뿐만 아니라 문하부를 없애고 의정부를 설치하면서 문하부 낭사를 사간원으로 독립시키셨다네.

① 명의 신종을 제사하는 대보단이 설치되었다.

② 백과사전류 의서인 『의방유취』가 편찬되었다.

③ 왕권 강화를 위해 6조 직계제가 실시되었다.

④ 조선의 기본 법전인 『경국대전』이 반포되었다.

⑤ 역대 문물제도를 정리한 『동국문헌비고』가 간행되었다.

3

46회 19번

밑줄 그은 '이 왕'의 재위 기간에 있었던 사실로 옳은 것은? [2점]

그림은 <u>이 왕</u>의 명을 받은 최윤덕 장군 부대가 올라산성에서 여진족을 정벌하는 장면입니다. 그 결과 조선은 압록강 유역을 개척하고 여연·자성·무창·우예 등 4군을 설치하였습니다.

이만주 정벌도

① 어영청을 중심으로 북벌이 추진되었다.
② 국왕의 친위 부대인 장용영이 설치되었다.
③ 강홍립 부대가 사르후 전투에 참전하였다.
④ 에도 막부의 요청에 따라 통신사가 파견되었다.
⑤ 제한된 범위의 무역을 허용한 계해약조가 체결되었다.

4

46회 21번

밑줄 그은 '왕'에 대한 설명으로 옳은 것은? [3점]

성삼문이 아버지 성승 및 박팽년 등과 함께 상왕의 복위를 모의하여 중국 사신에게 잔치를 베푸는 날에 거사하기로 기약하였다. …… 일이 발각되어 체포되자, <u>왕</u>이 친히 국문하면서 꾸짖기를 "그대들은 어찌하여 나를 배반하였는가?"하니 성삼문이 소리치며 말하기를 "상왕을 복위시키려 했을 뿐이오. …… 하늘에 두 개의 해가 없듯이 백성에게도 두 임금이 있을 수 없기 때문이오."라고 하였다.

① 유자광의 고변을 계기로 남이를 처형하였다.
② 변급, 신류 등을 파견하여 나선 정벌을 단행하였다.
③ 함길도 토착 세력이 일으킨 이시애의 난을 진압하였다.
④ 인목 대비 유폐와 영창 대군 사사를 명분으로 폐위되었다.
⑤ 유능한 인재를 양성하기 위해 초계문신제를 시행하였다.

5

56회 20번

(가) 왕의 재위 기간에 있었던 사실로 옳은 것은? [2점]

이곳은 창경궁의 정문인 홍화문입니다. 창경궁은 (가) 이/가 정희 왕후 등 세 분의 대비를 모시기 위해 수강궁을 수리하여 조성한 궁궐입니다. (가) 은/는 『경국대전』 완성 등 많은 업적을 남겼습니다.

① 탕평비가 건립되었다.
② 상평통보가 주조되었다.
③ 『악학궤범』이 간행되었다.
④ 훈련도감이 설치되었다.
⑤ 초계문신제가 시행되었다.

6

46회 20번

(가) 기구에 대한 설명으로 옳은 것은? [1점]

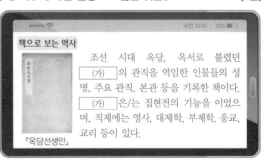

책으로 보는 역사

조선 시대 옥당, 옥서로 불렸던 (가) 의 관직을 역임한 인물들의 성명, 주요 관직, 본관 등을 기록한 책이다. (가) 은/는 집현전의 기능을 이었으며, 직제에는 영사, 대제학, 부제학, 응교, 교리 등이 있다.

『옥당선생안』

① 수도의 행정과 치안을 담당하였다.
② 사헌부, 사간원과 함께 3사로 불렸다.
③ 검서관에 서얼 출신 학자들이 기용되었다.
④ 임진왜란을 거치면서 국정 전반을 총괄하였다.
⑤ 국왕 직속 사법 기구로 반역죄, 강상죄 등을 처결하였다.

대표 기출 문제의 정답 및 문제풀이 방법을 다음 페이지에서 확인하세요. →

1	2	3	4	5	6
⑤	③	⑤	③	③	②

1 정도전

선유(先儒)가 불씨(佛氏)의 지옥설을 논박하여 말하기를, "…… 불법(佛法)이 중국에 들어오기 전에도 죽었다가 다시 살아난 사람들이 있었는데, 어째서 한 사람도 지옥에 들어가 소위 시왕(十王)*이란 것을 본 자가 없단 말인가? 그 지옥이란 없기도 하거니와 믿을 수 없음이 명백하다."라고 하였다.
－ 삼봉집

*시왕(十王): 저승에서 죽은 사람을 재판하는 열 명의 대왕

⑤『조선경국전』을 저술하여 통치 제도 정비에 기여하였다.

『삼봉집』은 삼봉 정도전의 저서이다. 이성계를 도와 조선 건국을 주도한 정도전은 불교를 비판하였으며, 성리학을 통치 이념으로 확립시켰다. 정도전은『조선경국전』,『경제문감』등을 저술하여 통치 제도 정비에 기여하였다.

오답 체크
① 계유정난을 계기로 정계에서 축출되었다. → **김종서, 황보인 등**
② 일본에 다녀와서『해동제국기』를 편찬하였다. → **신숙주**
③ 기축봉사를 올려 명에 대한 의리를 내세웠다. → **송시열**
④ 군주의 도를 도식으로 설명한『성학십도』를 지었다. → **이황**

2 태종

얼마 전에 임금께서 원통하고 억울한 일을 당한 백성들을 위해 신문고를 설치하라고 명하셨다더군.

뿐만 아니라 문하부를 없애고 의정부를 설치하면서 문하부 낭사를 사간원으로 독립시키셨다네.

태종

③ 왕권 강화를 위해 6조 직계제가 실시되었다.

원통하고 억울한 일을 당한 백성들을 위해 창덕궁 앞에 신문고를 설치하고, 간쟁 기능을 하는 문하부 낭사를 사간원으로 독립하여 대신들을 견제하게 한 왕은 태종이다. 태종은 왕권을 강화하기 위해 6조가 직접 왕에게 업무 보고를 하는 6조 직계제를 실시하였다.

오답 체크
① 명의 신종을 제사하는 대보단이 설치되었다. → **숙종**
② 백과사전류 의서인『의방유취』가 편찬되었다. → **세종**
④ 조선의 기본 법전인『경국대전』이 반포되었다. → **성종**
⑤ 역대 문물제도를 정리한『동국문헌비고』가 간행되었다. → **영조**

3 세종

그림은 이 왕의 명을 받은 최윤덕 장군 부대가 올라산성에서 여진족을 정벌하는 장면입니다. 그 결과 조선은 압록강 유역을 개척하고 여연·자성·무창·우예 등 4군을 설치하였습니다.

세종

이만주 정벌도

⑤ 제한된 범위의 무역을 허용한 계해약조가 체결되었다.

조선 세종은 최윤덕을 보내 압록강 유역의 여진족을 정벌하여 4군을 설치하였고, 김종서를 보내 함경도 지방의 여진족을 정벌하고 6진을 설치하였다. 세종은 3포(부산포, 제포, 염포)를 개항하였으며, 이후 무역을 제한하기 위해 계해약조(세견선 50척, 세사미두 200섬)를 체결하였다.

오답 체크
① 어영청을 중심으로 북벌이 추진되었다. → **효종**
② 국왕의 친위 부대인 장용영이 설치되었다. → **정조**
③ 강홍립 부대가 사르후 전투에 참전하였다. → **광해군**
④ 에도 막부의 요청에 따라 통신사가 파견되었다.
　 → **선조 이후부터 파견**

✔️ 또 나올 암기 포인트

세종의 정책

정치	의정부 서사제 시행
경제	공법 제정(전분 6등법, 연분 9등법)
문화	• 집현전 설치 • 과학 기구 제작(앙부일구, 자격루, 혼천의 등) • 서적 간행(『농사직설』,『삼강행실도』,『향약집성방』,『칠정산』등) • 훈민정음 창제·반포
대외 정책	• 일본 – 대마도 정벌(이종무), 계해약조 체결 • 여진 – 4군 6진 개척

4 세조

성삼문이 아버지 성승 및 박팽년 등과 함께 상왕의 복위를 모의하여 중국 사신에게 잔치를 베푸는 날에 거사하기로 기약하였다. …… 일이 발각되어 체포되자, 왕이 친히 국문하면서 꾸짖기를 "그대들은 어찌하여 나를 배반하였는가?"하니 성삼문이 소리치며 말하기를 "상왕을 복위시키려 했을 뿐이오. …… 하늘에 두 개의 해가 없듯이 백성에게도 두 임금이 있을 수 없기 때문이오."라고 하였다.

→ 단종 복위 운동

→ 세조

③ 함길도 토착 세력이 일으킨 이시애의 난을 진압하였다.

세조는 어린 조카 단종의 왕위를 찬탈하여 왕위에 올랐다. 이에 성삼문, 박팽년 등이 단종 복위 운동을 전개하자, 세조는 이들을 처형하였다(사육신 사건). 또한 세조는 함길도(함경도) 길주 지방의 토착 세력이 일으킨 **이시애의 난을 진압**하고, 유향소를 폐지하였다.

오답 체크

① 유자광의 고변을 계기로 남이를 처형하였다. → **예종**
② 변급, 신류 등을 파견하여 나선 정벌을 단행하였다. → **효종**
④ 인목 대비 유폐와 영창 대군 사사를 명분으로 폐위되었다. → **광해군**
⑤ 유능한 인재를 양성하기 위해 초계문신제를 시행하였다. → **정조**

5 성종

이곳은 창경궁의 정문인 홍화문입니다. 창경궁은 [(가)] 이/가 정희 왕후 등 세 분의 대비를 모시기 위해 수강궁을 수리하여 조성한 궁궐입니다. [(가)] 은/는 『경국대전』 완성 등 많은 업적을 남겼습니다.

→ 성종

③ 『악학궤범』이 간행되었다.

경복궁(태조), 창덕궁(태종)에 이어 **창경궁**을 조성한 왕은 **성종**이다. 『경국대전』은 세조 때 편찬하기 시작하였지만, 『**경국대전**』을 완성하여 반포한 왕은 역시 성종이다. 성종은 **성현**으로 하여금 음악책인 『**악학궤범**』을 편찬하게 하였다.

오답 체크

① 탕평비가 건립되었다. → **영조**
② 상평통보가 주조되었다. → **숙종**
④ 훈련도감이 설치되었다. → **선조**
⑤ 초계문신제가 시행되었다. → **정조**

6 홍문관

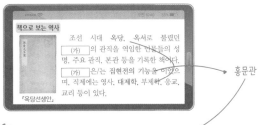

책으로 보는 역사

조선 시대 옥당, 옥서로 불렸던 [(가)] 의 관직을 역임한 인물들의 성명, 주요 관직, 본관 등을 기록한 책이다. [(가)] 은/는 집현전의 기능을 이었으며, 직제에는 영사, 대제학, 부제학, 응교, 교리 등이 있다.

『옥당선생안』

→ 홍문관

② 사헌부, 사간원과 함께 3사로 불렸다.

옥당, 옥서로 불리며, 관원 모두에게 경연관을 겸하게 함으로써 집현전을 계승한 조선의 중앙 정치 기구는 **홍문관**이다. 홍문관은 **사헌부, 사간원과 함께 3사(三司)**라고 불렸다.

오답 체크

① 수도의 행정과 치안을 담당하였다. → **한성부**
③ 검서관에 서얼 출신 학자들이 기용되었다. → **규장각**
④ 임진왜란을 거치면서 국정 전반을 총괄하였다. → **비변사**
⑤ 국왕 직속 사법 기구로 반역죄, 강상죄 등을 처결하였다. → **의금부**

✔ 또 나올 암기 포인트

조선의 삼사

구성	• 사헌부: 관리의 비리를 감찰 • 사간원: 왕에게 정책에 대한 간언·간쟁 담당 • 홍문관: 집현전 계승, 경연 주관, 옥당이라고도 불림
특징	• 삼사의 언론 활동은 왕, 고관들이 함부로 막을 수 없었음 • 권력의 독점과 부정을 방지하기 위한 기구 • 5품 이하 관리를 임명할 때 양사(사헌부, 사간원)의 대간이 서경권을 행사함 • 청빈함이 요구되는 자리라는 의미에서 청요직이라고 불리기도 함

16강 사화의 발생과 붕당 정치의 전개

여러 차례의 사화를 거치며 중앙 정계에 도전하였던 '사림파'는 우여곡절 끝에 관직을 독차지하게 되었습니다. 그러나 사림파 내부에서 다시 분열하여 대립하게 되었는데, 이것을 붕당 정치라고 합니다. 우리는 이 단원에서 서인, 남인, 북인 등 각 붕당의 특징을 살펴보게 될 것입니다.

붕당의 형성과 분화 ▶

1 사화

훈구와 사림이 형성되다

훈구(勳舊)는 15세기의 집권 세력이었다. 훈구는 세조의 집권에 공을 세운 사람들로서, 정치적 실권을 장악하고 막대한 토지를 소유한 대지주층이다. 중앙 집권과 부국강병을 강조했던 사람들로, 한명회·유자광 등이 여기에 속한다.

　성종은 훈구 세력의 전횡을 막기 위해 **김종직 등 사림(士林)을 등용**하였다. 정계에 진출한 사림은 훈구와 대립하다가, 16세기 말에는 집권 세력이 되었다. 사림은 세조의 왕위 찬탈을 비판하는 사람들로, 향촌 자치와 왕도 정치를 강조하였다. 김종직·김굉필·조광조 등이 여기에 속한다.

> 기출 핵심 키워드 암기
>
> ㄱㅈㅈ 등 사림이 중앙 정계에 진출하기 시작하였다. [35회]
>
> 직종김 답장

사화와 붕당 정치의 차이점

15세기 말부터 16세기 중반까지 훈구와 사림이 대립한 것을 **사화**라고 한다. 사화(士禍)란 '사림의 화'를 줄인 말로, 사림들이 훈구로부터 정치적인 탄압을 받은 사건을 말한다. 반면에 16세기 말에 정계를 독차지한 사림파들이 내부적으로 분열하고 대립한 것은 붕당 정치라고 한다.

▎연산군, 무오사화와 갑자사화가 일어나다

제10대 왕은 성종의 맏아들인 **연산군**(1494~1506)이다. 성종 때 3사 언관직(사헌부, 사간원, 홍문관)과 이조 전랑(인사 담당)을 차지하며 성장한 사림은 연산군 때 발생한 두 차례의 사화(무오사화, 갑자사화)로 몰락 위기에 처했다.

실록(實錄)은 관청의 기록인 『시정기』, 사관이 쓴 「사초」 등을 참고하여 작성한다. 『성종실록』을 편찬할 때 사관 김일손의 「사초」도 기초 자료가 되었는데, 여기에 그의 스승인 **김종직의** 「**조의제문(弔義帝文)**」이 인용되었다. 김종직은 꿈에서 '서초 패왕'에게 살해된 '초나라 회왕 손심'을 보았다고 했는데, 훈구파는 이것이 각각 세조와 단종을 비유한 것이라고 주장하였다. 이에 선왕을 헐뜯었다며 연산군이 대노하였고, 그 결과 김일손 등 신진 사림의 대부분이 죽거나 귀양을 갔다. 그리고 「조의제문」을 썼던 김종직은 그 무덤을 파헤쳐 시신을 참수하였다(부관참시). 이 사건이 바로 **무오사화(戊午士禍)**이다 (1498).

감히 선왕을 헐뜯다니! 대역죄로 다스려라! / 죽은 김종직에게 큰 벌을 내려주시옵소서! / 연산군

🎬 기출 한 컷 [29회]

연산군의 생모는 폐비되어, 사약을 마시고 죽었다(1482). 연산군은 왕이 된 이후에 **임사홍의 밀고**로 생모 윤씨의 폐비 사사 사건을 알게 되었다. 연산군은 이와 관련된 김굉필 등 10여 인을 사형시켰다. 이것을 **갑자사화(甲子士禍)**라고 한다(1504).

무오사화와 갑자사화로 많은 신하들이 죽었다. '다음 차례는 나!'라고 염려하는 신하들이 **중종반정**을 일으켜 연산군을 몰아내고 중종을 왕으로 세웠다(1506).

> **기출 핵심 키워드 암기**
>
> 김종직이 무오사화의 발단이 된 「 ㅈㅇㅈㅁ 」을 작성하였다. [50·45회]

문제조의제문

▎중종, 기묘사화가 일어나다

제11대 왕은 **중종**(1506~1544)이다. 연산군의 이복동생인 중종은 반정 공신들의 추대로 왕이 되었다(1506). 재위 초기에 중종은 반정 공신들의 횡포로 인해 '왕 노릇'을 하기 어려웠다. 그러다가 사림파 **조광조**를 등용한 이후에는 사림을 통해 개혁을 추진해 나갔다.

정암 조광조는 도교 관청이었던 **소격서를 폐지**하고 『**소학**』의 보급을 주장하였다. 또 향약을 **전국적으로 실시**하고자 하였다. 조광조는 **현량과(賢良科)를 실시**하여 신진 사림들의 등용 수단으로 삼았다. 그리고 훈구 세력인 반정 공신을 공격하기 시작했다. 조광조는 반정 공신의 4분의 3에 해당하는 76명의 공훈을 박탈하는 **위훈 삭제(僞勳 削除)를 단행**했다. 공이 없이 녹만 먹고 있다는 이유였다.

이런 급진적인 개혁은 훈구파의 불만을 가져왔고, 중종도 그 속도를 따라가기가 힘들었다. 결국 중종은 훈구파들의 탄핵을 받아들여 조광조를 유배 보낸 후, 사약을 내려 죽이고 말았다. 위훈 삭제에 대한 훈구 세력의 반발이 원인이 되어 발생한 이 사화를 **기묘사화(己卯士禍)**라 한다(1519).

┌ 기출 핵심 키워드 암기 ┐

① 조광조(중종) – 신진 인사를 등용하기 위한 ☐ㅎㄹㄱ☐ 를 실시하였다. [55·54회]
② 조광조 – 반정 공신의 ☐ㅇㅎ ㅅㅈ☐ 를 주장하였다. [45회]

정답 ① 현량과 ② 위훈 삭제

명종, 을사사화가 일어나다

제13대 왕은 **명종**(1545~1567)이다. 명종 즉위년에 '장경 왕후(인종의 어머니)의 오빠' 윤임과 '문정 왕후(명종의 어머니)의 동생' 윤원형 간에 세력 싸움이 생겼다. 즉 윤임은 '죽은 왕'의 외척(대윤)이고, 윤원형은 '살아있는 왕'의 외척(소윤)이다. 누가 이기겠는가? 외척이 대립한 이 분쟁에서 **윤임 일파가 제거**될 때 동조 세력인 사림파도 함께 화를 당했다. 이 사화를 **을사사화(乙巳士禍)**라고 한다(1545).

명종 때에는 이렇게 어머니인 문정 왕후와 삼촌인 윤원형이 실권을 장악하고 권력을 행사하였다. 그래서 '여주(女主)가 나라를 망친다'는 내용의 **양재역 벽서 사건**이 발생하였다(1547). '여주'라는 표현은 여왕(女王)에게 쓰는 표현인데, 당시 문정 왕후가 거의 왕처럼 행동했기 때문에 저런 조롱 섞인 표현을 쓴 것이었다. 양재역 벽서 사건을 구실로 윤원형 세력이 이언적 등 반대파를 숙청한 사건을 **정미사화**라고 부르기도 한다(1547).

② 붕당 정치의 전개

사림이 동인과 서인으로 나뉘다

제14대 왕은 **선조**(1567~1608)이다. 선조 초반에 김효원 세력과 심의겸 세력은 이조 전랑 임명 문제를 놓고 서로 '외척과 놀아났다'고 하면서 반대하였다. 당시 김효원은 서울의 동쪽에 살고 있었고, 심의겸은 서쪽에 살았기 때문에 양쪽은 서로를 각각 동인(東人), 서인(西人)이라고 부르면서 비난했다. 결국 척신 정치(명종 때 외척에 의해 주도된 정치) 청산 문제와 이조 전랑 **임명 문제**로 사림파는 둘로 갈라졌다(1575). **김효원(신진 사림) 중심의 동인**은 주로 **이황의 학통을 계승**하였고, **심의겸(기성 사림) 중심의 서인**은 **이이와 성혼의 제자들 중심으로 형성**되었다. 이렇게 조선의 붕당 정치가 시작되었다.

선조 – ☐ㅈ ☐ㄹ 임명을 둘러싸고 사림이 동인과 서인으로 나뉘었다. [55·42회]

동인이 남인과 북인으로 나뉘다

전주 출신이었던 정여립은 서인에서 활동하고 있었으나 동인으로 전향한 이후에, 이전에는 그렇게 칭송하던 율곡 이이를 소인배라며 비난하기도 하였다. 정여립이 전라도에서 대동계(大同契)를 조직하여 무술 훈련을 시키고 있을 때, 당시 황해도 관찰사 등은 '정여립이 반역을 도모했다'며 고발하였다. 이에 정여립은 도망가다가 결국 자살하였다. 이 사건의 조사관은 서인의 정철(1536~1593)이었는데, 정철은 동인을 모두 역당으로 몰아서 처단하였다. **정여립 모반 사건**으로 시작해서, 1천 명이 넘는 사람이 죽은 이 사건을 **기축옥사(己丑獄死)**라고 한다(1589).

이어서 선조의 후계자를 선택하는 **세자 책봉 문제(건저의 문제)**가 터졌다(1591). 당시 선조가 총애하고 있었던 세자 후보는 인빈 김씨의 소생 신성군(信城君)이었다. 그런데 당시 좌의정이었던 정철이 선조에게 광해군을 세자로 책봉하자고 건의하여 선조의 심기를 건드렸다. 결국 정철, 윤두수 등 서인은 관직에서 쫓겨나거나 유배되었다. 이 사건을 계기로 정권의 우위를 장악한 **동인**은 정철에 대한 처벌 수준 문제를 두고 **강경파인 북인**과 **온건파인 남인**으로 갈라졌다. 남인은 대부분이 이언적과 이황의 제자였고, 북인은 조식과 서경덕의 제자였다. 임진왜란 직전에 이렇게 동인은 남인과 북인으로 갈라졌다.

선조 – ☐ㅈ ☐ㄹ ☐ㅂ ☐ㄱ 으로 인해 기축옥사가 발생하였다. [54·49회]

임진왜란 때 북인이 활약하다

남명 조식(1501~1572)은 경상우도를 대표하는 유학자이다. 조식은 경의(敬義)를 배움의 바탕이라 하면서 '경(敬)'과 '의(義)'를 새긴 칼을 차고 다녔다. 조식은 학문의 실천성을 강조하여 정인홍, 곽재우 등의 제자를 배출하였다. 이들은 모두 북인을 구성하였는데, 임진왜란으로 나라가 위기에 처하자 이들은 '배운대로, 실천하여' 의병을 일으켰다. 임진왜란이 끝난 후, **북인**들은 '내가 나라를 지켰어!'라며 서인과 남인을 배제하고 권력을 장악하였다. **광해군**이 즉위하자 북인은 광해군과 한 팀이 되어 그 권력을 이어갔다.

인조반정으로 서인이 정권을 장악하다

서인은 인조반정을 일으켜 광해군과 북인을 몰아내고 권력을 장악하였다(1623). 서인은 남인과 연합·공존하며 정치를 이끌어갔다. 그렇게 서인은 인조, 효종, 현종 때까지 정권을 장악하였다.

서인과 남인이 예송 문제로 대립하다

제18대 왕은 **현종**(1659~1674)이다. 현종은 재위 15년 동안 대부분 예론(禮論)을 둘러싼 정치 싸움 속에서 지냈다. 현종은 즉위하자마자 기해예송(己亥禮訟)에 휘말렸다(1659). 인조의 '둘째 아들' 효종이 죽자, 인조의 계비인 자의 대비 조씨가 상복을 얼마나 오래 입어야 되는가를 두고 논쟁이 벌어진 것이다. 인조반정 이후 서인과 남인이 연합하는 구도였으나, 예송으로 서인과 남인은 완전히 등을 돌렸다. 서인과 남인은 효종이 죽었을 때 **기해예송**으로 맞붙고, 효종의 비가 죽었을 때 **갑인예송**으로 맞붙었다.

기해예송, 서인의 주장이 받아들여지다

효종이 죽어서 일어난 **기해예송** 때, 서인은 **1년복(기년복)**을, **남인**은 **3년복**을 주장하였다. 서인 송시열(서인의 영수)은 『주자가례』에 따라 1년복을 주장했다. 송시열은 '천하의 예는 모두 같은 원칙에 따라야 한다'면서 효종이 왕이긴 하지만 둘째이므로, 자의 대비 조씨가 '둘째의 죽음'에 걸맞은 상복을 입어야 한다고 주장하였다. 그러나 허목, 허적, 윤휴 등 남인은 '임금의 예는 보통 사람과 다르다'며 3년복을 주장하였다. 그러나 결국 **서인**의 의견에 따라 자의 대비 조씨는 1년간 상복을 입게 되었다.

말풍선: 돌아가신 선왕을 장자로 대우하여 자의 대비께서 3년복을 입으셔야 합니다!

말풍선: 아니지요. 선왕은 둘째 아들이니 1년복을 입으셔야 합니다!

남인 / 서인

기출 한 컷 [46회]

갑인예송, 남인의 주장이 받아들여지다

예송 논쟁의 불길은 사라지지 않았다. 효종의 비가 죽었을 때 다시 예송 논쟁이 일어났다. 이때에도 **서인**은 짧은 **9개월복(대공복)**을 주장하고, **남인**은 긴 **1년복(기년복)**을 주장하였는데, 이것을 **갑인예송(甲寅禮訟)**이라고 한다(1674). 그런데 이때 **남인**의 의견이 받아들여지고, 서인은 배척되었다. 정권 교체가 된 것이다.

빈출 개념만 모아 암기하세요~!

빈출 개념 한눈에 암기하기

1. 사화

무오사화 (연산군)	• 원인: 김일손이 ¹⁾_____의 「조의제문」을 「사초」에 기록 • 결과: 연산군이 김일손 등 사림 세력 제거
갑자사화 (연산군)	• 원인: 연산군에게 폐비 윤씨 사사 사건 고발(임사홍의 밀고) • 결과: 연산군이 사건과 관련된 김굉필 등 사림 세력 제거
기묘사화 (중종)	• 원인: ²⁾_____의 개혁(위훈 삭제 등)에 대한 훈구파의 반발 • 결과: 조광조 등 사림 세력 제거
을사사화 (명종)	• 원인: 윤임 등 인종의 외척(대윤)과 윤원형 등 명종의 외척(소윤) 간의 권력 다툼 발생 • 결과: ³⁾_____ 일파 제거, 동조 세력인 사림파도 화를 당함

2. 붕당 정치의 전개

붕당의 형성	• 원인: 척신 정치 청산과 ⁴⁾_____ 임명 문제 • 결과: 동인과 서인으로 분화, 붕당 형성 　－ 동인: 김효원(신진 사림) 중심, ⁵⁾____의 학통 계승 　－ 서인: 심의겸(기성 사림) 중심, ⁶⁾____ · 성혼의 학통 계승
동인의 분화	• 원인: ⁷⁾_____ 모반 사건, 세자 책봉 문제(건저의 문제) • 결과: 동인이 정철 처벌에 대한 문제를 두고 남인과 북인으로 분화 　－ ⁸⁾____: 온건파, 이언적 · 이황의 제자 　－ ⁹⁾____: 강경파, 조식 · 서경덕의 제자
북인 집권	임진왜란 때 북인이 의병으로 활약 → ¹⁰⁾_____ 즉위 후 북인 집권
서인 집권	인조반정 → 서인의 권력 장악, 서인과 남인의 공존 체제 형성
예송 논쟁	인조의 계비인 자의 대비의 상복 착용 기간을 두고 대립 　－ 기해예송: 효종 사후 발생 → 서인 1년복, 남인 3년복 주장 → ¹¹⁾____ 승리 　－ ¹²⁾_____: 효종비 사후 발생 → 서인 9개월복, 남인 1년복 주장 → 남인 승리

정답 1) 김종직 2) 조광조 3) 윤임 4) 이조 전랑 5) 이황 6) 이이 7) 정여립 8) 남인 9) 북인 10) 광해군 11) 서인 12) 갑인예송

퀴즈

1 키워드와 관련된 것을 알맞게 연결해보세요.

① 무오사화 •　　　　　 • ㉠ 폐비 윤씨 사사 사건

② 갑자사화 •　　　　　 • ㉡ 위훈 삭제 주장

③ 기묘사화 •　　　　　 • ㉢ 김종직의 「조의제문」

2 〈보기〉에서 골라 빈칸을 채워보세요.

┌─ 보기 ─────────────────┐
　　　서인　　　　동인　　　　북인
└────────────────────────┘

① (　　　)은 주로 이황의 학통을 계승하였다. [30회]

② (　　　)은 정여립 모반 사건을 내세워 기축옥사를 주도하였다. [44회]

③ (　　　)은 광해군 시기에 국정을 이끌었다. [44회]

3 아래 표에 있는 초성을 완성해보세요.

구분	을사사화(1545)
배경	중종의 아들인 인종이 일찍 죽고 어린 ㅁㅈ이 즉위함
전개	ㅇㅇ 등 인종의 외척(대윤)과 윤원형 등 명종의 외척(소윤) 사이에 권력 다툼이 발생함 → 소윤 세력이 대윤 세력을 역적으로 몰아 숙청하였고, 연관된 사림까지 피해를 입음
결과	어머니인 ㅁㅈ ㅇㅎ와 윤원형이 권력을 잡음

4 아래 기출 사료와 관련 있는 사건을 써보세요.

(가): 돌아가신 효종 대왕을 장자의 예로 대우하여 대왕대비의 복상(服喪) 기간을 3년으로 정하는 것이 마땅합니다.

(나): 아닙니다. 효종 대왕은 장자가 아니므로 1년으로 해야 합니다. [30회]

→

대표 기출 문제

1　　　　　　　　　　　　　　[47회] [21번]

(가), (나) 사이의 시기에 있었던 사실로 옳은 것은? [3점]

> (가) 유자광이 하루는 소매 속에서 책자 한 권을 내놓으니, 바로 김종직의 문집이었다. 그 문집 가운데서 「조의제문」을 지적하여 여러 추관(推官)에게 두루 보이며 말하기를, "이것은 다 세조를 지목한 것이다. 김일손의 죄악은 모두 김종직이 가르쳐서 이루어진 것이다."라고 하고, 알기 쉽게 글귀마다 주석을 달아 왕에게 아뢰었다.
>
> (나) 조광조가 아뢰기를, "정국공신은 이미 10년이 지난 오래된 일이지만 허위가 많았습니다. …… 사람은 다 부귀를 꾀하는 마음이 있는데 이익의 근원이 크게 열렸으니, 이때에 그 근원을 분명히 끊지 않으면 누구인들 부귀를 꾀하려는 마음을 갖지 않겠습니까? 지금 신속히 고치지 않으면 뒤에는 개정할 수 있는 날이 없을 것입니다."라고 하였다.

① 양재역 벽서 사건이 일어났다.

② 사림이 동인과 서인으로 나뉘었다.

③ 중종반정으로 연산군이 폐위되었다.

④ 성삼문 등이 상왕의 복위를 꾀하다가 처형되었다.

⑤ 공신 책봉에 불만을 품고 이괄이 반란을 일으켰다.

2　　　　　　　　　　　　　　[32회] [21번]

(가) 인물에 대한 설명으로 옳은 것은? [2점]

> 이곳은 기묘사화로 희생당한 (가) 의 위패를 모신 심곡 서원입니다. 중종에 의해 발탁된 그는 소격서 폐지 등 유교적 개혁 정치를 추진하였습니다. 하지만 위훈 삭제에 불만을 품은 훈구파의 반발로 사사되었습니다.

① 최초의 서원인 백운동 서원을 건립하였다.

② 양명학을 연구하여 강화 학파를 형성하였다.

③ 새로운 인사의 등용을 위해 현량과 실시를 주장하였다.

④ 『동호문답』을 저술하여 다양한 개혁 방안을 제시하였다.

⑤ 『조선경국전』을 편찬하여 재상 중심의 정치를 강조하였다.

3

밑줄 그은 '이 사건'에 대한 설명으로 옳은 것은?　　　[2점]

> 이것은 능주 목사 민여로가 건립한 정암 선생 적려 유허비입니다. 정암 선생은 소격서 폐지, 현량과 실시 등을 추진하다가 이 사건으로 능주에 유배되었습니다.

① 김종직의 「조의제문」이 빌미가 되었다.
② 서인이 정권을 장악하는 계기가 되었다.
③ 윤임 일파가 제거되는 결과를 가져왔다.
④ 상왕의 복위를 목적으로 성삼문 등이 일으켰다.
⑤ 위훈 삭제에 대한 훈구 세력의 반발이 원인이었다.

4

다음 사건을 계기로 일어난 사실로 옳은 것은?　　　[2점]

> 정국공신을 개정하는 일로 전지하기를, "충신이 힘을 합쳐 나를 후사(後嗣)로 추대하여 선왕의 유업을 잇게 하니, 그 공이 적다 할 수 없으므로 훈적(勳籍)에 기록하여 영구히 남기도록 명하였다. 그러나 초기에 일이 황급하여 바르게 결단하지 못하고 녹공(錄功)을 분수에 넘치게 하여 뚜렷한 공신까지 흐리게 하였으니 …… 이 때문에 여론이 거세게 일어나 갈수록 울분이 더해 가니 …… 내 어찌 공훈 없이 헛되이 기록된 것을 국시(國是)로 결단하지 않을 수 있겠는가? …… 추가로 바로 잡아서 공권(功券)*을 맑게 하라."라고 하였다.
>
> *공권(功券): 공신에게 지급하던 포상 문서

① 정여립 모반 사건으로 기축옥사가 일어났다.
② 남곤 등의 고변으로 조광조 일파가 축출되었다.
③ 양재역 벽서 사건으로 이언적 등이 화를 입었다.
④ 「조의제문」이 발단이 되어 김일손 등이 처형되었다.
⑤ 공신 책봉에 불만을 품고 이괄이 반란을 일으켰다.

5

밑줄 그은 '왕'의 재위 기간에 있었던 사실로 옳은 것은?　　　[2점]

> 포도대장 김순고가 왕에게 아뢰기를, "풍문으로 들으니 황해도의 흉악한 도적 임꺽정의 일당인 서임이란 자가 이름을 엄가이로 바꾸고 승례문 밖에 와서 산다고 하므로, 가만히 엿보다가 잡아서 범한 짓에 대하여 심문하였습니다. 그가 말하기를, '…… 대장장이 이춘동의 집에 모여서 새 봉산 군수 이흠례를 죽이기로 의논하였다. ……'고 하였습니다. …… 속히 달려가서 봉산 군수 이흠례, 금교 찰방 강여와 함께 몰래 잡게 하는 것이 어떻겠습니까?"라고 하였다.

① 청의 요청으로 조총 부대를 파견하였다.
② 4군 6진을 설치하여 북방 영토를 개척하였다.
③ 외척 사이의 권력 다툼으로 을사사화가 발생하였다.
④ 남인이 축출되고 노론과 소론이 정국을 주도하였다.
⑤ 이조 전랑 임명을 둘러싸고 사림이 동인과 서인으로 나뉘었다.

6

다음 상황 이후에 전개된 사실로 옳은 것은?　　　[3점]

> 선전관 이용준 등이 정여립을 토벌하기 위하여 급히 전주에 내려갔다. 무리들과 함께 진안 죽도에 숨어 있던 정여립은 군관들이 체포하려 하자 자결하였다.

① 이시애가 길주를 근거지로 난을 일으켰다.
② 기축옥사로 이발 등 동인 세력이 제거되었다.
③ 양재역 벽서 사건으로 이언적 등이 화를 입었다.
④ 수양 대군이 김종서 등을 살해하고 권력을 장악하였다.
⑤ 이조 전랑 임명을 둘러싸고 사림이 동인과 서인으로 나뉘었다.

대표 기출 문제의 정답 및 문제풀이 방법을 다음 페이지에서 확인하세요. →

대표 기출 문제 정답 및 문제풀이 방법

1	2	3	4	5	6
③	③	⑤	②	③	②

1 무오사화와 기묘사화 사이의 사실

> (가) 유자광이 하루는 소매 속에서 책자 한 권을 내놓으
> 니, 바로 김종직의 문집이었다. 그 문집 가운데서 「조
> 의제문」을 지적하여 여러 추관(推官)에게 두루 보이
> 며 말하기를, "이것은 다 세조를 지목한 것이다. 김일
> 손의 죄악은 모두 김종직이 가르쳐서 이루어진 것이
> 다."라고 하고, 알기 쉽게 글귀마다 주석을 달아 왕에
> 게 아뢰었다.

→ 무오사화
(연산군, 1498)

> (나) 조광조가 아뢰기를, "정국공신은 이미 10년이 지난 오
> 래된 일이지만 허위가 많았습니다. …… 사람은 다 부
> 귀를 꾀하는 마음이 있는데 이익의 근원이 크게 열렸
> 으니, 이때에 그 근원을 분명히 끊지 않으면 누구인들
> 부귀를 꾀하려는 마음을 갖지 않겠습니까? 지금 신
> 속히 고치지 않으면 뒤에는 개정할 수 있는 날이 없을
> 것입니다."라고 하였다.

→ 기묘사화
(중종, 1519)

③ 중종반정으로 연산군이 폐위되었다. → 1506년

(가)는 유자광이 김종직의 「조의제문」을 비난하여 일어난 **무오사화**이다(1498). (나)는 정국공신에 허위가 **많았다는 점을 지적**하여 **조광조 등이 제거된 기묘사화**이다(1519). (가), (나) 사이는 무오사화와 기묘사화 사이의 사실로, 연산군이 반정으로 폐위되면서 중종이 즉위하였다(1506).

오답 체크
① 양재역 벽서 사건이 일어났다. → **명종, (나) 이후**
② 사림이 동인과 서인으로 나뉘었다. → **선조, (나) 이후**
④ 성삼문 등이 상왕의 복위를 꾀하다가 처형되었다. → **세조, (가) 이전**
⑤ 공신 책봉에 불만을 품고 이괄이 반란을 일으켰다. → **인조, (나) 이후**

✔ 또 나올 암기 포인트

무오사화(1498, 연산군)

원인	• 김일손이 스승 김종직의 「조의제문」을 『실록』의 기초가 되는 「사초」에 기록함 • 유자광 등의 훈구 세력이 연산군에게 이를 고발함
결과	죽은 김종직이 부관참시, 김일손 등은 처형. 김굉필 등은 유배

2 조광조

> 이곳은 기묘사화로 희생당한 [(가)] 의 위패를 모신 심곡 서원입
> 니다. 중종에 의해 발탁된 그는 소격서 폐지 등 유교적 개혁 정치를 추
> 진하였습니다. 하지만 위훈 삭제에 불만을 품은 훈구파의 반발로 사
> 사되었습니다.

→ 조광조

③ 새로운 인사의 등용을 위해 현량과 실시를 주장하였다.

기묘사화로 희생당한 (가)는 조광조이다. 조광조는 중종 때 소격서 폐지, 위훈 삭제 등의 개혁을 추진하다가, 기묘사화로 제거되었다. 조광조는 **새로운 인사의 등용을 위해 현량과 실시를 주장**하였다.

오답 체크
① 최초의 서원인 백운동 서원을 건립하였다. → **주세붕**
② 양명학을 연구하여 강화 학파를 형성하였다. → **정제두**
④ 「동호문답」을 저술하여 다양한 개혁 방안을 제시하였다. → **이이**
⑤ 「조선경국전」을 편찬하여 재상 중심의 정치를 강조하였다. → **정도전**

3 기묘사화

> 이것은 능주 목사 민여로가 건립한 정암 선생 적려
> 유허비입니다. 정암 선생은 소격서 폐지, 현량과 실시
> 등을 추진하다가 이 사건으로 능주에 유배되었습니다.

→ 조광조
↓
기묘사화

⑤ 위훈 삭제에 대한 훈구 세력의 반발이 원인이었다.

조광조의 호는 정암으로, 소격서 폐지, 현량과 실시 등을 추진하다가 **기묘사화로 능주에 유배**되었다. 기묘사화는 **위훈 삭제(거짓 공훈 삭제)에 대한 훈구 세력의 반발이 원인**이 되어 일어났다.

오답 체크
① 김종직의 「조의제문」이 빌미가 되었다. → **무오사화**
② 서인이 정권을 장악하는 계기가 되었다. → **경신환국, 갑술환국**
③ 윤임 일파가 제거되는 결과를 가져왔다. → **을사사화**
④ 상왕의 복위를 목적으로 성삼문 등이 일으켰다. → **단종 복위 운동**

4 기묘사화의 결과

> 정국공신을 개정하는 일로 전지하기를, "충신이 힘을 합쳐 나를 후사(後嗣)로 추대하여 선왕의 유업을 잇게 하니, 그 공이 적다 할 수 없으므로 훈적(勳籍)에 기록하여 영구히 남기도록 명하였다. 그러나 초기에 일이 황급하여 바르게 결단하지 못하고 녹공(錄功)을 분수에 넘치게 하여 뚜렷한 공신이 흐리게 하였으니 …… 이 때문에 여론이 거세게 일어나 갈수록 울분이 더해 가니 …… 내 어찌 공훈 없이 헛되이 기록된 것을 국서(國書)로 결단하지 않을 수 있는가? …… 추가로 바로 잡아서 공권(功券)*을 맑게 하라."라고 하였다.
>
> *공권(功券): 공신에게 지급하던 포상 문서

위훈 삭제
↓
기묘사화

② 남곤 등의 고변으로 조광조 일파가 축출되었다.

조광조는 훈적에 기록된 것 중에 공훈 없이 헛되이 기록된 것을 바로 잡으려고 하다가(위훈 삭제) 기묘사화로 축출되었다.

오답 체크

① 정여립 모반 사건으로 기축옥사가 일어났다. → **기축옥사**
③ 양재역 벽서 사건으로 이언적 등이 화를 입었다. → **정미사화**
④ 「조의제문」이 발단이 되어 김일손 등이 처형되었다. → **무오사화**
⑤ 공신 책봉에 불만을 품고 이괄이 반란을 일으켰다. → **이괄의 난**

✔️ 또 나올 암기 포인트

조광조의 개혁 정치

경연 강화	언론 활동의 활성화 주장
현량과 실시	천거제인 현량과를 실시하여 신진 사림 등용 → 주로 삼사의 언관직을 차지함
소격서 폐지	도교 행사를 주관하던 소격서를 폐지하고 유교식 의례를 장려
향약 실시	향촌 자치를 실현하고자 향약 실시(주자의 여씨 향약 도입)
위훈 삭제	반정 공신들의 공훈 박탈 및 비리 척결 목적. 훈구파 견제 → 훈구파의 불만을 가져와 기묘사화가 발생함

5 명종 재위 기간의 사실

> 포도대장 김순고가 왕에게 아뢰기를, "풍문으로 들으니 황해도의 흉악한 도적 임꺽정의 일당인 서임이란 자가 이름을 엄가이로 바꾸고 숭례문 밖에 와서 산다고 하므로, 가만히 엿보다가 잡아서 범한 짓에 대하여 심문하였습니다. 그가 말하기를, '…… 대장장이 이춘동의 집에 모여서 새 봉산 군수 이흠례를 죽이기로 의논하였다. ……'고 하였습니다. …… 속히 달려가서 봉산 군수 이흠례, 금교 찰방 강여와 함께 몰래 잡게 하는 것이 어떻겠습니까?"라고 하였다.

명종

③ 외척 사이의 권력 다툼으로 을사사화가 발생하였다.

임꺽정의 난은 조선 명종 때 일어났다. 명종 때 대윤(인종의 외척)과 소윤(명종의 외척) 사이의 권력 다툼으로 을사사화가 발생하였다. 을사사화의 결과 윤원형 등의 외척이 정계를 주도하였다.

오답 체크

① 청의 요청으로 조총 부대를 파견하였다. → **효종**
② 4군 6진을 설치하여 북방 영토를 개척하였다. → **세종**
④ 남인이 축출되고 노론과 소론이 정국을 주도하였다. → **숙종**
⑤ 이조 전랑 임명을 둘러싸고 사림이 동인과 서인으로 나뉘었다. → **선조**

6 정여립 모반 사건 이후의 사실

> 선전관 이용준 등이 정여립을 토벌하기 위하여 급히 전주에 내려갔다. 무리들과 함께 진안 죽도에 숨어 있던 정여립은 군관들이 체포하려 하자 자결하였다.

정여립 모반 사건

② 기축옥사로 이발 등 동인 세력이 제거되었다. → **기축옥사**

정여립 모반 사건은 선조 때 동인 정여립이 모반을 계획했다는 사실이 알려져 동인이 정계에서 대거 축출된 사건이다. 정여립은 대동계라는 비밀 결사를 조직하여 반란을 도모하였으나, 이 사실이 사전에 발각되어 자결하였다. 이후 이발 등 많은 수의 동인 세력이 제거되는 기축옥사가 일어났다(1589).

오답 체크

① 이시애가 길주를 근거지로 난을 일으켰다. → **이시애의 난(세조)**
③ 양재역 벽서 사건으로 이언적 등이 화를 입었다. → **양재역 벽서 사건(명종)**
④ 수양 대군이 김종서 등을 살해하고 권력을 장악하였다. → **계유정난(단종)**
⑤ 이조 전랑 임명을 둘러싸고 사림이 동인과 서인으로 나뉘었다. → **사림의 동·서 분당(선조)**

해커스 이명호 스토리로 암기하는 한국사능력검정시험 심화 상

17강 **양 난과 붕당 정치의 변질**

'임진왜란'하면 떠오르는 사람은? 이순신이죠! 그러나 우리는 이 단원에서 송상현, 신립, 권율 등 다른 장군들도 만나게 될 것입니다. 임진왜란의 상처가 아물지도 않았을 때 '병자호란'이 일어났습니다. 이때는 조선의 왕이 청 황제 앞에서 패배를 인정하기도 했습니다. 두 전쟁을 합하여 '양 난'이라고 부릅니다.

동래부순절도 ▶

🔟 왜란 이전의 대외 관계

▌명나라와 자주적 실리 외교를 전개하다

조선 건국 직후 정도전이 중심이 되어 요동 정벌을 추진하였다. 그래서 초기에는 명과의 관계가 불편했으나, 태종 때부터 관계가 좋아지기 시작했다. 명과의 관계는 기본적으로 조공을 바치는 **사대 관계**였으나, 조선은 **자주적 실리 외교**를 전개하였다. 조선은 명에 조천사(朝天使)를 파견하였는데, 정기적으로 하정사(정월 초), 성절사(황제·황후의 생일), 천추사(황태자의 생일), 동지사(12월) 등을 파견하였고, 이외에도 부정기적 사신을 파견하였다.

▌여진과 일본, 강경책과 회유책을 사용하다

여진과 일본에 대해서는 **강경책과 회유책**을 번갈아 썼다. 세종 때 **4군 6진을 개척**하여 압록강과 두만강 유역의 여진을 내쫓기도 하면서, 그들 중에 귀화하여 조선 사람이 되면 **'토관 제도'**를 시행하여 토착민을 관리로 세워주기도 했다. 또 한성에 **북평관(北平館)**을 설치하여 여진족 사절이 머무를 수 있게 하였으며, **국경에 무역소**를 두어 양국 간 무역을 허용하기도 하였다.

　태종 때, 일본과의 외교와 무역을 위해 한성에 **동평관(東平館)**을 두었다(1407). 세종 때, **이종무로 하여금 쓰시마 섬을 정벌**하게 하였다(1419). 그러나 쓰시마 도주가 사죄하자 조선 정부는 **부산포, 제포, 염포의 3포를 개항**하여 무역을 허락하였다(1426). 그런데 이후 너무 많은 물자가 유출되자 세견선(무역선)에 관한 **계해약조**를 맺어 제한된 범위의 무역을 허용하였다(1443). 그러나 중종 때, 정치 개혁의 일환으로 왜인을 엄격히 통제하자, 조선 정부의 통제에 반발하여 **3포 왜란**이 일어났다(1510). 명종 때, **을묘왜변**이 일어나 호남 지역이 큰 피해를 입었다(1555). 임진왜란 후, 광해군은 제한된 무역을 허용하는 **기유약조**를 체결하여 일본과의 무역을 재개하였다(1609).

2 왜란

왜군이 조선을 침략하다

일본의 전국 시대를 통일한 **도요토미 히데요시**는 자신이 명나라를 정벌하고자 하니 조선에게 길을 빌려달라고 요구했다(1591). 조선 정부가 그 요구를 거절하자 왜군은 1592년 4월 조선을 침공하였다(1592). 1592~1593년의 1차 침입과 1597~1598년의 2차 침입을 합하여 **임진왜란(壬辰倭亂)**이라고 부른다. 1597~1598년의 재침입은 **정유재란(丁酉再亂)**이라고 따로 부르기도 한다.

정발, 송상현, 신립이 분전하다

고니시 유키나가가 이끄는 제1군은 **정발**이 지키는 **부산진**과 **송상현**이 지키는 **동래성**을 함락시켰다. 가토 기요마사가 이끄는 제2군은 울산을 함락시키고, 고니시의 부대와 합류하여 충주로 향하였다. **신립**은 **충주 탄금대**에서 배수진(背水陣)을 치고 싸웠으나 전군이 몰살당하였고 신립도 달천강에 투신하여 자살하였다(1592. 4.).

신립 장군이 패배했다는 소식을 들은 선조는 피난길에 올랐다. 선조는 급히 광해군을 세자로 책봉하였다. 선조는 우선 개성에 도착하여 상황을 보고 있었으나, 5월 초에 왜군에 의해 경복궁이 점령되었다는 소식을 듣고는 다시 평양으로 이동하였다. 이어 임진강의 방어선이 무너지고 고니시가 평양을 위협하자, 선조는 다시 의주로 피난하였고, 명나라에 사신을 보내 구원을 요청하였다. 그리고 세자 광해군에게 임시 조정인 분조(分朝)를 설치하게 하였다.

기출 핵심 키워드 암기

임진왜란 – ⬜ 이 탄금대에서 배수의 진을 치고 싸웠다. [51회]

팁 :릡끮

수군과 의병이 활약하다

전라좌수사 이순신이 바다에서 활약하기 시작하면서 전세가 역전되었다. 이순신은 판옥선 등을 이끌고 적선 26척을 격침하여 **옥포 해전**에서 처음으로 승리하였다(1592. 5.). 특히 **사천 해전**에서는 **거북선(귀선)이 처음으로 출현**하여 그 효능이 증명되었다. 그 사이에 고니시의 부대는 평양을 완전히 장악하였다(1592. 6.). 고니시는 남해안과 서해안을 거쳐 평양까지 도달하는 보급 부대를 기다리고 있었으나, 이 보급로를 끊어놓은 것이 바로 **한산도 대첩**이다(1592. 7.). 이순신은 적의 군대를 한산도 앞바다로 유인하여 '학의 날개'와 같은 **학익진(鶴翼陣) 진법**으로 적을 포위하였다. 이 대첩으로 인해 왜군의 수륙 병진 작전은 좌절되었다.

기출 한 컷 [13회]

이순신의 활약과 함께 전국 각지에서 **의병**이 일어났다. 경남 의령에서는 **곽재우**가, 합천에서는 **정인홍**이, 금산에서는 **조헌**이, 담양에서는 고경명이, 나주에서는 김천일이 일어났고, 함경도 길주에서는 정문부가 거병하였다. 이와 함께 진주에서 큰 승리가 있었다. 진주 목사 김시민은 군관민과 합세하여 **제1차 진주성 싸움(진주 대첩)**에서 큰 전과를 올렸다(1592. 10.).

조·명 연합군이 반격하다

명나라 군대가 조선을 지원하기 위해 들어왔다. **이여송**이 이끄는 명군과 유성룡이 이끄는 조선 관군은 힘을 합쳐 **평양성을 탈환**하였다(1593. 1.). 그러나 **벽제관 전투**에서 명군은 왜군의 급습을 받아 패배하여 더 이상 진격하지 못하고 후퇴하였다(1593. 1.).

행주산성에서 명군을 기다리던 **권율**은 '나 홀로 싸우기'로 마음 먹고 왜군을 크게 격퇴하였다(1593. 2.). 행주 대첩으로 사기가 꺾인 일본군은 한성에서 철수하여 남쪽으로 퇴각하였다(1593. 4.). 그리고 선조도 다시 궁궐로 돌아왔다(1593. 10.).

내가 행주산성에서 왜군을 막아냈소.

권율

기출 한 컷 [29회]

휴전 협상 중 군대를 정비하다

이렇게 2년에 걸친 임진왜란은 마무리가 되는 것 같았고, 조선과 일본은 휴전 협상에 들어갔다. 휴전 협상 중에 유성룡의 건의로 **훈련도감이 설치**되었다(1593). 훈련도감은 **포수(砲手)**, **사수(射手)**, **살수(殺手)**의 삼수병으로 구성된 군사 조직이다. 훈련도감의 군인들은 장기간 근무를 하고 급료를 받는 **상비군**이었다.

또한 조선 정부는 **속오법**에 따라 지방군을 개편하였다(1594). 속오군은 사실상 진관 체제가 복구된 것인데, 그 구성원은 **양반부터 농민, 노비까지 확대**되었다.

▌전쟁에서 승리하다

휴전 협정은 결국 무산되고, 왜군이 다시 침입하였다. 이것이 **정유재란**이다(1597. 1.). 이순신은 삼도수군통제사가 되어 전쟁에 나섰다. 이순신은 구루시마가 이끄는 130여 척의 연합 함대를 명량(울돌목)에서 크게 격파하였다. 이것이 **명량 해전**이다(1597. 9.). 다음 해에 이순신은 **노량 해전**에서 큰 승리를 거두었으나 도주하는 왜군을 추격하던 도중 적의 총탄을 맞고 쓰러졌다(1598. 11.). 이순신은 '싸움이 급하니 내가 죽었다는 말을 하지 말라'는 유언을 남기고 숨을 거두었다.

▌왜란이 끝나다

왜란 이후 조선은 일본과의 외교 관계를 단절하였으나, 일본의 **에도 막부(도쿠가와 막부)**가 국교 재개를 요청해 왔다. 일본은 조선의 선진 문화를 받아들이고, 에도 막부의 쇼군(將軍)이 바뀔 때마다 그 권위를 국제적으로 인정받기 위하여 조선에 축하 사절의 파견을 요청해 왔다. 조선에서는 1607년부터 1811년까지 **12회에 걸쳐 통신사라는 이름으로 사절을 파견**하였다. 조선은 유정(사명 대사)을 회답 겸 쇄환사로 파견하여 일본과 강화하고 조선인 포로 3,500여 명을 데려왔다.

또한 왜란을 거치면서 **비변사가 국정 최고 기구로 성장**하였다. 구성원이 3정승을 비롯한 고위 관원으로 확대되었고, 그 기능도 군사 문제뿐만 아니라 외교, 재정, 사회, 인사 문제 등 거의 모든 정무를 총괄하였다.

기출 핵심 키워드 암기

① 막부의 요청에 따라 ☐ㅌㅅㅅ☐ 를 파견하였다. [55회]
② ☐ㅂㅂㅅ☐ 가 임진왜란을 거치면서 국정 최고 기구로 성장하였다. [49·43회]

정답 ① 통신사 ② 비변사

▌광해군이 전후 복구 사업을 추진하다

제15대 왕은 **광해군**(1608~1623)이다. 광해군에게는 왜란의 상처를 회복하는 큰 과제가 주어져 있었다. 광해군은 즉위하자마자 민생 안정책으로 **대동법(大同法)을 경기도에서 시범적으로 실시**하였다(1608). 광해군은 각종 토목 사업을 진행하여 왜란으로 무너진 것들을 다시 세우기 시작했다. 일본과의 무역도 다시 시작했는데, 광해군은 동래부에 왜관을 다시 설치하고, **일본과 기유약조를 맺어** 세견선 20척, 세사미두 100석 내에서 무역을 할 수 있도록 하였다(1609). 전후 복구 사업으로서 의학 서적 간행도 중요한 일이었다. 광해군 때에는 **허준**이 선조의 명으로 쓰기 시작한 **『동의보감』이 완성**되었다(1610).

광해군이 중립 외교를 추진하다

조식은 학문의 실천성을 강조하여 정인홍, 곽재우 등의 제자를 배출하였다. 왜란이 일어나자 그 제자들은 '나라 살리기'를 실천하기 위해 전쟁터로 뛰어나갔다. 이들은 모두 북인이었다. 왜란이 끝나자 **북인**이 서인과 남인을 배제하고 권력을 장악하였다. 그리고 광해군이 즉위(1608)하면서 북인과 광해군은 한 팀이 되었다.

이후 명나라와 후금 사이에 전쟁이 발생하였는데, 명나라는 조선에 원군을 요청하였고 이에 광해군은 강홍립에게 군사 1만 3천을 주어 파병하였다. 그러나 광해군은 출병을 허락하면서도, '명군 장수의 명령을 그대로 따르지만 말고 신중히 처신하여 오직 패하지 않는 전투가 되도록 최선을 다하라'고 지시하였다(1618).

조선은 왜 명을 도와 우리 후금을 공격하였는가?

우리는 명의 요청을 받아 이곳에 왔지만, 우리 임금께서는 후금과 싸우기를 원치 않소.

강홍립

기출 한 컷 [19회]

강홍립은 명나라 군대와 함께 **사르후 전투**에서 후금과 싸웠지만, 패색이 짙어지자 후금군에 투항하였다(1619). 광해군이 **명나라와 후금을 동등하게 대하는** 이런 외교를 **중립 외교(中立外交)**라 한다. 성리학자들은 이런 외교가 성리학적 명분론에 어긋난다며 광해군을 몰아낼 준비를 하였다.

> **기출 핵심 키워드 암기**
> ① 광해군 – ㄱㅎㄹ 부대가 사르후 전투에 참전하였다. [49·46회]
> ② 광해군 – 명과 후금 사이에서 ㅈㄹ ㅇㄱ를 펼쳤다. [32회]
>
> 정답 ① 강홍립 ② 중립 외교

광해군, 인조반정으로 폐위되다

광해군이 즉위할 즈음 선조의 어린 아내인 인목 대비가 영창 대군을 낳았다. 왕위에 위협이 되는 **영창 대군은 강화도에 유배되었다가 그 이듬해 살해**되었고(1614), 그 생모인 **인목 대비도 서궁(西宮)에 유폐되었다(폐모살제)**. **서인**은 이 사건을 비판하며 **인조반정**을 일으켜 광해군을 폐위하고 **인조**를 새 왕으로 세웠다(1623).

> (그가) 선왕의 아들이라면 나를 어머니로 여기지 않을 수 없는데도 …… 품속에 있는 어린 자식을 빼앗아 죽이고 나를 유폐하여 곤욕을 치르게 하였다. …… 이에 그를 폐위시키노라. – 「인조실록」 [32회]

광해군은 이후 강화도에 유배되었다가, 다시 제주도로 옮겨가서 사망하였다(1641). 이렇게 광해군은 왕으로서의 재위 기간보다 더 오랜 기간을 유배지에서 보내야 했다.

3 호란

이괄의 난이 일어나다

제16대 왕은 **인조**(1623~1649)이다. 인조는 서인이 광해군을 축출한 인조반정으로 왕위에 올랐다 (1623). 그런데 서인 중 이괄은 논공행상에 불만을 품고 반란을 일으켜 한성까지 점령하였다(1624). 어쩔 수 없이 인조는 공주까지 피난을 가게 되었다. 이괄의 부하가 이괄의 목을 베어 관군에 투항 하면서 겨우 반란이 평정되었다.

> 왕에게 이괄 부자가 역적의 우두머리라고 고해바친 자가 있었다. 하지만 왕은 "반역은 아닐 것이다." 라고 하면서도, 이괄의 아들인 이전을 잡아오라고 명하였다. 이에 이괄은 군영에 있던 장수들을 위 협하여 난을 일으켰다.
> – 『인조실록』 [58회]

기출 핵심 키워드 암기

공신 책봉 문제로 ○ㄱ 이 반란을 일으켰다. [53회]

정답 이괄

정묘호란이 일어나다

이괄의 난을 진압한 인조는 광해군의 중립 외교를 비판하며 노골적으로 **친명배금(親明排金)**을 내세웠 다. 이것은 이미 쇠퇴한 명나라를 그리워하며, 오히려 '살아있는 권력'인 후금을 배척하는 정책이었 다. 후금은 점점 조선 정부를 못마땅하게 여기기 시작했다. 인조의 친명배금 정책에 반발하여 후금 이 쳐들어왔는데, 이것을 **정묘호란**이라고 한다(1627). 이때 의병 **정봉수와 이립이 용골산성에서 항전** 하였다. 그러나 양국이 **형제 관계**를 맺은 후 후금군은 철수하였다.

기출 핵심 키워드 암기

정묘호란 - ㅈㅂㅅ 가 용골산성에서 항전하였다. [58회]

정답 정봉수

병자호란이 일어나다

정묘호란이 일어난 지 8년 후, 국호를 후금에서 청(淸)으로 바꾼 태종이 조선에 **군신 관계를 요구**했 다. 후금을 '오랑캐'라고 생각했던 조선의 성리학자들은 결코 받아들일 수 없는 요구였다. 김상헌 등 성리학자 중심의 주전파는 청 태종의 요구를 거절하였다. 그러자 청 태종이 10만 대군을 이끌고 쳐들어왔는데, 이것을 **병자호란**이라고 한다(1636).

청나라 군대에 대항하여 **임경업**이 의주 **백마산성**에서 싸웠으나 역부족이었다. 인조는 소현 세자와 함께 **남한산성**으로 피신하여 청군에 항전하였으나 성이 포위되면서 패색이 짙어졌다. 봉림 대군(이후 효종으로 즉위)이 피난해 있던 **강화도가 함락**되면서, 김상헌의 형인 **김상용도 순절**하였다. 전라병사 **김준룡**은 경기 용인 **광교산 전투**에서 항전하여 승리하였다. 그러나 시간이 흐를수록 전세가 기울어가자, 최명길 등 양명학자들은 실리를

적의 침략으로 한성이 함락 위기에 빠지자 인조와 신하들은 황급히 남한산성으로 피신하였습니다.

기출 한 컷 44회

중시하며 청나라에 항복하자고 주장하였다. 인조는 결국 **삼전도**(지금의 서울시 송파구 석촌호수 부근)에서 삼배구고두례(三拜九叩頭禮), 즉 세 번 절하고 아홉 번 머리를 조아리는 예를 행하며 항복하였다(1637).

그 결과 인조의 두 아들인 소현 세자와 봉림 대군, 그리고 청나라와 끝까지 항전하자고 주장했던 삼학사(홍익한, 윤집, 오달제)는 청나라에 인질로 끌려갔다.

기출 핵심 키워드 암기

① 병자호란 - [ㅇㄱㅇ]이 백마산성에서 항전하였다. [54회]
② 병자호란 - [ㄱㅅㅇ]이 강화도에서 순절하였다. [47·46회]

정답 ① 임경업 ② 김상용

▌북벌론이 대두하다

청나라에서 귀국한 소현 세자가 갑자기 죽자, 그다음으로 귀국한 봉림 대군이 왕위에 올랐다. 그가 곧 제17대 왕 효종(1649~1659)이다. 청나라에 볼모로 잡혀가 있는 동안 효종은 청에 대한 치욕을 갚기로 마음먹었고, 왕위에 오르자마자 **북벌**(北伐)을 계획하였다.

효종은 친청파를 몰아내고, 송시열·송준길 등 대청 강경파를 중용하였다. 송시열은 청에 복수하자는 기축봉사(己丑封事)를 올려 명에 대한 의리를 내세웠다. 효종은 북벌을 위해 **어영청**의 군사의 수를 2만여 명으로 확대하였다. 그러나 이렇게 북벌을 준비하고 있을 때 청나라는 오히려 흑룡강 방면으로 남하하는 러시아군을 정벌하러 가자고 요청하였다. 그래서 조선군은 **나선 정벌**(羅禪征伐, 러시아 정벌)**에 두 차례에 걸쳐 조총 부대를 파견**하였다(1654, 1658).

기출 핵심 키워드 암기

① 효종 - [ㅇㅇㅊ]을 중심으로 [ㅂㅂ]을 추진하였다. [57·53회]
② 효종 - [ㄴㅅ ㅈㅂ]에 조총 부대를 파견하였다. [57·52회]

정답 ① 어영청, 북벌 ② 나선 정벌

---

4 붕당 정치의 변질

환국이 발생하다

제19대 왕은 숙종(1674~1720)이다. 숙종 초기에는 갑인예송에서 승리한 남인이 집권하고 있었다. 그러나 숙종이 즉위하고 얼마 지나지 않아 환국(換局)의 시대가 되었다. 특정 붕당이 정권을 독점하는 **일당 전제화 추세**가 나타났고, 각 붕당은 엎치락뒤치락하며 정치 보복에 몰두하였다. 왕은 편당적인 인사 조치로 오히려 환국의 빌미를 제공하였다.

경신환국, 서인이 권력을 장악하고 노론과 소론으로 분화되다

경신환국의 원인은 **허적의 유악(帷幄) 사건**이었다(1680). 남인의 대표였던 영의정 허적은 집안 잔치를 열면서 숙종의 기름 천막을 함부로 가져다 쓰는 잘못을 저질렀다. 게다가 허적의 서자 허견이 반역을 도모했다는 혐의를 받게 되면서, 숙종의 심기는 매우 불편해졌다. 결국 숙종은 허적과 윤휴 등 **남인**을 사형시키거나 유배를 보냈고, 이로써 **서인이 다시 집권**하게 되었다.

그런데 서인은 남인의 처벌 수준 문제를 두고 강경파와 온건파로 나뉘기 시작했는데, 그래서 서인은 점차 **노론과 소론**으로 갈라지게 되었다. 송시열은 노론의 영수가 되었고, 윤증은 소론의 영수가 되었다.

기사환국, 서인이 축출되고 남인이 권력을 장악하다

기사환국의 원인은 장희빈이 낳은 아들의 **원자 정호(세자 책봉) 문제**였다(1689). 숙종의 왕비인 인현 왕후는 아들을 낳지 못했는데, 후궁인 희빈 장씨(장희빈)가 아들을 낳자 숙종은 그 아들을 원자 정호하자고 하였다. 이 일로 장희빈 아들의 원자 정호를 지지했던 **남인은 정계에 활발히 진출**하였지만, 원자의 명호(名號, 지위를 표시하는 명칭)를 정한 것에 반대한 **서인은 축출**되었다. 왕비였던 인현 왕후는 결국 폐위되고, 숙종은 장희빈을 왕비로 삼았다.

> 임금이 말하기를, "송시열은 산림의 영수로서 나라가 어렵고 인심이 좋지 않을 때에 감히 원자(元子)의 명호(名號)를 정한 것이 너무 이르다고 하였으니, 삭탈 관작하고 성문 밖으로 내쳐라. 반드시 송시열을 구하려는 자가 있겠지만, 그런 자는 비록 대신이라 하더라도 용서하지 않을 것이다."라고 하였다.
>
> — 「숙종실록」 45회

▌갑술환국, 남인이 축출되고 서인이 권력을 장악하다

갑술환국의 원인은 **인현 왕후(폐비 민씨)의 복위** 문제였다(1694). 서인(노론계의 김춘택과 소론계의 한중혁 등)은 인현 왕후의 복위 운동을 전개하였고, 남인은 이것을 반대하였다. 하지만 숙종의 마음이 바뀌고 있었다. 폐비 사건을 후회하고 있었던 숙종은 결국 인현 왕후를 다시 왕비로 삼았다. 그리고 인현 왕후의 복위를 반대했던 **남인**은 **축출**되고, 인현 왕후의 복위를 지지하였던 **노론과 소론이 정국을 주도**하게 되었다.

기출 한 컷 [41회]

기출 핵심 키워드 암기

□○ 이 갑술환국으로 정계에서 축출되었다. [45회]

정답 남인

▌신임사화, 소론이 노론을 제거하고 실권을 장악하다

제20대 왕은 경종(1720~1724)이다. 경종은 숙종과 장희빈 사이에서 태어난 아들이다. 경종은 자식이 없었기 때문에 이복동생인 연잉군(나중에 영조가 된다!)을 세제(世弟, 왕의 형제이므로 세자라고 하지 않고 세제라고 한다)로 책봉하여야 했다. 노론은 왕이 병약하므로 세제가 대리청정을 해야 한다고 주장했고, 소론은 여기에 극렬히 반대하였다. 노론과 소론의 정치적 대립은 극에 달하였고, 급기야 **신축년과 임인년에 소론이 노론을 숙청**하기에 이르렀다. 김창집, 이이명, 이건명, 조태채 등 노론의 4대신이 처벌된 이 사건을 **신임사화(辛壬士禍)**라고 한다(1721~1722).

빈출 개념 한눈에 암기하기

1. 왜란

임진왜란 발발	왜군의 부산 침략(부산진·동래성 함락) → 충주 탄금대 전투 패배[1](　　) → 선조의 의주 피난
수군의 활약	옥포 해전 승리 → 사천 해전(거북선 최초 이용) 승리 → [2](　　　) 대첩(학익진 전법) 승리
의병의 활약	곽재우, 조헌, 정문부 등 의병 활약
조선의 반격	진주 대첩 승리[3](　　) → 조·명 연합군의 [4](　　　) 탈환 → 행주 대첩 승리[5](　　) → 명과 일본의 휴전 협상 시작
휴전 협상 중 군대 정비	[6](　　　) 설치(포수·사수·살수), 속오법 실시
왜군의 재침입 (정유재란)	휴전 협상 결렬 → 왜군의 재침입(정유재란) → [7](　　) 해전 승리 → 노량 해전 승리(이순신 전사)

2. 호란

정묘호란	• 원인: 인조의 친명배금 정책 • 전개: 후금의 침입 → [8](　　　) 와 이립이 용골산성에서 항전 • 결과: 후금과 형제 관계 체결
병자호란	• 원인: 후금이 국호를 청으로 바꾸고 조선에 군신 관계 요구 • 전개: [9](　　　) 이 백마산성에서 항전, 인조는 [10](　　　) 으로 피난 • 결과: 인조의 항복(삼전도의 굴욕), 소현 세자와 봉림 대군 등이 청에 인질로 압송됨

3. 붕당 정치의 변질

경신환국	• 원인: 남인 허적의 유악 사건 • 결과: [11](　　) 축출(허적·윤휴 등), 서인 집권(서인이 노론과 소론으로 분열)
기사환국	• 원인: 서인이 장희빈 아들의 원자 정호(세자 책봉) 반대 • 결과: 서인 축출, 남인 집권, 인현 왕후 폐위, 장희빈이 왕비에 오름
갑술환국	• 원인: 서인이 [12](　　　) 복위 운동 전개 • 결과: 남인 축출, 노론과 소론이 정국 주도

정답 1) 신립 2) 한산도 3) 김시민 4) 평양성 5) 권율 6) 훈련도감 7) 명량 8) 정봉수 9) 임경업 10) 남한산성 11) 남인 12) 인현 왕후

IV. 조선 시대

해커스 이명호 스토리로 암기하는 한국사능력검정시험 심화 상

실전 연습

1 키워드와 관련된 것을 알맞게 연결해보세요.

① 인조 •　　　　　　• ㉠ 중립 외교 정책 실시

② 광해군 •　　　　　• ㉡ 나선 정벌 실시

③ 효종 •　　　　　　• ㉢ 친명배금 정책 실시

2 〈보기〉에서 골라 빈칸을 채워보세요.

보기		
진주성	탄금대	한산도

① 신립이 (　　　　)에서 배수의 진을 치고 싸웠다. [45회]

② 이순신이 (　　　　) 앞바다에서 학익진을 펼쳐 승리하였다. [55·54회]

③ 김시민이 (　　　　)에서 적군을 크게 물리쳤다. [55·47회]

3 아래 표에 있는 초성을 완성해보세요.

구분	병자호란(1636)
배경	후금이 청으로 국호를 고친 후 조선에 ㄱㅅ ㄱㄱ를 요구함 → 주전파가 이를 거절하자 청이 조선을 침략함
전개	임경업이 백마산성에서 항전함, 인조는 ㄴㅎㅅㅅ으로 피난하여 청군에 항전함
결과	인조가 ㅅㅈㄷ에서 청에 항복함 → 소현 세자, 봉림 대군과 척화론자 등이 청에 인질로 끌려감

4 아래 기출 사료와 관련 있는 사건을 써보세요.

임금이 전교하기를, "내 생각에는 허적이 혹시 허견의 모반 사실을 알지 못했는가 하였는데, 문안(文案)을 보니 준기를 산속 정자에 숨긴 사실이 지금 비로소 드러났으니, 알고서도 엄호한 정황이 분명하여 감출 수가 없었다. 그저께 허적에게 사약을 내려 죽인 것도 이 때문이다."라고 하였다.　　　[57회]

→ ☐☐☐☐

1　[49회 21번]

(가)~(다) 학생이 발표한 내용을 일어난 순서대로 옳게 나열한 것은?　[2점]

주제: 임진왜란 때 수군의 활약

옥포에서 26척의 적선을 격파하는 전과를 올렸어.

견내량에 머물던 왜군을 한산도 앞바다로 유인하여 학익진 전술을 펼쳐 물리쳤어.

10여 척의 배로 명량에서 대승을 거두었어.

(가)　　(나)　　(다)

① (가) – (나) – (다)

② (가) – (다) – (나)

③ (나) – (가) – (다)

④ (나) – (다) – (가)

⑤ (다) – (가) – (나)

2　[47회 22번]

(가) 전쟁 중 있었던 사실로 옳은 것은?　[2점]

이 무기는 불랑기포라고 하는데, 서양에서 명에 전래되었기 때문에 이렇게 불렀습니다. 불랑기포는 (가) 당시 조·명 연합군이 일본군으로부터 평양성을 탈환하는 데 기여하였습니다.

① 김상용이 강화도에서 순절하였다.

② 정봉수가 용골산성에서 항쟁하였다.

③ 최영이 홍산 전투에서 큰 승리를 거두었다.

④ 김시민이 진주성에서 적군을 크게 물리쳤다.

⑤ 이종무가 적의 근거지인 쓰시마를 정벌하였다.

3

밑줄 그은 '이 전쟁' 중에 있었던 사실로 옳은 것은? [3점]

소현 세자께서 돌아가셨다네. 그런데 시신이 검은빛이었고 이목구비에서 모두 피가 흘러 나왔다는군.

이 전쟁에 패하여 청에 인질로 갔다가 8년 만에 돌아오실 때도 건강하셨던 세자께서 어찌 두 달 만에 그리되셨는가?

① 이괄의 반란 세력이 도성을 장악하였다.
② 곽재우, 고경명 등이 의병장으로 활약하였다.
③ 김준룡이 근왕병을 이끌고 광교산에서 항전하였다.
④ 외적의 침입에 대응하여 임시 기구로 비변사가 처음 설치되었다.
⑤ 포수·사수·살수의 삼수병으로 편제된 훈련도감이 신설되었다.

5

다음 왕에 대한 설명으로 옳은 것은? [1점]

1/3 청에 볼모로 끌려갔다 돌아온 왕자에게는 꿈이 있었습니다.

2/3 왕이 된 그는 성곽과 무기를 정비하고 군대를 양성했습니다.

3/3 하지만 냉혹한 국내외의 현실로 북벌은 미완의 꿈으로 남았습니다.

① 나선 정벌에 조총 부대를 파견하였다.
② 왕의 친위 부대인 장용영을 설치하였다.
③ 청과의 국경을 정하는 백두산 정계비를 세웠다.
④ 역대 문물을 정리한 『동국문헌비고』를 편찬하였다.
⑤ 수조권이 세습되던 수신전과 휼양전을 폐지하였다.

4

(가) 전쟁 이후에 있었던 사실로 옳은 것은? [2점]

이것은 (가) 의 결과 심양에 볼모로 잡혀간 봉림 대군이 쓴 한글 편지입니다. 편지에는 척화론을 내세우다 끌려가 함께 있던 김상헌에 대한 염려가 담겨 있습니다.

① 국경 지역에 4군 6진이 개척되었다.
② 나선 정벌에 조총 부대가 동원되었다.
③ 강홍립 부대가 사르후 전투에 참전하였다.
④ 정봉수와 이립이 용골산성에서 항전하였다.
⑤ 제한된 무역을 허용한 기유약조가 체결되었다.

6

다음 상황 이후에 전개된 사실로 옳은 것은? [3점]

임금이 말하기를, "송시열은 산림(山林)의 영수로서 나라의 형세가 험난한 때에 감히 원자의 명호를 정한 것이 너무 이르다고 하였으니, 삭탈 관작하고 성문 밖으로 내쳐라. 반드시 송시열을 구하려는 자가 있겠지만, 그런 자는 비록 대신이라 하더라도 용서하지 않을 것이다."라고 하였다.

① 공신 책봉 문제로 이괄의 난이 일어났다.
② 정여립 모반 사건으로 옥사가 발생하였다.
③ 허적과 윤휴 등 남인들이 대거 축출되었다.
④ 북인이 서인과 남인을 배제하고 권력을 장악하였다.
⑤ 인현 왕후가 폐위되고 희빈 장씨가 왕비로 책봉되었다.

대표 기출 문제의 정답 및 문제풀이 방법을 다음 페이지에서 확인하세요. →

대표 기출 문제 정답 및 문제풀이 방법

1	2	3	4	5	6
①	④	③	②	①	⑤

1 임진왜란의 주요 전투

① (가) - (나) - (다)
옥포 해전 - 한산도 대첩 - 명량 해전

(가) **옥포 해전(1592. 5.)** : 이순신이 이끄는 조선 수군은 옥포(거제)에서 적선을 격파하며 왜군을 상대로 첫 승리를 거두었다.

(나) **한산도 대첩(1592. 7.)** : 이순신이 이끄는 조선 수군은 한산도 앞바다에서 학이 날개를 펼친 모습으로 적을 포위하는 학익진 전술로 왜군에 크게 승리하였다.

(다) **명량 해전(1597)** : 휴전 협상이 결렬된 후, 왜군이 다시 쳐들어왔다(정유재란). 이때 **이순신**이 명량에서 10여 척의 배로 대승을 거두었다.

✔ 또 나올 암기 포인트

임진왜란의 주요 전투

1592년	4월	부산진·동래성 전투 패배 → 충주 탄금대 전투 패배(신립 전사)
	5월	옥포 해전(이순신의 등장) 승리, 사천 해전(거북선 최초 이용) 승리
	7월	한산도 대첩(학익진 전법) 승리
	10월	진주 대첩 승리(1차, 김시민 전사)
1593년	1월	조·명 연합군의 평양성 탈환
	2월	행주 대첩 승리(권율 지휘, 관군과 농민 합세)
1597년	9월	명량 해전 승리
1598년	11월	노량 해전 승리(이순신 전사)

2 임진왜란 때의 사실

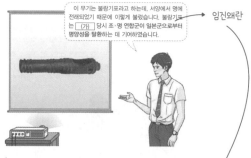

④ 김시민이 진주성에서 적군을 크게 물리쳤다.

(가) 전쟁은 임진왜란이다. 임진왜란 때 김시민이 진주성에서 적군을 크게 물리쳤다(1592, 진주 대첩). 이후 이여송과 유성룡의 조·명 연합군은 왜군으로부터 평양성을 탈환하였다(1593). 한편 불랑기포(사진)는 임진왜란 때부터 제작된 서양식 화포이다.

오답 체크

① 김상용이 강화도에서 순절하였다. → **병자호란**

② 정봉수가 용골산성에서 항쟁하였다. → **정묘호란**

③ 최영이 홍산 전투에서 큰 승리를 거두었다. → **홍산 전투**

⑤ 이종무가 적의 근거지인 쓰시마를 정벌하였다. → **대마도 정벌**

3 병자호란 때의 사실

③ 김준룡이 근왕병을 이끌고 광교산에서 항전하였다.

'이 전쟁'은 **병자호란**이다. 소현 세자는 병자호란에 패하여 청에 인질로 갔다가 돌아왔다. 한편 병자호란 중에 무신 **김준룡**이 근왕병(임금과 왕실을 지키는 병사들)을 이끌고 남한산성으로 진군하던 중 용인 광교산에서 청군에 맞서 항전하였다.

오답 체크

① 이괄의 반란 세력이 도성을 장악하였다. → **이괄의 난**

② 곽재우, 고경명 등이 의병장으로 활약하였다. → **임진왜란**

④ 외적의 침입에 대응하여 임시 기구로 비변사가 처음 설치되었다. → **3포 왜란 이후**

⑤ 포수·사수·살수의 삼수병으로 편제된 훈련도감이 신설되었다. → **임진왜란**

4 병자호란 이후의 사실

이것은 [가] 의 결과 심양에 볼모로 잡혀간 봉림 대군이 쓴 한글 편지입니다. 편지에는 척화론을 내세우다 끌려와 함께 있던 김상헌에 대한 염려가 담겨 있습니다.

→ 병자호란(인조)

② 나선 정벌에 조총 부대가 동원되었다. → 효종

봉림 대군(효종)이 심양에 볼모로 잡혀갔고, 척화론자 김상헌이 청에 끌려갔던 (가) 전쟁은 병자호란이다. 병자호란 이후인 효종 때 청의 요청에 따라 조선 정부는 나선(러시아) 정벌에 조총 부대를 파견하기도 했다.

오답 체크
① 국경 지역에 4군 6진이 개척되었다. → 4군 6진 개척(세종)
③ 강홍립 부대가 사르후 전투에 참전하였다. → 사르후 전투(광해군)
④ 정봉수와 이립이 용골산성에서 항전하였다. → 정묘호란(인조)
⑤ 제한된 무역을 허용한 기유약조가 체결되었다.
　　→ 기유약조 체결(광해군)

5 효종

→ 효종

① 나선 정벌에 조총 부대를 파견하였다.

청에 볼모로 끌려갔다 돌아온 왕자가 왕이 되어 성곽과 무기를 정비하고 군대를 양성했으며, 북벌을 추진했다면 이 왕은 효종이다. 효종은 청의 요청에 따라 나선(러시아) 정벌에 조총 부대를 파견하였다.

오답 체크
② 왕의 친위 부대인 장용영을 설치하였다. → 정조
③ 청과의 국경을 정하는 백두산 정계비를 세웠다. → 숙종
④ 역대 문물을 정리한 『동국문헌비고』를 편찬하였다. → 영조
⑤ 수조권이 세습되던 수신전과 휼양전을 폐지하였다. → 세조

6 기사환국 이후의 사실

→ 서인

임금이 말하기를, "송시열은 산림(山林)의 영수로서 나라의 형세가 험난한 때에 감히 원자의 명호를 정한 것이 너무 이르다고 하였으니, 삭탈 관작하고 성문 밖으로 내처라. 반드시 송시열을 구하려는 자가 있겠지만, 그런 자는 비록 대신이라 하더라도 용서하지 않을 것이다."라고 하였다.

→ 기사환국

⑤ 인현 왕후가 폐위되고 희빈 장씨가 왕비로 책봉되었다.

서인 송시열이 원자의 명호를 정한 것을 반대하였다는 것은 희빈 장씨의 아들(후에 경종이 됨)이 원자 정호(세자 책봉) 되는 것을 비판하였다는 의미이다. 이 일로 송시열과 서인은 정계에서 쫓겨나고 남인이 집권하게 되었는데, 이것을 기사환국이라 한다(1689). 이후 서인이 지지하였던 인현 왕후가 폐위되고, 남인이 지지하였던 희빈 장씨가 왕비로 책봉되었다.

오답 체크
모두 숙종 때의 기사환국 이전의 사실이다.
① 공신 책봉 문제로 이괄의 난이 일어났다. → 인조
② 정여립 모반 사건으로 옥사가 발생하였다. → 선조
③ 허적과 윤휴 등 남인들이 대거 축출되었다. → 숙종, 경신환국
④ 북인이 서인과 남인을 배제하고 권력을 장악하였다. → 광해군

✔ 또 나올 암기 포인트
환국의 전개 과정

경신환국 (1680)	• 원인: 남인인 허적이 왕실용 천막을 무단으로 사용하여 왕의 불신을 샀고(허적의 유악 사건), 때마침 서인이 허적의 서자 허견 등의 역모를 고발함 • 결과: 남인이 몰락하고 서인 집권(서인이 노론과 소론으로 분열)
기사환국 (1689)	• 원인: 희빈 장씨 아들(경종)의 원자 정호 문제 • 결과: 서인(송시열 등)이 처형·축출되고 남인이 정권 장악, 인현 왕후(서인 계열)가 폐위되고 희빈 장씨(남인 계열)가 왕비가 됨
갑술환국 (1694)	• 원인: 남인이 인현 왕후 복위 운동을 빌미로 서인을 제거하려다 실패함 • 결과: 남인이 몰락하고 서인이 재집권함

18강 탕평 정치와 세도 정치

탕평(蕩平)이란 '왕도탕탕 왕도평평'이라는 말에서 따온 합성어
입니다. 당파의 구분 없이 모든 사람을 고루 등용한다는 의미
입니다. 영조와 정조는 탕평책으로 정치 질서를 잡아보려고
노력했습니다. 그러나 정조 사후 조선은 다시 '외척'들이 횡포
를 부리는 세도 정치기로 들어갔습니다.

수원 화성 ▶

1 탕평 정치

┃ 영조, 완론 탕평을 실시하다

제21대 왕은 **영조**(1724~1776)이다. 영조는 노론과 소론 사이의 치열한 다툼 속에서 즉위하였으므
로, 당파를 불문하고 **온건하고 타협적인 인물을 등용**하려 했다(완론 탕평). 그래서 영조는 즉위하자마
자 **탕평 교서를 발표**하였다(1725). 그러나 영조의 의도와 달리 노론이 중심이 되어 정국을 이끌어갔
고, 여기에 '경종이 독살되었다'는 소문까지 돌면서 소론과 남인의 강경파가 반란을 일으켰다. 영조
초기에 일어난 이 사건을 **이인좌의 난**(무신난이라고도 불림)이라고 한다(1728).

영조는 붕당의 폐해를 경계하기 위해 성균관 입구에 **탕평비**를 세웠다(1742). 탕평비의 내용은 '두
루 사귀면서 편 가르지 않는 것이 군자의 마음이고, 편 가르면서 두루 사귀지 않는 것이 소인의 사
사로운 마음이다'라는 것이었다.

┃ 영조, 개혁 정책을 실시하다

균역법 실시

영조 때 가장 심각한 사회적 문제는 바로 **군포**(軍布, 군역을 대신해 내는 옷감)였다. 군포를 납부하여
균역을 이행하는 사람들에게 군포의 부담은 너무 컸다. 그래서 영조는 농민들의 군역 부담을 줄여
주고자 **균역법**(均役法)을 시행하였다(1750). 균역법으로 인해 **1년에 내야 하는 군포가 2필에서 1필로 줄
어들었다.**

왕은 늘 양역의 폐단을 염려하여 군포 한 필을 감하고 균역청을 설치하여 각 도의 어염·은결의 세를 걷어 보충하니, 그 은택을 입은 백성들은 서로 기뻐하였다. 이런 시책으로 화기(和氣)를 끌어 올려 대명(大命)을 이을 만하였다.

–『영조실록』 52회

청계천 준설 및 신문고 부활

영조는 수해가 심했던 **개천(介川, 지금의 청계천)을 준설**하여 하수 처리 문제 및 실업 문제를 해결하였다(1760). 그리고 **준천사를 설치**하여 매년 보수하게 하였다. 그리고 태종 때 시행하다가 폐지되었던 **신문고를 다시 설치**하여 백성들의 억울한 일을 왕에게 직접 알리도록 하였다(1771).

편찬 사업

영조는 문헌 편찬 사업도 활발히 하였다. 『경국대전』의 속편인 『속대전』을 **편찬**하여 통치 체제를 정비하였다(1746). 그리고 역대 문물을 정리한 『동국문헌비고』를 **편찬**하였다(1770).

사도 세자의 죽음으로 당파가 시파와 벽파로 분열되다

영조 때 일어난 가장 슬픈 일은 아마도 영조가 자기 아들 **사도 세자**(영조의 아들이자 정조의 아버지)를 뒤주(곡식을 넣어두는 통)에 가두어 죽게 한 사건일 것이다(1762). 노론 강경파는 영조를 지지하였으나, 나머지 노론과 소론, 남인 등은 사도 세자를 지지하였다. 사도 세자의 죽음을 계기로 **시파(사도 세자 편)와 벽파(영조 편)의 갈등**이 생겨났다.

정조, 준론 탕평을 실시하다

제22대 왕은 **정조**(1776~1800)이다. 정조는 할아버지(영조)와는 다른 탕평책을 시행하였다. 정조는 **각 붕당의 주장이 옳은지 그른지를 명백히 가리는 적극적인 탕평책을 추진**하였다(준론 탕평).

정조, 개혁 정책을 실시하다

초계문신제 실시

정조는 신진 인물이나 중하급 관리 중에서 유능한 인사를 재교육하는 제도인 **초계문신(抄啓文臣)제를 실시**하였다. 37세 이하의 신하들을 뽑아서 40세가 될 때까지 재교육하였던 이 제도는 일종의 '정치 엘리트 양성' 제도였다. 또한 정조는 **규장각에 검서관** 제도를 새로 만들어서, 여기에 **유득공, 이덕무, 박제가 등의 서얼 출신을 등용**하였다. 이 조치는 서얼도 고위직에 올라가게 하자는 사회적 요구에 부응한 것이기도 하였다.

수원 화성 건립 및 장용영 설치

정조는 팔달산(수원) 아래에 **화성**을 세워 정치적, 군사적 기능을 부여하였다. 수원은 정조가 개혁의 이상을 과시하는 도시였다. 정조는 여기에 만석거, 만년제, 축만제 등의 저수지를 만들었다.

또한 정조는 친위 부대인 **장용영을 설치**했다(1793). 장용영의 내영은 도성을 중심으로, 외영은 수원 화성을 중심으로 이루어졌다.

신해통공 발표

정조는 **신해통공을 발표**하여 육의전(한양 종로에 있던 6개의 시전)을 제외한 **금난전권을 폐지**하기도 하였다(1791). 금난전권(禁亂廛權)이란 시전 상인이 서울 도성 안과 도성 아래 10리까지의 지역에서 난전의 활동을 규제할 수 있는 권리였는데, 정조가 이것을 폐지한 것이었다. 정조는 누구나 '자유롭게' 장사를 하면서, 그만큼 세금을 많이 내면 된다고 하였다.

편찬 사업

정조는 '학자 군주'로서 자부심이 대단했다. 즉위한 해에 창덕궁에 학술 연구 기관인 규장각을 설치하였고(1776), 강화도에는 외규장각을 설치하였다(1782).

정조는 왕조의 통치 규범을 재정비하여『경국대전』과『속대전』을 통합한『**대전통편**』**을 편찬**하게 하였다. 또 대외 관계를 정리한『**동문휘고**』**를 간행**하였는데, 이것은 지금도 대외 관계사를 연구하는 사람들의 '바이블' 역할을 하고 있다. 이덕무, 박제가 등에게는 훈련 교범인『**무예도보통지**』**를 편찬**하게 하였다.

2 세도 정치

외척 가문이 세력을 잡다

세도 정치란 특정 가문이 권력을 독점하는 정치 형태를 말한다. **순조(안동 김씨), 헌종(풍양 조씨), 철종 (안동 김씨)**에 걸쳐 외척을 중심으로 한 권세가가 국정을 주도한 시기를 세도 정치기라 한다. 이 시기에는 **안동 김씨, 풍양 조씨 등의 세도 정치로 인해 부정부패가 심화**되었다. 의정부와 6조는 유명무실해지고, **비변사가 외척의 세력 기반이 되었다.** 외척들은 비변사 회의를 통해 자신들의 의견을 관철시켰다.

기출 핵심 키워드 암기

① ◯ㄷ ㄱㅆ 의 세도 정치로 부정부패가 심화되었다. [33회]
② 세도 정치기 - ㅂㅂㅅ 를 중심으로 소수의 가문이 권력을 행사하였다. [40·36회]

정답 ① 안동 김씨 ② 비변사

삼정의 폐단과 사회 불안이 심화되다

세도 정치기에는 자연재해가 잇따라 기근과 질병이 널리 퍼지고 인구가 급속히 감소하였다. 그리고 **전정, 군정, 환곡** 제도가 문란하게 운영되는 **삼정의 문란** 현상이 나타났다. 전정(田政)의 문란으로 과세 형평이 저해되었고, 군정(軍政)의 문란으로 농민들은 고통을 받았으며, 환곡(還穀)의 부담으로 농민들은 마을을 떠났다.

기출 한 컷 [12회]

갓 태어난 아이까지 군포를 낸 말이냐!

세도 정치기에는 사회 불안도 극에 달하였다. 외국 선박인 **이양선(異樣船)이 나타나 통상을 요구**하면서 정부도 단단히 긴장하였고, 민간에서는 **왕조 교체를 예언하는** 『정감록』이 유포되기도 하였다.

> 근래 부세가 무겁고 관리가 탐학하여 백성들이 편안히 살 수 없어서 모두가 난리가 나기를 바라고 있다. 이 때문에 요망스러운 말들이 동쪽에서 부르짖고 서쪽에서 화답하니, 이들을 법률에 따라 죽인다면 백성으로서 살아남을 자가 한 사람도 없을 것이다.
> ─ 『목민심서』 [20회]

기출 핵심 키워드 암기

① 세도 정치기 - ◯◯ㅅ 이 나타나 통상을 요구하였다. [47회]
② 세도 정치기 - 왕조 교체를 예언하는 『ㅈㄱㄹ』이 유포되었다. [46·30회]

정답 ① 이양선 ② 정감록

3 세도 정치기의 민중 봉기

▎평안도에서 홍경래가 난을 일으키다

조선의 제23대 왕은 **순조**(1800~1834)이다. 순조의 장인인 김조순이 권력 행사를 하기 시작하면서, 안동 김씨의 세도 정권이 확립되었다. 안동 김씨들이 정부 요직을 모두 차지하면서, 정치 기강도 무너졌다. 이런 혼란의 틈을 타서, 몰락한 양반인 **홍경래**가 중소 상인, 영세 농민, 광산 노동자들을 규합하여 반란을 일으켰다. 당시 평안도민은 중앙 관직에 진출할 수 있는 기회가 매우 제한되어 있었고, 세도 정권은 평안도민의 상공업 활동을 억압하였는데, 이런 **서북인에 대한 지역 차별**이 원인이 되어 **홍경래의 난**이 일어났다(1811).

홍경래는 스스로를 '평서대원수'라고 칭하면서, 모사 우군칙과 함께 가산군 다복동에서 반란을 일으켰다. 반란군은 선천, 정주성 등을 별다른 저항 없이 점거하여 한때는 **청천강 이북 지역을 거의 장악**하였다. 홍경래 군은 정주성에서 저항하였으나 5개월 만에 진압되었다.

> 평서대원수는 급히 격문을 띄우노니 우리 관서(關西)의 부로자제와 공사천민 모두 이 격문을 들으라. …… 심지어 권세 있는 집의 노비들도 관서 사람[西人]을 보면 반드시 평안도놈[平漢]이라 일컫는다. 관서 사람으로서 어찌 원통하고 억울하지 않겠는가.
>
> — 『패림』 [34회]

▎진주를 중심으로 임술 농민 봉기가 일어나다

조선의 제25대 왕은 **철종**(1849~1863)이다. 이 시기에는 삼정(三政)이 지극히 문란해져 있었다. 지방관과 향리의 착취가 원인이 되어, 단성에서 시작되어 진주로 파급되고 전국 각지로 확대된 이 농민 봉기를 **임술 농민 봉기**라 한다(1862). 농민들은 탐관오리 백낙신에 저항하여, **유계춘**의 지도 아래 진주성을 점령하기도 하였다.

🎬 기출 한 컷 [31회]

임술 농민 봉기는 진압이 되었지만, 이 저항 속에서 농민들의 사회의식이 성장하였다. 임술 농민 봉기의 안핵사(사건의 처리를 위해 파견한 임시 관직)로 파견된 사람은 **박규수**였는데, 조선 정부는 박규수의 건의에 따라 **삼정이정청을 설치**하고, 삼정이정절목을 공포하여 삼정의 개선을 모색하였다. 그러나 근본적인 해결은 하지 못하였다.

빈출 개념 한눈에 암기하기

1. 탕평 정치

영조	• 완론 탕평: 온건하고 타협적인 인물 등용, 탕평 교서 발표, 1)＿＿＿＿＿ 건립(붕당의 폐해 경계) • 개혁 정책: 2)＿＿＿＿＿ 실시(1년에 2필 → 1필), 청계천 준설, 준천사 설치, 신문고 설치 • 편찬 사업: 『3)＿＿＿＿』(통치 체제 정비), 『동국문헌비고』 등
정조	• 준론 탕평: 각 붕당의 주장이 옳은지 그른지를 명백히 가리는 적극적인 탕평 • 개혁 정책: 4)＿＿＿＿＿ 실시(문신 재교육), 수원 화성 건설, 5)＿＿＿＿＿ 설치(국왕 친위 부대), 신해통공 발표(육의전을 제외한 시전 상인의 6)＿＿＿＿＿ 폐지) • 편찬 사업: 『7)＿＿＿＿』(통치 체제 정비), 『동문휘고』, 『무예도보통지』 등

2. 세도 정치

배경	순조(안동 김씨), 헌종(풍양 조씨), 철종(안동 김씨)에 걸쳐 소수의 외척 가문이 권력 독점
특징	8)＿＿＿＿ 를 중심으로 소수의 가문이 권력 행사, 9)＿＿＿ 의 문란 심화(전정, 군정, 환곡), 이양선 출몰, 『정감록』 유포(왕조 교체 예언)

3. 세도 정치기의 민중 봉기

홍경래의 난	• 원인: 평안도민(서북인)에 대한 지역 차별 • 전개: 몰락 양반 홍경래가 중소 상인, 영세 농민, 광산 노동자들을 규합하여 반란을 일으킴 → 10)＿＿＿ 이북 지역 장악 → 관군에 의해 진압됨
임술 농민 봉기	• 원인: 탐관오리 백낙신의 착취 • 전개: 유계춘을 중심으로 단성에서 봉기, 진주를 중심으로 전개 → 전국으로 확대 • 결과: 안핵사 11)＿＿＿ 파견, 정부가 12)＿＿＿＿＿ 설치(삼정의 문란 해결 목적)

정답 1) 탕평비 2) 균역법 3) 속대전 4) 초계문신제 5) 장용영 6) 금난전권 7) 대전통편 8) 비변사 9) 삼정 10) 청천강 11) 박규수 12) 삼정이정청

실전 연습

퀴즈

1 키워드와 관련된 것을 알맞게 연결해보세요.

① 『속대전』 • • ㉠ 정조 때 편찬된 법전

② 『대전통편』 • • ㉡ 영조 때 편찬된 법전

③ 『무예도보통지』 • • ㉢ 정조 때 편찬된 무예서

2 〈보기〉에서 골라 빈칸을 채워보세요.

┌─ 보기 ─
비변사　　　초계문신제　　　균역법
└─

① 영조는 농민들의 군역 부담을 줄여주고자 (　　　)을 시행하였다. [51회]

② 정조는 유능한 인재를 양성하기 위해 (　　　)를 시행하였다. [51·50회]

③ (　　　)가 세도 정치 시기에 외척의 세력 기반이 되었다. [43회]

3 아래 표에 있는 초성을 완성해보세요.

구분	임술 농민 봉기
원인	경상 우병사 ㅂㄴㅅ의 수탈이 원인이 됨
전개	몰락 양반 ㅇㄱㅊ을 중심으로 진주에서 봉기함 → 전국으로 확산됨
결과	사건의 수습을 위해 박규수가 안핵사로 파견됨 → 정부는 박규수의 건의에 따라 ㅅㅈㅇㅈㅊ을 설치함

4 아래 기출 자료와 관련 있는 사건을 써보세요.

우군칙: 금광을 연다고 하여 사람들을 모으고, 군사 훈련을 하여 거사를 일으킵시다.

김창시: 평안도민에 대한 차별을 부각하는 격문을 발표한다면 더 많은 사람들이 호응할 것입니다.
[41회]

→ □□□□□

대표 기출 문제

1

(가) 왕의 재위 기간에 있었던 사실로 옳은 것은? [3점]

이 책은 이승원이 무신난(戊申亂)의 전개 과정을 기록한 일기로, 경상도 거창에서 반란군을 이끌던 정희량 세력의 활동 내용 등이 기록되어 있다. 무신난은 이인좌, 정희량 등이 세제(世弟)였던 (가) 의 즉위 과정에 의혹을 제기하며 일으킨 반란이다.

『통정공 무신일기』

① 허적과 윤휴 등 남인들이 대거 축출되었다.

② 박규수의 건의로 삼정이정청이 설치되었다.

③ 자의 대비의 복상 문제로 예송이 전개되었다.

④ 붕당의 폐해를 경계하기 위한 탕평비가 건립되었다.

⑤ 왕조의 통치 규범을 재정비한 『대전통편』이 편찬되었다.

2

(가)에 들어갈 내용으로 옳은 것은? [1점]

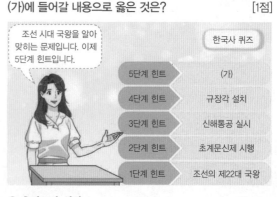

조선 시대 국왕을 알아맞히는 문제입니다. 이제 5단계 힌트입니다.

한국사 퀴즈

5단계 힌트	(가)
4단계 힌트	규장각 설치
3단계 힌트	신해통공 실시
2단계 힌트	초계문신제 시행
1단계 힌트	조선의 제22대 국왕

① 훈련도감 설치

② 수원 화성 건설

③ 나선 정벌 단행

④ 간도 관리사 파견

⑤ 이인좌의 난 진압

3
48회 26번

(가) 왕의 재위 기간에 있었던 사실로 옳지 않은 것은? [2점]

이 책은 초계문신제로 선발된 학자들의 명단을 정리한 인명록입니다. [(가)] 때부터 시행된 초계문신제는 인재 양성과 문풍 진작을 위한 문신 재교육 과정으로 37세 이하의 문신 중 학문에 재능이 뛰어난 이들을 선발하여 운영하였습니다.

「초계문신제명록」

① 경기도에 한해서 대동법이 실시되었다.
② 국왕의 친위 부대인 장용영이 설치되었다.
③ 서얼 출신의 학자들이 규장각 검서관에 기용되었다.
④ 통치 체제를 정비하기 위해 『대전통편』이 편찬되었다.
⑤ 육의전을 제외한 시전 상인의 금난전권이 폐지되었다.

4
46회 29번

다음 뉴스에서 보도하는 사건에 대한 설명으로 옳은 것은?
[2점]

다복동에서 봉기하여 한때 청천강 이북 지역을 점령했던 반란군이 정주성에서 마침내 관군에게 진압되었습니다. 관군은 주모자 중 도주한 우군칙, 이희저 등을 추격하고 있습니다.

관군, 정주성에서 반란군 진압

① 척왜양창의를 기치로 내걸었다.
② 몰락 양반 유계춘이 주도하였다.
③ 청군이 파병되는 결과를 가져왔다.
④ 남접과 북접이 연합하여 전개되었다.
⑤ 서북인에 대한 차별에 반발하여 일어났다.

5
49회 28번

(가) 사건에 대한 설명으로 옳은 것은?
[2점]

이것은 평안도 지역에 대한 차별 등에 반발하여 일어난 [(가)] 을/를 진압하기 위해 관군이 정주성을 에워싸고 있는 상황을 그린 그림입니다. 이후 관군은 땅굴을 파고 성벽을 폭파하는 전술로 봉기군을 진압하였습니다.

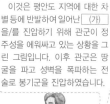

정주성공격도

① 홍경래, 우군칙 등이 주도하였다.
② 흥선 대원군이 다시 집권하는 결과를 가져왔다.
③ 정부가 청군의 출병을 요청하는 계기가 되었다.
④ 사건 수습을 위해 박규수가 안핵사로 파견되었다.
⑤ 폐정 개혁안 실천을 위해 집강소 설치를 요구하였다.

6
48회 23번

다음 사건에 대한 설명으로 옳은 것은?
[2점]

사건 일지

2월 7일 수곡 도회(都會) 주모자 유계춘을 병영에 감금
2월 13일 집안 제사 참석을 요청한 유계춘을 임시 석방
2월 14일 덕천 장시 등에서 농민 시위 전개
2월 18일 목사 홍병원이 사족(士族) 이명윤에게 농민 시위 무마를 부탁하며 정해진 액수 이상으로 세금을 징수하지 않겠다는 문서 전달
2월 19일 우병사 백낙신이 시위를 해산하려 하자 성난 농민들이 그를 포위하여 감금
⋮

① 남접과 북접이 연합하여 전개되었다.
② 정부와 약조를 맺고 집강소를 설치하였다.
③ 상황 수습을 위해 박규수가 안핵사로 파견되었다.
④ 지역 차별에 반발한 홍경래가 주도하여 봉기하였다.
⑤ 함경도와 황해도에 방곡령이 선포되는 결과를 가져왔다.

대표 기출 문제의 정답 및 문제풀이 방법을 다음 페이지에서 확인하세요. →

대표 기출 문제 정답 및 문제풀이 방법

1	2	3	4	5	6
④	②	①	⑤	①	③

1 영조

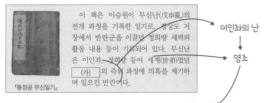

이 책은 이승원이 무신난(戊申亂)의 전개 과정을 기록한 일기로, 경상도 거창에서 반란군을 이끌던 정희량 세력의 활동 내용 등이 기록되어 있다. 무신난은 이인좌, 정희량 등이 세제(世弟)였던 (가) 의 즉위 과정에 의혹을 제기하며 일으킨 반란이다.

『통정공 무신일기』 → 이인좌의 난 → 영조

④ 붕당의 폐해를 경계하기 위한 탕평비가 건립되었다.

무신난(戊申亂, 1728)은 **이인좌의** 난이라고도 하는데, 이인좌 등이 세제(왕위를 이어받을 왕의 동생)였던 **영조의 즉위 과정에 의혹을 제** 기하며 일으킨 반란이다. 한편 영조 때는 **탕평책을 실시**하면서 탕평 교서를 반포하고, 붕당의 폐해를 경계하기 위해 **탕평비를 건** 립하였다.

오답 체크
① 허적과 윤휴 등 남인들이 대거 축출되었다. → **숙종**
② 박규수의 건의로 삼정이정청이 설치되었다. → **철종**
③ 자의 대비의 복상 문제로 예송이 전개되었다. → **현종**
⑤ 왕조의 통치 규범을 재정비한 『대전통편』이 편찬되었다. → **정조**

2 정조

조선 시대 국왕을 알아 맞히는 문제입니다. 이제 5단계 힌트입니다.

한국사 퀴즈

5단계 힌트	(가)
4단계 힌트	규장각 설치
3단계 힌트	신해통공 실시
2단계 힌트	초계문신제 시행
1단계 힌트	조선의 제22대 국왕

→ 정조

② 수원 화성 건설

규장각을 설치하고, 육의전을 제외한 금난전권을 폐지하는 **신해통** 공을 실시하고, 신진 인물이나 중·하급 관리를 대상으로 **초계문신** 제를 시행한 조선의 제22대 왕은 **정조**이다. 정조는 **수원 화성을 건** 설하여 자신의 정치적 이상을 실현시키는 도시로 삼았다.

오답 체크
① 훈련도감 설치 → **선조**
③ 나선 정벌 단행 → **효종**
④ 간도 관리사 파견 → **고종**
⑤ 이인좌의 난 진압 → **영조**

3 정조

이 책은 초계문신제로 선발된 학자들의 명단을 정리한 인명록입니다. (가) 때부터 시행된 초계문신제는 인재 양성과 문풍 진작을 위한 문신 재교육 과정으로 37세 이하의 문신 중 학문에 재능이 뛰어난 이들을 선발하여 운영하였습니다.

→ 정조

『초계문신제명록』

① 경기도에 한해서 대동법이 실시되었다. → 광해군

초계문신제를 실시한 왕은 **정조**이다. 초계문신제는 문신 재교육 과정으로 37세 이하의 문신 중 학문에 재능이 뛰어난 이들을 선발하는 제도이다. 한편 **경기도에 한해서 대동법을 시범적으로 실시한** 왕은 **광해군**이다.

오답 체크
② 정조 때 국왕의 친위 부대인 장용영이 설치되었다.
③ 정조 때 서얼 출신의 학자들이 규장각 검서관에 기용되었다.
④ 정조 때 통치 체제를 정비하기 위해 『대전통편』이 편찬되었다.
⑤ 정조 때 육의전을 제외한 시전 상인의 금난전권이 폐지되었다.

✔ 또 나올 암기 포인트
정조의 정책

왕권 강화 정책	• 규장각 설치(1776) 후 검서관에 서얼 출신 등용 (이덕무, 유득공, 박제가) • 장용영 설치: 국왕의 친위 부대 • 초계문신제(관료 재교육) 시행 • 수원 화성 건설
경제 정책	신해통공을 반포하여 육의전을 제외한 시전 상인의 금난전권 철폐
편찬 사업	『대전통편』(법전), 『동문휘고』(외교 문서 집대성), 『무예도보통지』(종합 무예서)

4 홍경래의 난 원인

다복동에서 봉기하여 한때 청천강 이북 지역을 점령했던 반란군이 정주성에서 마침내 관군에게 진압되었습니다. 관군은 주모자 중 도주한 우군칙, 이희저 등을 추격하고 있습니다.

홍경래의 난

관군, 정주성에서 반란군 진압

⑤ 서북인에 대한 차별에 반발하여 일어났다.

가산 다복동에서 봉기하여 한때 청천강 이북 지역을 점령했고, 정주성에서 진압된 반란은 홍경래의 난이다(1811). 홍경래의 난은 세도 정치 시기의 수탈과 서북인(평안도 사람)에 대한 차별 대우에 반발하여 일어났다.

오답 체크
① 척왜양창의를 기치로 내걸었다. → 보은 집회
② 몰락 양반 유계춘이 주도하였다. → 임술 농민 봉기
③ 청군이 파병되는 결과를 가져왔다. → 임오군란, 갑신정변 등
④ 남접과 북접이 연합하여 전개되었다. → 제2차 동학 농민 운동

5 홍경래의 난

이것은 평안도 지역에 대한 차별 등에 반발하여 일어난 (가) 을/를 진압하기 위해 관군이 정주성을 에워싸고 있는 상황을 그린 그림입니다. 이후 관군은 땅굴을 파고 성벽을 폭파하는 전술로 봉기군을 진압하였습니다.

홍경래의 난

정주성공격도

① 홍경래, 우군칙 등이 주도하였다.

평안도 지역에 대한 차별 등에 반발하여 일어난 (가) 사건은 홍경래의 난이다(1811). 홍경래의 난은 홍경래, 우군칙 등이 주도하여 일어났다.

오답 체크
② 흥선 대원군이 다시 집권하는 결과를 가져왔다. → 임오군란
③ 정부가 청군의 출병을 요청하는 계기가 되었다.
　　→ 임오군란, 동학 농민 운동
④ 사건 수습을 위해 박규수가 안핵사로 파견되었다. → 임술 농민 봉기
⑤ 폐정 개혁안 실천을 위해 집강소 설치를 요구하였다.
　　→ 동학 농민 운동

6 임술 농민 봉기

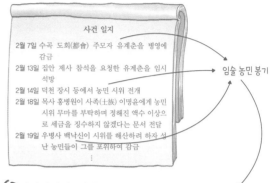

사건 일지

2월 7일 수곡 도회(都會) 주모자 유계춘을 병영에 감금
2월 13일 집안 제사 참석을 요청한 유계춘을 임시 석방
2월 14일 덕천 장시 등에서 농민 시위 전개
2월 18일 목사 홍병원이 사족(士族) 이명윤에게 농민 시위 무마를 부탁하며 정해진 액수 이상으로 세금을 징수하지 않겠다는 문서 전달
2월 19일 우병사 백낙신이 시위를 해산하려 하자 성난 농민들이 그를 포위하여 감금
…

임술 농민 봉기

③ 상황 수습을 위해 박규수가 안핵사로 파견되었다.

주모자가 유계춘이고, 우병사 백낙신이 원인이 된 농민 시위는 임술 농민 봉기이다(1862). 임술 농민 봉기는 단성에서 시작되어 진주로 파급되고, 전국으로 확산된 봉기이다. 조선 정부는 이 봉기의 상황 수습을 위해 박규수를 안핵사(민란 조사관)로 파견하였다.

오답 체크
① 남접과 북접이 연합하여 전개되었다. → 제2차 동학 농민 운동
② 정부와 약조를 맺고 집강소를 설치하였다. → 제1차 동학 농민 운동
④ 지역 차별에 반발한 홍경래가 주도하여 봉기하였다. → 홍경래의 난
⑤ 함경도와 황해도에 방곡령이 선포되는 결과를 가져왔다.
　　→ 개항 이후 일본으로의 미곡 유출

✔ 또 나올 암기 포인트

임술 농민 봉기(1862, 철종)

원인	삼정의 문란과 탐관오리 백낙신의 수탈
전개	• 몰락 양반 출신인 유계춘을 중심으로 봉기 • 경상도 단성에서 시작, 진주를 중심으로 전개되어 이후 전국적인 민란으로 확산
정부 대책	• 박규수를 안핵사로 파견하여 민심 회유 및 주동자 처벌 • 삼정이정청을 설치하고, 삼정의 문란을 시정할 것을 약속하는 삼정이정절목 발표
결과	삼정이정청이 얼마 지나지 않아 폐지되면서 근본적인 해결책 마련에는 실패

19강 조선의 경제·사회

조선의 토지 제도와 수취 제도는 상황에 따라 크게 변하였습니다. 우리는 이 단원에서 대동법, 균역법 등에 대해서도 배울 것이고, 조선 후기에 상업, 수공업, 광업이 어떻게 변했는지도 살펴볼 것입니다. 양 난 이후에 역설적으로 상업이 크게 발달하여 '부자 평민'이 생겨나는 등 신분제에도 동요가 있었습니다.

상평통보 ▶

1 조선의 경제

▎토지 제도의 변화

과전법

위화도 회군(1388) 이후, 조준은 여러 차례 전제 개혁 상소를 올려 과전법의 기반을 마련하였다. 마침내 공양왕(1389~1392) 때 조준 등의 건의로 **과전법(科田法)**이 시행되었다(1391). 그리고 그다음 해에 조선이 건국되었다(1392).

조선 정부는 건국에 참여한 신진 사대부의 경제적 기반을 마련하고, 국가 재정을 확보하기 위하여 과전법을 실시하였다. 과전법에서는 **전·현직 관리에게 모두 수조권을 지급**하였고, **경기 지역의 토지만을 과전으로 지급**하였다. 과전은 원칙적으로 세습이 불가능했지만, **수신전**(죽은 관료의 아내에게 지급된 토지, 재혼하지 않아야 함)이나 **휼양전**(죽은 관료의 어린 자식에게 지급된 토지)이라는 명목으로 세습되기도 하였다.

직전법

과전법 시행 이후 신진 관료에게 지급할 토지가 부족해지자, **세조**(1455~1468) 때부터 **현직 관리에게만 수조권을 지급**하는 **직전법(職田法)이 시행**되었다(1466). 과전법이 폐지되면서, 수신전이나 휼양전이라는 명목으로 세습되던 토지도 폐지되었다. 그러나 직전법 시행은 현직 관리들이 퇴직 후의 생활에 대비하려고 백성을 과도하게 수탈하고, 대토지를 확대하는 단점이 있었다.

세조 - 현직 관리에게만 수조권을 지급하는 ㅈㅈㅂ 이 제정되었다. [55회]

관수 관급제

직전법 시행으로 농민이 과도하게 수탈되는 문제점이 발생하자, '직전(職田)의 세(稅)는 관(官)에서 거두어 관에서 주면 좋겠다'는 의견이 있었다. **성종(1469~1494)** 때 이 의견을 받아들여 **관수 관급제**(官收官給制, 관청이 받아서 관청이 주는 제도)를 시행하였다(1470). 이것은 수조권자가 직접 전조를 거둘 수 없게 하는 제도로, 수조권 제도를 실질적으로 폐지하는 효과가 있었다.

직전법 폐지

관수 관급제의 시행으로 사실상 관리들에게 수조권을 지급하던 제도는 폐지되었다. 그 후 유명무실하게 남아있던 **직전법(職田法)도 명종 때 완전히 폐지**되었다(1556). 이로써 수조권은 폐지되고, 관료에게 현물 녹봉을 지급하는 **녹봉제**가 시행되었다.

▌수취 제도의 변화

전세

세종(1418~1450)은 **토지의 비옥도**에 따라 토지를 6등급으로 구분하는 '**전분 6등법**'과 풍흉에 따라 9등급으로 구분하는 '**연분 9등법**'을 시행하여 수취 체제를 정비하였다. 이것을 합하여 공법(貢法)이라고 한다. 연분 9등법에 따르면 '상상년'의 경우 1결당 20두를, '하하년'의 경우 1결당 4두의 세금을 거둘 수 있었다.

그러나 **인조** 때 전세 제도를 크게 바꾸었다. 공법은 전분 6등법과 연분 9등법을 사용하여 과세 단위를 54등급으로 나누어 운영했기 때문에 매우 복잡했다. 그래서 15세기 말부터는 연분 9등법 자체가 무시된 채 1결당 4~6두라는 최저율의 세액이 적용되고 있었는데, 이러한 관행을 법제화하여 풍흉에 관계없이 전세를 **1결당 미곡 4~6두**로 고정한 것이 **영정법(永定法)**이다(1635).

이번에 임금님께서 영정법을 반포하셨다지?

풍흉에 관계없이 1결당 4두씩만 전세를 걷도록 영원히 정했다고 하네.

🎬 기출 한 컷 [21회]

인조 - 전세를 1결당 4~6두로 고정하는 ㅇㅈㅂ 을 제정하였다. [58회]

공납

광해군(1608~1623)은 **대동법**(大同法)을 **경기도에서 시범적으로 실시**하였다(1608). 광해군은 대동법을 처음에는 선혜법(宣惠法)이라고 불렀다. 그래서 대동법 시행 관청은 그 이름이 **선혜청**이다.

조선 시대에는 각 지방에서 생산되는 특산물을 바치는 **공납**(貢納)이라는 제도가 있었는데, 특산물 생산이 어렵거나 자연재해가 있을 때에도 여전히 특산물을 바쳐야 했다. 이때 중앙 관청의 서리가 공물을 대신 내고 그 대가를 많이 챙기는 **방납**(防納)**의 폐단**이 생겨났다. 광해군은 방납의 폐단을 해결하기 위해 집집마다 부과하여 특산물을 징수하던 공물 납부 방식을 토지의 결수에 따라 **쌀, 베, 동전 등으로 납부**하게 하였다. 대동법의 실시로 공납은 호(戶) 단위에서 **토지 결수 기준**으로 바뀌어, 대체로 **1결당 쌀 12두를 징수**하였다.

대동법으로 인하여 **공인**(貢人)이라는 어용상인이 등장하였다. 공인은 선혜청에서 공가(貢價)를 받아 관수품을 조달하고, 농민은 대동세를 내기 위해 특산물을 시장에 내다 팔면서 이로 인해 상품 화폐 경제가 발전하였다.

숙종(1674~1720) 때가 돼서야 대동법이 전국적으로 시행(1708)되었는데, '대동법의 전국 시행'에 약 100년이 걸린 이유는 양반 지주들의 반발이 컸기 때문이다.

역

영조(1724~1776) 때 가장 심각한 사회적 문제는 군포(軍布)였다. 현역 군인으로 복무하지 않고, 군포를 납부하여 군역을 이행하는 사람들에게는 군포의 부담이 너무 컸다. 그래서 영조가 실시한 것이 바로 **균역법**(均役法)이다(1750). 영조는 군역의 부담을 줄여주기 위해서, 1년에 내야 하는 군포를 **2필에서 1필로** 줄여주었다.

이제 군포 1필만 내면 되는 겁니까?
그렇다네.

기출 한 컷 [27회]

그러나 균역법 시행으로 국가 재정이 감소했으므로, 재정을 보완하기 위해 **결작, 선무군관포, 어장세, 염세, 선박세 등을 징수**하여 보충하였다. 여기에서 결작이란 지주에게 토지 1결당 미곡 2두를 부과하는 제도인데, 오히려 결작을 거두어서 결국 군역이 전세화되는 경향을 보였다. 또 일부 상층 양인에게 선무군관(選武軍官)이라는 명칭을 부여하여 1년에 1필의 군포를 징수하였다.

▌조선 후기의 경제 발달 – 농업의 발달

이앙법(모내기법) 확대

조선 후기에는 **이앙법(모내기법)이 전국으로 확대**되면서, 벼와 보리의 **이모작**(같은 땅에 1년에 두 번 작물을 재배하는 농법)도 가능해졌다. 보리는 겨울 작물인데, 보리 수확기에 다른 논에서 모를 키우다가 보리를 수확한 후에 본 논으로 옮겨심으면 되기 때문이다. 이앙법은 줄을 맞춰 모를 심는 방법이기 때문에, 잡초를 제거하는 노동력이 절감되었다. 이로써 단위 면적당 생산량이 증가하고, **광작(廣作)이 유행**하였다. 농가의 소득이 늘어나자 부농(富農)으로 성장하는 이들이 생겼다.

그리고 지주와 소작농이 수확물의 반씩을 나눠 가지는 타조법이 아닌 '소작료 정액제'가 등장하였는데, 이것을 **도조법(賭租法)**이라고 한다. 도조법이 시행되면서 소작농들의 사기가 올라갔다.

상품 작물 재배

조선 후기에는 호박, 감자, 담배, 고추, 고구마, 토마토 등이 전래되어 재배되었다. 또 장시의 증가로 상품 유통이 활발해지면서 쌀, 면화, 채소, 담배, 약초 등의 **상품 작물**의 재배가 늘어났다.

▌조선 후기의 경제 발달 – 상업의 발달

사상의 성장

사상(私商)이란 정부의 허가 없이 상업 활동을 하는 '자유 상인'을 말한다. 조선 후기에 사상들은 점차 성장하여 종루(종로 일대), 칠패(남대문 밖), 배오개(이현, 동대문 부근) 등지에서 활동하면서 시전의 상권을 잠식하였으며, 점차 독점적 도매상인인 **도고(都賈)**로 성장하였다.

정조(1776~1800) 때 **신해통공**이 반포되어 육의전을 제외한 시전 상인의 금난전권이 폐지되면서 사상의 자유로운 상업 활동이 보장되었다.

장시·포구 상업의 발달

장시(場市)란 지방의 시장이다. 15세기 후반에 남부 지방에서 시작된 장시는 16세기에 전국으로 확대되었다. 18세기 중엽에는 전국에 1,000여 개소에 이르렀다. **보부상**(봇짐이나 등짐을 지고 돌아다니며 물건을 파는 상인)은 농촌의 장시를 하나의 유통망으로 연계하는 관허 행상이었다.

기출 한 컷 [29회]

조선 후기에는 연해안이나 큰 강 유역에 포구(浦口) 상업 지역이 형성되었다. 선상은 선박을 이용하여 지방의 물품을 구매하여 포구에서 판매하였고, **객주와 여각**은 포구에서 중개·금융·숙박업 등 다양한 상업 활동을 전개하였다.

대외 무역의 발달

조선 후기에 의주의 중강과 봉황의 책문 등 국경 지대에서는 공무역인 개시와 사무역인 후시가 열렸다. 왜관에서도 개시 무역과 후시 무역이 이루어졌다.

대표적인 무역 상인에는 **만상(의주)**, **유상(평양)**, **송상(개성)**, **내상(동래)** 등이 있었다. 만상과 송상은 주로 대청 무역으로, 내상은 주로 대일 무역으로 부를 축적하였다. 특히 송상은 전국에 송방이라는 지점을 설치하여 활동하면서 만상과 내상을 중계하기도 하였다.

기출 핵심 키워드 암기

조선 후기 – ㅅㅅ , ㅁㅅ 이 대청 무역으로 부를 축적하였다. [51·48회]

정답 '송상, '만상

화폐의 발달

조선 전기에는 조선통보, 팔방통보 등이 발행되었지만 유통이 부진하였다. 물물교환이 일반적이었기 때문이다. 그러나 조선 후기에 **숙종**(1674~1720)은 **상평통보**(엽전이라고도 불림)를 법화로 채택하여 유통시켰다(1678). 상평통보는 인조 때 처음 주조되었으나 유통이 잘되지 않았다(1633). 그래서 숙종 때 상평통보를 다시 주조하여 유통시켰는데, 그 이후 점차 전국적으로 유통되었다. 그러나 사람들은 점점 화폐를 고리대나 재산 축적에 사용하였는데, 이로 인해 정작 시중에는 화폐가 부족한 **전황(錢荒)**이 발생하기도 하였다.

기출 핵심 키워드 암기

숙종 – ㅅㅍㅌㅂ 를 발행하여 법화로 사용하였다. [54회]

정답 '상평통보

| 조선 후기의 경제 발달 – 수공업의 발달

조선 전기에는 **공장안**에 등록된 기술자들(관장)이 관청에 소속되어 의류, 활자, 화약 등을 제작하였다. 그러나 조선 후기에는 대동법 실시로 인해 관수품의 수요가 증가하였고, 18세기 말 정조 때에는 공장안이 폐지되었다.

민영 수공업이 주도적으로 이루어지면서 수공업에도 다양한 변화가 나타났다. 자본이 부족한 수공업자들은 상인으로부터 자금과 원료를 미리 받아 제품을 생산하는 **선대제(先貸制) 수공업**의 형태를 띠었지만, 자기 자본이 충분한 수공업자들은 자본으로부터 독립하여 물품을 제조하기도 하였다. 특히 안성 등지의 놋그릇 생산자들은 자본이 풍부하여 자기 힘으로 임노동자들을 고용하여 물품을 제조하였다.

조선 후기의 경제 발달 – 광업의 발달

조선 전기의 광업은 국영이었다. 그러나 조선 후기에 민간인에게 광물 채굴을 허용하였는데, 그 대신 관청에 세금을 납부하게 하는 **설점수세제**가 시행되었다(17세기). 이후 자유로운 채굴이 가능해졌지만, 세금이 너무 많거나 채굴 허가가 잘 나지 않으면 몰래 광물을 채굴하는 **잠채(潛採)가** 성행하였다(18세기).

조선 후기에는 **덕대(德大)가** 물주에게 자본을 조달받아 광산 노동자들을 고용하는 방식으로 전문적인 광산 경영이 이루어졌다. 이것을 '**덕대제 광업**'이라 한다.

2 조선의 사회

조선의 신분 제도

양반

양반은 문반과 무반을 의미하는 관직 개념에서, 양반 가족·가문을 의미하는 사족(士族, 양반 가족) 개념으로 변화해갔다. 그래서 아버지가 양반이면 자식도 덩달아 양반이 되었다. 조선 전기에 양반은 각종 국역을 면제받는 특권층으로서 그 지위가 매우 높았다.

그러나 조선 후기에 양반은 권력을 잡은 권반과 겨우 위세를 유지하는 향반, 몰락한 잔반 등으로 분화되어 갔으며, 양반들의 사회적 지위는 점점 하락하였다. 그래서 정약용은 『목민심서』에서 '하찮은 아전이 길에서 양반을 만나도 절을 하지 않는다'고 지적했다. 이 시대를 풍자한 작품들도 줄을 이었다. 김홍도는 양반이 생산 활동에 종사하는 '자리 짜기'라는 그림을 그렸고, 박지원은 「**양반전**」에서 양반의 위선·허례와 무능을 비판하였다.

중인

좁은 의미의 중인은 **역관, 의관 등의 기술관**을 의미한다. 넓은 의미로는 **서리, 향리** 등도 중인에 포함되며, 양반 첩에게서 태어난 **서얼**도 중인과 같은 대우를 받았다. 중인들은 더 높은 관직으로 올라가기 위해 관직 진출 제한을 없애달라는 소청 운동을 전개하였다. 그러나 이런 시도는 번번이 실패하였고, 중인들은 마음을 달래기 위해 자기들끼리 모여서 자작시를 낭송하고는 했다. 이렇게 만들어진 문학 창작 모임을 **시사(詩社)**라고 한다. 중인들이 주도한 문학을 **위항 문학(委巷文學)**이라고 하는데, 유재건의 『**이향견문록**』 등에는 중인들의 삶이 잘 그려져 있다.

중인 중에서 **향리**는 **수령을 보좌**하며 **행정 실무를 담당**하였다. 정조 때 이진흥은 『연조귀감』을 통해 향리의 기원과 형성 과정을 밝히고 이들의 처우 개선을 요구하는 상소 등을 수록하였다.

중인 중에서도 **서얼**은 처지가 사뭇 달랐다. 아버지가 양반이어도 첩의 자식인 서얼은 중인이 되었다. 같은 지붕 아래에 두 신분이 있었던 것이다. 일반적인 중인은 문과, 무과, 잡과에 모두 응시할 수 있었지만, 서얼은 문과 응시를 할 수 없었다. 그래서 제한된 범위 내에서만 등용되었다. 조선 후기에 **정조**는 규장각에 검서관이라는 자리를 만들고 여기에 **유득공, 이덕무, 박제가** 등의 서얼을 등용하여, 서얼을 우대하는 실례를 만들었다. 서얼들의 **통청 운동**은 계속되어, 철종 때 마침내 신해허통으로 통청 요구가 받아들여졌다(1851). 서얼에 관한 이야기는 달서정사에서 펴낸 『규사(葵史)』에 잘 나타나 있다. 책 이름의 '규(葵)'는 해바라기를 뜻한다. 해바라기가 해를 향하는 데는 본가지나 곁가지가 다름이 없다는 말에서 따온 것이다.

기출 핵심 키워드 암기

① 서얼 출신의 학자들이 ㄱㅅㄱ 으로 기용되었다. [58회]
② 서얼 − 조선 후기에 ㅌㅊ ㅇㄷ 으로 청요직 진출을 시도하였다. [58회]

정답 ① 검서관 ② 통청 운동

상민

상민은 농민, 장인, 상인 등으로 구성되어 있었으며, 양인이지만 천역을 담당하는 신량역천(身良役賤, 신분은 양인인데 하는 일은 천한 사람들)도 있었다. 부를 축적한 상민은 군역 등을 면제받고 지배층의 수탈에서 벗어나기 위해 신분 상승을 도모하였다. 임진왜란 이후 **납속책**(일정 금액을 국가에 납부하면 노비 신분을 면해줌)이나 **공명첩**(재물을 받고 형식상의 관직을 부여하는 백지 임명장) 등의 방법으로 양반들이 누리는 면역의 혜택을 받는 상민이 늘어났다. 물론 족보를 위조하거나 매입하는 불법적인 방법으로 양반 신분을 가지는 상민들도 있었다.

상민과 천민의 구분이 모호한 신분이 화척(禾尺, 또는 양수척)과 재인(才人)이다. 이들은 고려 시대에 천민 취급을 받았다. 그러나 조선 세종 때 이들이 천민이라는 인식을 불식시키기 위해 고려 시대 일반 백성을 일컬었던 **백정(白丁)**으로 개칭하였다. 그런데 이때부터 백정이라는 단어가 오히려 일반적인 양인보다 낮은 취급을 받게 되었다. (그래서 일제 강점기에 백정들의 차별 철폐를 요구하며 형평 운동이 일어나기도 한다.)

천민

천민의 대부분을 차지하는 것은 **노비**였다. 노비에는 관청 소속인 공노비와 개인 소유인 사노비가 있었다. 노비는 재산으로 간주되어 **매매, 상속, 증여의 대상**이 되었다. 노비는 **장례원(掌隷院)**을 통해 국가의 관리를 받았다. (장례원은 '장예원'이라고 읽기도 하는데, 예[隷]자는 노예[奴隷]의 '예'이다.)

공노비들은 입역(入役) 노비(선상 노비)로서 관청에 노동력을 제공하거나, 납공(納貢) 노비로서 관청 밖에 거주하면서 소속 관청에 신공(身貢)을 바쳤다. 사노비들은 솔거(率居) 노비로서 주인집에서 함께 거주하거나, 외거(外居) 노비로서 주인과 떨어져 살면서 신공(身貢)을 바쳤다.

노비 제도는 급격히 변화하기 시작했는데, 『경국대전』에서는 부모 중 한 명만 노비여도 그 자녀는 노비가 되게 하는 것을 원칙으로 세웠었다. 그러나 **영조**(1724~1776) 때 **노비종모법**을 확정하여 아버지가 노비이더라도 어머니가 양인일 경우 어머니의 신분을 따르게 하였다. 양인의 수를 확보하려는 의도였다.

조선 후기에 일부 노비는 도망, 군공 등의 방법으로 노비 신분에서 벗어나기도 했는데, 정조(1776~1800)는 노비 추쇄(도망간 노비를 잡는 것)를 금지하였다. 그러다가 순조(1800~1834) 때에는 각 궁방과 중앙 관서의 **공노비 6만 6천여 명**(내노비 36,974명, 시노비 29,093명)을 **해방**하였다(1801). 마침내 **제1차 갑오개혁** 때 공·사 노비 제도는 완전히 폐지되었다(1894).

조선의 사회 제도

환곡(還穀)은 고구려의 진대법, 고려의 흑창·의창처럼 봄에 곡식을 빌려주고 가을에 갚게 하는 '좋은' 구휼 제도이다. 그러나 필요 이상으로 대여하거나, 빌리지도 않은 곡식을 장부에 기재하는 일이 늘어났고, 점차 고리대로 변질되면서 환곡의 폐단이 나타났다. 환곡의 폐단으로 인하여 세도 정치기에는 임술 농민 봉기가 일어나기도 했다.

명종(1545~1567) 때에는 남부 지방에 기근이 극심하였다. 명종은 기근에 대비하기 위해 영양실조 걸린 사람들의 구급법 등을 포함한 『**구황촬요**』를 간행하였다(1554).

가족 제도의 변화

고려 시대와 조선 전기까지는 가족 내 모습이 비슷하였다. 그러나 조선 후기에는 성리학적 종법 질서가 정착되면서 '맏아들'을 중요하게 여기기 시작했다. 집안의 제사를 장자가 도맡아 지낸다는 이유로 재산 상속도 '장자 우선 상속'이었다. 딸이 없으면 양자를 들여서라도 '아들'이 제사를 지내게 했다.

향촌 사회의 변화

중종(1506~1544) 때 조광조는 전국적인 **향약**의 실시를 주장하였다. 이에 따라 16세기 말에는 향약이 전국적으로 시행되었다. 향약(鄕約)이란 '향촌 규약'을 줄인 말로, 일정 지역을 다스리는 규범 같은 것이었다. 향약의 임원인 약정이나 직월은 일반적으로 양반들이 맡았다. 이렇게 양반들은 향약으로 향촌 지배력을 높여갔다. 그러나 조선 후기에는 양반들의 지위가 하락하면서 부농층(富農層)이 양반의 자리를 차지하는 현상이 나타났다. 그리하여 향촌 운영을 둘러싸고 구향(기존 양반)과 신향(부농층)이 대립하면서 **향전(鄕戰)**이 발생하기도 하였다.

┃ 새로운 사상의 등장 - 천주교

정조, 신해박해

17세기에 조선의 사신들에 의해 **서학(西學)**이라는 '서쪽에서 온 학문'으로 소개되었던 **천주교**를, 18세기 후반에는 남인 계열의 일부 학자들이 '신앙'으로 받아들였다. 심지어 **정조**(1776~1800) 때에는 조선 최초의 천주교 세례자가 등장하기에 이르렀다. 상황이 이렇게 되자, 천주교에 비교적 관대했던 정조도 천주교를 사교(邪敎, 나쁜 종교)로 규정하는 교서를 내릴 수밖에 없었다(1785).

그런데 몇 년 후, 전라도 진산군의 천주교 교인 **윤지충**이 어머니 상(喪)에 신주를 없애고 천주교 식으로 제례를 지내는 일이 발생하였다. 정부는 즉각 윤지충을 잡아들여 처형하였다. 조상에 대한 전통적인 제사를 거부하여 정부로부터 탄압을 받은 이 사건을 **신해박해(辛亥迫害)**라고 한다(1791).

순조, 신유박해

순조(1800~1834)가 즉위하자마자 섭정을 하고 있던 정순 왕후는 사교(邪敎)를 금하는 명을 내리고 천주교를 탄압하였는데, 이를 **신유박해**라고 한다(1801). 이 박해 과정에서 황사영이 신유박해의 전말을 베이징 주재 주교에게 보고하려다 발각된 **황사영 백서 사건**이 일어났다. 이로 인해 더 많은 사람들이 숙청당하였다. 신유박해로 인해 이승훈은 처형되었고, 정약용과 정약전은 귀양을 갔다. 정약용은 유배지인 전남 강진에서 『경세유표』, 『목민심서』, 『흠흠신서』 등을 썼고, 정약용의 형이었던 정약전은 흑산도에서 어류학서인 『자산어보』를 썼다.

헌종, 기해박해

제24대 왕 **헌종**(1834~1849)이 즉위했을 때 집권한 외척 세력은 풍양 조씨이다. 풍양 조씨는 안동 김씨로부터 권력을 빼앗기 위해 천주교 박해를 일으켰는데, 이것을 **기해박해**라 한다(1839).

기해박해가 일어난 지 7년 후, 충청남도 당진을 근거로 포교하던 우리나라 최초의 신부인 **김대건 신부**가 잡혔다. 조선 정부는 김대건 신부 외 천주교인 9명을 처형하였는데, 이것을 따로 **병오박해**라고 부르기도 한다(1846).

┃ 새로운 사상의 등장 - 동학

제25대 왕 철종(1849~1863) 때 경주 지역의 몰락 양반 **최제우가 동학을 창시**하였다(1860). 동학은 유교, 불교, 도교에 민간 신앙의 요소까지 포함한 종교였다. 동학은 모든 사람은 평등하다는 **시천 주(侍天主)**와 **인내천(人乃天)**을 강조하였다. 제26대 왕 고종(1863~1907) 즉위 직후 최제우는 혹세무민(惑世誣民, 세상을 어지럽히고 백성을 현혹함)의 죄로 처형되었다(1864). 동학의 경전에는 『동경대전』과 『용담유사』가 있다.

빈출 개념 한눈에 암기하기

1. 조선의 경제

토지 제도	[과전법] 전·현직 관리에게 1) 지역 토지에 대한 수조권 지급 → [2)] 현직 관리에게만 수조권 지급 → [관수 관급제] 관청에서 세금을 거두고 관리에게 지급 → [직전법 폐지] 수조권 폐지, 녹봉제 실시
수취 제도	• 전세: [공법] 전분 6등법·연분 9등법 → [3)] 풍흉에 관계없이 1결당 4~6두 납부 • 공납: [대동법] 경기도에서 시범적으로 실시, 특산물 대신 쌀(1결당 12두)·베·동전 등으로 납부 → 4) 등장(관청에 물품 조달) • 역: [5)] 군포 징수(1년에 2필 → 1필), 부족한 재정은 결작·선무군관포·어염세·선박세로 보충
경제 발달 (조선 후기)	• 농업: 6) (모내기법) 확대(→ 광작 유행), 7) 재배(담배·면화 등) • 상업: 사상의 성장, 장시·포구 발달, 대외 무역 발달(만상·송상·내상), 화폐 유통(상평통보 유통, 전황 발생) • 광업: 설점수세제 시행, 잠채 성행, 8) 가 전문적으로 광산 경영

2. 조선의 사회

신분 제도	• 양반: 문반·무반의 관직 → 향반·잔반 등으로 분화, 사회적 지위 하락 • 중인: 서리, 향리, 서얼, 역관·의관 등의 기술관 → 중인층의 9) 조직(위항 문학), 서얼의 통청 운동 • 상민: 농민, 장인, 상인 → 납속책·10) , 족보 위조 등으로 신분 상승 • 천민: 대부분 노비(매매·상속·증여의 대상) → 노비종모법 시행(영조) → 11) 6만 6천여 명 해방(순조) → 공·사 노비제 폐지(제1차 갑오개혁)
사회 제도	환곡제 실시(구휼 제도), 『구황촬요』 간행
새로운 사상	• 천주교: 조선의 사신들에 의해 12) 으로 소개 → 남인 일부 학자들에 의해 신앙으로 받아들여짐 → 정부의 탄압(신해박해, 신유박해, 기해박해) • 동학: 13) 가 창시, 시천주·인내천 사상 강조, 경전 간행(『동경대전』, 『용담유사』)

정답 1) 경기 2) 직전법 3) 영정법 4) 공인 5) 균역법 6) 이앙법 7) 상품 작물 8) 덕대 9) 시사 10) 공명첩 11) 공노비 12) 서학
13) 최제우

1 키워드와 관련된 것을 알맞게 연결해보세요.

① 과전법 • • ㉠ 현직 관리에게만 수조권을 지급

② 직전법 • • ㉡ 관청이 관리 대신 세금을 걷고 관리들에게 지급

③ 관수 관급제 • • ㉢ 전·현직 관리에게 수조권을 지급

2 〈보기〉에서 골라 빈칸을 채워보세요.

보기
모내기법　　　덕대　　　보부상

① 조선 후기에 (　　　　)이 전국적으로 확산되었다.
[50·49회]

② (　　　　)이 장시를 돌아다니며 활동하였다.
[41·39회]

③ (　　　　)가 광산을 전문적으로 경영하였다. [51·50회]

3 아래 표에 있는 초성을 완성해보세요.

구분	동학
창시	철종 때 경주의 몰락 양반인 ㅊㅈㅇ가 서학에 반대한다는 의미로 동학을 창시함
주요 사상	모든 사람은 평등하다는 ㅇㄴㅊ과 시천주를 강조함
정비	2대 교주 최시형이 동학의 경전인 『ㄷㄱㄷㅈ』과 『용담유사』를 간행함

4 아래 기출 사료와 관련 있는 정책을 써보세요.

> 　좌의정 이원익의 건의로 이 법을 비로소 시행하여 백성의 토지에서 미곡을 거두어 서울로 옮기게 했는데, 먼저 경기에서 시작하고 드디어 선혜청을 설치하였다. …… 우의정 김육의 건의로 충청도에도 시행하게 되었으며 …… 황해도 관찰사 이언경의 상소로 황해도에도 시행하게 되었다.
> － 『만기요람』 [38회]

→ □□□

1
[49회] [23번]

밑줄 그은 '이 법'에 대한 설명으로 옳은 것은? [1점]

이 법은 공납의 폐단을 해결할 목적으로 경기도와 강원도 지역에서 실시되고 있습니다. 고통받는 백성을 위해 충청도와 전라도에도 이 법을 확대 시행해야 합니다.

그렇다면 충청도에 먼저 시행하시오.

① 양반에게도 군포를 부과하였다.
② 1결당 쌀 4~6두로 납부액을 고정하였다.
③ 비옥도에 따라 토지를 6등급으로 나누었다.
④ 일부 상류층에게 선무군관포를 징수하였다.
⑤ 특산물 대신 쌀, 베, 동전 등으로 납부하게 하였다.

2
[47회] [23번]

밑줄 그은 '대책'으로 옳은 것은? [2점]

양역의 폐단을 개선하기 위해 논의한 호포와 결포는 여러 문제점이 있다고 하니, 그렇다면 군포를 1필로 줄이는 법을 시행하는 것으로 하라. 경들은 1필로 줄였을 때 생기는 세입 감소분을 채울 수 있는 대책을 강구하라.

분부를 받들겠습니다.

① 수신전과 휼양전을 폐지하였다.
② 토지 1결당 미곡 12두를 부과하였다.
③ 양전 사업을 시행하여 지계를 발급하였다.
④ 풍흉에 따라 9등급으로 전세를 부과하였다.
⑤ 어장세, 염세 등을 국가 재정으로 귀속하였다.

3

49회 22번

다음 상황이 나타난 시기에 볼 수 있는 모습으로 적절하지 <u>않은</u> 것은?　　　　　　　　　　　　　　[2점]

> 사행(使行)이 책문을 출입할 때에는 만상과 송상 등이 은과 인삼을 몰래 가지고 인부나 말 속에 섞어들어 물건을 팔아 이익을 꾀하였다. 되돌아올 때는 수레를 일부러 천천히 가게 하고 사신을 먼저 책문으로 나가게 하여 거리낄 것이 없게 한 뒤에 저희 마음대로 매매하고 돌아오는데 이것을 책문 후시라 한다.

① 장시에서 책을 읽어주는 전기수
② 벽란도에서 교역하는 송의 상인
③ 시사(詩社)에서 시를 낭송하는 중인
④ 관청에 필요한 물품을 납품하는 공인
⑤ 물주의 자금으로 광산을 경영하는 덕대

4

46회 27번

다음 대화가 이루어진 시기의 경제 상황으로 옳지 <u>않은</u> 것은?　　　　　　　　　　　　　　[2점]

① 담배, 면화 등이 상품 작물로 재배되었다.
② 경기 지역에 한하여 과전법이 실시되었다.
③ 국경 지대에서 개시 무역과 후시 무역이 이루어졌다.
④ 모내기법의 확산으로 벼와 보리의 이모작이 성행하였다.
⑤ 설점수세제의 시행으로 민간의 광산 개발이 활기를 띠었다.

5

47회 25번

다음 상황이 나타난 시기에 볼 수 있는 모습으로 적절한 것을 〈보기〉에서 고른 것은?　　　　　　　　　[3점]

> 경상도 영덕의 오래되고 유력한 가문은 모두 남인이고, 이른바 신향(新鄕)은 서인이라고 자칭하는 자들입니다. 요즘 서인이 향교를 장악하면서 구향(舊鄕)과 마찰을 빚고 있던 중, 주자의 초상화가 비에 젖자 신향은 자신들이 비난을 받을까 봐 책임을 전가시킬 계획을 꾸몄습니다. 그래서 주자의 초상화와 함께 송시열의 초상화도 숨기고 남인이 훔쳐 갔다는 말을 퍼뜨렸습니다.

〈보기〉

ㄱ. 염포의 왜관에서 교역하는 상인
ㄴ. 시사(詩社)에서 문예 활동을 하는 역관
ㄷ. 시전의 상행위를 감독하는 경시서의 관리
ㄹ. 장시에서 상평통보로 물건값을 치르는 농민

① ㄱ, ㄴ　② ㄱ, ㄷ　③ ㄴ, ㄷ　④ ㄴ, ㄹ　⑤ ㄷ, ㄹ

6

48회 27번

(가) 종교에 대한 설명으로 옳은 것은?　　　　[1점]

> 경주 사람 최복술은 아이들에게 공부 가르치는 것을 직업으로 삼았다. 그런데 양학(洋學)이 갑자기 퍼지는 것을 차마 보고 앉아 있을 수 없어서, 하늘을 공경하고 순종하는 마음으로 글귀를 지어,　(가)　(이)라 불렸다. 양학은 음(陰)이고,　(가)　은/는 양(陽)이기 때문에 양을 가지고 음을 억제할 목적으로 글귀를 외우고 읽고 하였다.

① 배재 학당을 세워 신학문 보급에 기여하였다.
② 박중빈을 중심으로 새 생활 운동을 추진하였다.
③ 일제의 통제에 맞서 사찰령 폐지 운동을 벌였다.
④ 마음속에 한울님을 모시는 시천주를 강조하였다.
⑤ 황사영이 외국 군대의 출병을 요청하는 백서를 작성하였다.

대표 기출 문제의 정답 및 문제풀이 방법을 다음 페이지에서 확인하세요. ➡

해커스 이명호 스토리로 암기하는 한국사능력검정시험 심화 상

IV. 조선 시대

정답 및 문제풀이 방법

1	2	3	4	5	6
⑤	⑤	②	②	④	④

1 대동법

이 법은 공납의 폐단을 해결할 목적으로 경기도와 강원도 지역에서 실시되고 있습니다. 고통받는 백성을 위해 충청도와 전라도에도 이 법을 확대 시행해야 합니다.

그렇다면 충청도에 먼저 시행하시오.

대동법

⑤특산물 대신 쌀, 베, 동전 등으로 납부하게 하였다.

공납의 폐단을 해결할 목적으로 실시되었으며, 경기도를 시작으로 강원도, 충청도, 전라도, 경상도, 황해도에서 실시된 '이 법'은 대동법이다. 대동법은 공납을 특산물(현물) 대신 쌀, 베, 동전 등으로 납부하는 제도이다.

오답 체크
① 양반에게도 군포를 부과하였다. → **호포제**
② 1결당 쌀 4~6두로 납부액을 고정하였다. → **영정법**
③ 비옥도에 따라 토지를 6등급으로 나누었다. → **전분 6등법**
④ 일부 상류층에게 선무군관포를 징수하였다. → **균역법**

✔ 또 나올 암기 포인트
조선 후기 수취 체제의 변화

영정법 (인조)	풍흉에 관계없이 전세(토지에 부과되는 세금)를 토지 1결당 쌀 4~6두로 고정함
대동법 (광해군)	• 방납의 폐단을 해결하기 위해 경기도에서 시범적으로 실시함 • 토지 결수에 따라 특산물 대신 쌀(12두), 베, 동전 등으로 납부하게 함 • 관청에 필요한 물품을 조달하는 공인이 등장하는 배경이 됨
균역법 (영조)	• 1년에 2필씩 내던 군포를 절반인 1필로 줄임 • 부족한 재정은 선무군관포, 결작, 염세, 선박세 등으로 보충함

2 균역법

양역의 폐단을 개선하기 위해 논의한 호포와 결포는 여러 문제점이 있다고 하니, 그렇다면 군포를 1필로 줄이는 법을 시행하는 것으로 하라. 경들은 1필로 줄였을 때 생기는 재정 감소분을 채울 수 있는 대책을 강구하라.

분부를 받들겠습니다.

균역법

⑤어장세, 염세 등을 국가 재정으로 귀속하였다.

양역의 폐단을 개선하기 위해 군포를 1필로 줄이는 법은 영조 때 시행한 **균역법**이다. 균역법 시행으로 국가 재정이 감소하자 그 부족분을 채우기 위해 어장세, 염세, 선박세 등을 국가 재정으로 귀속하였고, 결작과 선무군관포를 거두기도 하였다.

오답 체크
① 수신전과 휼양전을 폐지하였다. → **직전법**
② 토지 1결당 미곡 12두를 부과하였다. → **대동법**
③ 양전 사업을 시행하여 지계를 발급하였다.
　　→ **대한 제국의 양전·지계 사업**
④ 풍흉에 따라 9등급으로 전세를 부과하였다. → **연분 9등법**

3 조선 후기의 경제 모습

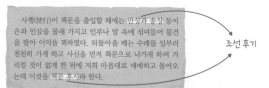

사행(使行)이 책문을 출입할 때에는 만상과 송상 등이 은과 인삼을 몰래 가지고 인부나 말 속에 섞어들어 물건을 팔아 이익을 꾀하였다. 되돌아올 때는 수레를 일부러 천천히 가게 하고 사신을 먼저 책문으로 나가게 하여 거리낄 것이 없게 한 뒤에 저희 마음대로 매매하고 돌아오는데 이것을 책문 후시라 한다.

②벽란도에서 교역하는 송의 상인 → **고려 시대**

의주의 만상과 개성의 송상 등이 활동하였으며, 책문 후시가 열렸던 시대는 **조선 후기**이다. 그러나 벽란도에서 교역하는 송의 상인은 **고려 시대**에 볼 수 있는 모습이다.

오답 체크
① 조선 후기에는 장시에서 책을 읽어주는 **전기수**가 등장하였다.
③ 조선 후기에는 중인들이 문예 모임인 **시사(詩社)**를 조직하였다.
④ 조선 후기에는 관청에 필요한 물품을 납품하는 **공인**이 등장하였다.
⑤ 조선 후기에는 물주의 자금으로 광산을 경영하는 **덕대**가 등장하였다.

4 조선 후기의 경제 상황

어제 송파장에서 산대놀이를 봤는데. 탈을 쓴 광대들의 호쾌한 소리가 신명나더군. — 가면극

나도 봤네. 송파 나루를 순시하던 수어청 병사들도 흥겹게 보고 있더군 — 중앙군

→ 조선 후기

② 경기 지역에 한하여 과전법이 실시되었다.

→ 고려 말(공양왕) ~ 조선 전기(세조)

송파장은 종루, 칠패, 배오개(이현)와 함께 조선 후기의 4대 시장 중의 하나이다. 산대놀이가 민중 오락으로 정착된 시기도 조선 후기이다. 수어청은 인조 때 설치되었으므로, '수어청 병사'도 조선 후기에 쓸 수 있는 말이다. 그러나 **경기 지역에 과전법이 실시된 것은 고려 말 공양왕 때부터 조선 세조 때까지이다.**

오답 체크
① 조선 후기에는 담배, 면화 등이 상품 작물로 재배되었다.
③ 조선 후기에는 국경 지대에서 개시 무역과 후시 무역이 이루어졌다.
④ 조선 후기에는 모내기법의 확산으로 벼와 보리의 이모작이 성행하였다.
⑤ 조선 후기에는 설점수세제의 시행으로 민간의 광산 개발이 활기를 띠었다.

5 조선 후기의 모습

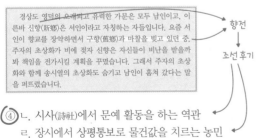

경상도 영덕의 오래되고 유력한 가문은 모두 남인이고, 이른바 신향(新鄕)은 서인이라고 자칭하는 자들입니다. 요즘 서인이 향교를 장악하면서 구향(舊鄕)과 마찰을 빚고 있던 중. 주자의 초상화가 비에 젖자 신향은 자신들이 비난을 받을까 봐 책임을 전가시킬 계획을 꾸몄습니다. 그래서 주자의 초상화와 함께 송시열의 초상화도 숨기고 남인이 훔쳐 갔다는 말을 퍼뜨렸습니다. → 향전 → 조선 후기

④ ㄴ. 시사(詩社)에서 문예 활동을 하는 역관
ㄹ. 장시에서 상평통보로 물건값을 치르는 농민

신향과 구향이 마찰을 빚는 향전이 나타난 시기는 조선 후기이다. 조선 후기에는 **역관 등 중인들이 문예 창작 모임인 시사**를 조직하여 활동하였다. 또 **장시에서는 상평통보**가 널리 유통되었다.

오답 체크
ㄱ. 염포의 왜관에서 교역하는 상인 → **조선 전기**
ㄷ. 시전의 상행위를 감독하는 경시서의 관리 → **고려 시대~조선 전기**

6 동학

경주 사람 최복술은 아이들에게 공부 가르치는 것을 직업으로 삼았다. 그런데 양학(洋學)이 갑자기 퍼지는 것을 차마 보고 앉아 있을 수 없어서, 하늘을 공경하고 순종하는 마음으로 글귀를 지어, [가] (이)라 불렀다. 양학은 음(陰)이고, [가] 은/는 양(陽)이기 때문에 양을 가지고 음을 억제할 목적으로 글귀를 외우고 읽게 하였다. — 최제우 — 서학(천주교) → 동학

④ 마음속에 한울님을 모시는 시천주를 강조하였다.

경주 사람 최복술은 경주의 몰락한 양반 최제우를 말한다. 양학(서학)은 천주교를 말한다. 여기에 대응하여 최제우가 창시한 종교는 동학이다. 동학은 누구나 마음속에 한울님을 모시고 있다는 시천주와 사람이 곧 하늘이라는 인내천을 강조하였다.

오답 체크
① 배재 학당을 세워 신학문 보급에 기여하였다. → **개신교**
② 박중빈을 중심으로 새 생활 운동을 추진하였다. → **원불교**
③ 일제의 통제에 맞서 사찰령 폐지 운동을 벌였다. → **불교**
⑤ 황사영이 외국 군대의 출병을 요청하는 백서를 작성하였다. → **천주교**

✔ 또 나올 암기 포인트

동학

창시	철종 때 경주 지역 몰락 양반 최제우가 창시(1860)
성격	유교 + 불교 + 도교 + 천주교의 일부 교리 + 민간 신앙 융합
사상	평등 사상(시천주, 인내천 사상)
확산	민중들의 지지를 받으며 삼남 지방을 중심으로 확산됨
탄압	혹세무민이라는 죄목으로 1대 교주 최제우가 처형됨
교단 정비	2대 교주 최시형이 최제우가 지은 『동경대전』과 『용담유사』를 간행하여 교리를 정리

20강 조선의 문화

조선 시대에는 농업과 의학, 지도 제작 등 여러 부문에서 괄목할
만한 발전이 있었습니다. 조선 후기가 되면 실학이 널리 퍼지
면서 실용적인 글과 그림도 유행하였습니다. 특히 조선 후기
에는 서민들이 문화 향유의 주체가 되어 '서민 문화'를 주도
하였습니다.

김홍도의 '무동' ▶

1 성리학의 발달과 양명학

이황과 이이

퇴계 이황(1501~1570)의 사상은 근본적이며 이상주의적인 성격이 강하였다. 이황은 군주의 도를
도식으로 설명한 **『성학십도』**를 지어 왕에게 올리면서, 군주 스스로가 깨우쳐야 한다고 주장하였다.
이황은 안동(옛 이름은 예안) 출신으로, 고향에서 **예안 향약**을 시행하여 향촌 교화를 위해 노력하였
다. 이황의 제자들은 동인을 구성하였다가, 나중에 동인이 남인과 북인으로 갈라진 이후에는 남인
을 구성하였다.

　율곡 이이(1536~1584)의 사상은 현실적이고 개혁적인 성격이 강하였다. 이이는 **『성학집요』**에서 군
주가 수행해야 할 덕목을 제시하면서, 현명한 신하가 군주를 가르쳐 그 기질을 변화시켜야 한다고
주장했다. 이이는 처가가 있는 해주에서 **해주 향약**을 시행하였으며, 이이는 **『동호문답』**에서 수취 체
제의 개편 등 다양한 개혁 방안을 제시하였다. 이이의 제자들은 서인을 구성하였다가, 나중에 서인
이 노론과 소론으로 갈라진 이후에는 노론을 구성하였다.

성리학의 절대화와 상대화

성리학은 불교 선종 사상을 유교적 입장에서 재구성한 신유학으로, 명분과 정통성을 강조한다. 성
리학자들이 세운 나라가 조선이므로, 조선은 거의 모든 분야에서 성리학의 영향을 받았다. 그래서
조선의 정치 집단인 붕당(朋黨)도 '정파적 성격'과 '학파적 성격'을 동시에 가지게 되었다.

　송시열 등 대부분의 성리학자들은 성리학을 절대화하여 주자의 경전 해석을 신봉하였으나, **윤휴**
와 **박세당**은 유교 경전에 대해 주자와 다른 독자적인 해석을 내놓았다가 **사문난적(斯文亂賊)**으로 배척

당하기도 했다. 윤휴는 '중용'을 독자적으로 해석하여 『중용주해』를 썼고, 박세당은 주자학적인 학풍을 비판하는 『사변록』을 썼다.

호락 논쟁

18세기 초에 인성(人性)과 물성(物性)이 같은가 다른가를 두고 논쟁이 일어났다. 이것을 인물성동이론(人物性同異論) 논쟁이라 한다. 이 논쟁에서는 충청도 지역 노론(호론)과 서울·경기 지역 노론(낙론)이 대립하였는데, 말하자면 '노론 내부의 논쟁'이었다.

인성과 물성이 다르다고 주장(인물성이론)하는 학자들은 대체로 충청도 지방에 살고 있어 호론이라 불렀다. 사람과 동물은 각각의 일정한 이기배합(理氣配合)이 있는데 만물 중 사람이 가장 훌륭한 배합이라고 주장했다. 인성과 물성이 같다고 주장(인물성동론)하는 학자들은 서울 및 경기 지역에 살고 있어 낙론이라 불렀다. 인물성동론의 대표적인 학자 이간은 '높은 하늘에서 내려다보면 사람이나 물건이나 다 점으로 보인다'면서 인성과 물성이 같다고 주장했다.

예학의 발달

성리학적 도덕 윤리를 강조하면서 신분 질서의 안정을 추구하는 예학은 주로 사림에 의해 발달하였다. 대표적인 예학자인 김장생은 『가례집람』을 저술하여 예학을 조선의 현실에 맞게 정리하였다.

양명학

양명학이란 명나라의 '양명(陽明) 왕수인'이 만든 새로운 유학으로, 성리학에 반대하여 나타났다. 양명학은 심즉리(心卽理, 인간의 마음이 곧 이치임), 치양지(致良知, 사람은 누구나 양지를 가지고 있음), 지행합일(知行合一, 앎은 행함을 통하여 성립됨)을 기본 교리로 한다.

16세기 중종 때, 서경덕 학파와 불우한 왕실 종친을 중심으로 양명학이 수용되었다. 양명학이 확산되자 이황은 성리학적 입장에서 양명학을 조목조목 비판한 『전습록논변』을 썼다. 이황은 이 책에서 '양명학은 인의를 해치고 천하를 어지럽히는 것'이라고 비판하였다. 17세기에 병자호란이 발발하자 최명길 등 양명학자들은 현실과 실리를 중시하여 주화론을 주장하였다. 17세기 말, 소론은 양명학을 본격적으로 받아들였으며, 양명학은 소론의 사상적 연원이 되었다. 18세기 초에 정제두는 양명학을 체계적으로 정리하여 강화 학파로 발전시켰다. 하곡 정제두의 저술에는 『하곡집』과 「존언」이 있다.

2 실학

실학의 등장

실학(實學)이란 조선 후기 사회에서 나타났던 새로운 사상으로, 당시 사회 문제의 해결을 위해 성리학의 관념성과 경직성을 비판하며 경세치용(經世致用), 이용후생(利用厚生)의 태도를 강조했던 학문이다. 실학은 크게 중농학파와 중상학파로 구분된다.

중농학파

반계 유형원(1622~1673)

유형원은 『반계수록』에서 관리·선비·농민들에게 차등을 두어 토지를 재분배하자는 **균전론(均田論)**을 제시하였다. 이것은 **사, 농, 공, 상의 신분에 따라 토지를 차등 지급**하는 것으로써 신분제의 한계를 벗어나지 못한 것이었다.

성호 이익(1681~1763)

이익은 『곽우록』에서 **한전론(限田論)**을 소개하였다. 이익은 한전론을 통해 **토지 소유의 하한선**을 설정하여 자영농 육성을 꾀하였다. 가정마다 **영업전(永業田)**을 주고, 그 영업전은 가정의 기본 생활을 위하여 준 것이니 매매하지 못하게 하는 주장이었다. 이익은 『**성호사설**』을 지어 우리나라 및 중국의 문화를 백과사전식으로 소개하였다. 이익은 이 책에서 **사회 폐단을 여섯 가지 좀**(노비, 과거, 양반, 게으름, 승려, 사치)**으로 규정**하였다.

> 재물이 모자라는 것은 농사를 힘쓰지 않는 데에서 생긴다. 농사에 힘쓰지 않는 것은 여섯 가지 좀 때문이다. …… 첫째가 노비(奴婢)요, 둘째가 과업(科業)이요, 셋째가 벌열(閥閱)이요, 넷째가 기교(技巧)요, 다섯째가 승니(僧尼)요, 여섯째가 게으름뱅이(遊惰)이다.
> — 이익, 『성호사설』 33회

다산·여유당 정약용(1762~1836)

정약용은 「**전론(田論)**」에서 마을 단위로 공동 농장을 운영하고, 수확량을 노동량에 따라 분배하자는 **여전론(閭田論)**을 주장하였다. 그러나 이후 보다 현실적인 **정전론(井田論)**으로 주장을 바꾸었다.

　과학 기술의 중요성을 확신했던 정약용은 스스로 많은 기계를 제작하여 현실에 적용하였다. 그는 서양 선교사가 중국에서 펴낸 『**기기도설**』을 참고해 **거중기**를 만들어 수원 화성을 축조하는 데 이용하였다. 정약용은 홍역 연구에도 관심이 많아, 『**마과회통**』을 지어 영국인 제너가 발명한 **종두법**을 소개하였다.

신유박해 때 탄압을 받아 유배살이를 한 정약용은 유배지에서 많은 저술을 남겼다. 대표적인 저술은 1표 2서(一表二書)이다. 정약용은 『경세유표』를 저술하여 국가 제도의 개혁 방향을 제시하였고, 『목민심서』에서 지방 행정의 개혁안을 제시하였으며, 『흠흠신서』에서 형옥에 관한 지침을 제시하였다.

▌중상학파

농암 유수원(1694~1755)

유수원은 『우서』에서 사·농·공·상의 직업적 평등화와 전문화를 주장하였다.

담헌 홍대용(1731~1783)

홍대용은 천문에 관심이 많았다. 그는 『의산문답』에서 지전설을 주장하여 화이론적 세계관(중국 중심의 세계관)을 극복하였다. 지구가 우주의 중심이 아니라는 무한 우주론(지구가 우주의 중심이 아니라 무수한 별 중 하나라는 주장)도 주장하였다. 홍대용은 천체의 운행과 위치를 연구하기 위해 직접 혼천의를 만들기도 하였다. 홍대용은 청나라의 북경에 다녀온 후 『(을병)연행록(燕行錄)』을 써서 서양 문물에 대한 놀라움을 표현하기도 했다.

연암 박지원(1737~1805)

박지원은 『과농소초』의 「한민명전의」에서 토지 소유의 상한선을 설정하고 그 이상의 소유를 금지하자는 한전론(限田論)을 주장하였다. 박지원은 연행사(청나라에 파견된 사신)를 따라 청에 다녀온 후 『열하일기』를 저술하고, 상공업의 진흥을 강조하면서 수레와 선박의 이용, 화폐 유통의 필요성 등을 주장하였다.

> 중국의 재산이 풍족할뿐더러 한 곳에 지체되지 않고 골고루 유통함은 모두 수레를 쓴 이익일 것이다. …… 사방이 겨우 몇천 리 밖에 안 되는 나라에 백성의 살림살이가 이다지 가난함은 한마디로 표현한다면 수레가 국내에 다니지 못한 까닭이라 하겠다.　　　　　　　　　　　 – 박지원, 『열하일기』 43회

박지원은 한문 소설인 「양반전」에서 양반의 위선·허례와 무능을 풍자하였다. 그러나 『열하일기』나 「양반전」 등의 소위 '우스갯소리'는 정조의 심기를 건드려 문체반정의 원인을 제공하기도 하였다.

초정 박제가(1750~1805)

박제가는 서얼 출신으로, 정조 때 규장각 검서관에 발탁된 인물이다. 박제가는 『북학의』를 저술하여, 청의 문물과 서양 과학 기술을 수용하자고 주장하였다. 박지원과 함께 직접 청에 갔다 온 박제가는 '우리도 수레와 배를 많이 이용하자'고 주장하였다. 박제가는 무엇보다도 재물을 우물에 비유하면서, 절약보다는 소비를 권장하여 생산을 자극해야 한다고 주장하였다.

③ 과학 기술의 발달

| 지도

지도에는 세계 지도와 전국 지도가 있다. 조선 시대의 대표적인 세계 지도는 '혼일강리역대국도지도'와 '곤여만국전도'이다. **혼일강리역대국도지도**는 태종(1400~1418) 때 이회 등이 만든 지도로, 동양에서 가장 오래된 세계 지도이다. 원나라 세계 지도를 들여와 우리나라와 일본을 추가하여 편집하였다. 반면에 **곤여만국전도**는 조선 후기에 이탈리아 선교사 마테오 리치가 북경에서 제작한 후 전래된 서양식 세계 지도이다.

전국 지도로서 '최초의 실측 지도'는 세조(1455~1468) 때 **정척·양성지**가 제작한 **동국지도**이다. '최초의 100리 척 지도'는 영조(1724~1776) 때 **정상기**가 제작한 **동국지도**이다. 지도의 대중화를 이룬 목판 지도는 **김정호**가 철종(1849~1863) 때 만든 **대동여지도**로, 10리마다 눈금을 표시하였고, 22첩으로 나누어 제작하였다.

| 지리지

조선 전기에는 중앙집권화를 위해 각 지역의 정보를 체계적으로 정리한 지리지 편찬이 활발히 진행되었다. 세종(1418~1450) 때 『**신찬팔도지리지**』가 편찬되었다(1432). 성종(1469~1494) 때 『**팔도지리지**』가 완성되었다(1477). 성종은 『팔도지리지』에 『동문선』의 시문(詩文)을 추가하여 『**동국여지승람**』을 완성하였다(1481). 『동국여지승람』에는 각 도의 지리, 풍속 등이 수록되었다.

조선 후기 영조(1724~1776) 때에는 실학자 **이중환**이 각 지방의 자연환경, 풍속, 인물 등을 자세히 기록한 『**택리지**』를 편찬하였다(1751). 『택리지』의 대부분을 차지하고 있는 「복거총론(卜居總論)」에서는 18세기 사람들이 어떤 지역을 이상적인 거주지로 여기고 있는지 확인할 수 있다. 순조(1800~1834) 때 **정약용**은 『**아방강역고(我邦疆域考)**』를 썼는데, 이 책은 문헌을 중심으로 우리나라의 강역을 고증하여 쓴 '역사 지리지'이다(1811).

| 농서

조선 전기의 대표적인 농서는 『농사직설』과 『금양잡록』이다. 『**농사직설**』은 세종(1418~1450) 때 **변효문**과 **정초**가 우리 풍토에 맞는 농법을 소개한 책이다. 『**금양잡록**』은 성종(1469~1494) 때 **강희맹**이 금양(지금의 경기도 시흥) 지방을 중심으로 한 경기 지방의 농법을 정리한 책이다.

조선 후기의 대표적인 농서는 **신속**의 『**농가집성**』, 홍만선의 『**산림경제**』, 박세당의 『**색경**』, 서유구의 『**임원경제지**』 등이 있다. 특히 『임원경제지』는 '농촌 생활 백과사전'으로 농서인 동시에 백과사전이다.

의서

15세기의 대표적인 의서는 세종(1418~1450) 때 국산 약재와 치료 방법을 정리하여 간행한 『**향약집성방**』이다(1433). 16세기에는 과학 기술이 침체되면서, 의서도 제대로 발행되지 못하였다. 그런데 임진왜란과 병자호란이 발발하면서 전후 복구 사업의 일환으로 의학 서적이 간행되었다. 광해군(1608~1623) 때 **허준**이 동양 의학을 집대성하여 『**동의보감**』을 완성하였고(1610), 인조(1623~1649) 때 **허임**이 침구술을 집대성하여 『**침구경험방**』을 저술하였다(1644).

18세기에는 **정약용**이 『**마과회통**』에서 홍역에 대한 의학 지식을 정리하였다(1798). 19세기에는 **이제마**가 『**동의수세보원**』을 저술하여 사상 의학을 확립하였다(1894).

역법

『**칠정산**』「내편」과「외편」은 세종(1418~1450) 때 원나라의 수시력과 아라비아의 회회력을 참고하여 제작한 독자적인 역법서이다. 우리나라 역사상 최초로 한양을 기준으로 천체 운동을 정확하게 계산하였다. **시헌력**은 청나라에서 사용된 역법으로, 김육 등이 청으로부터 시헌력 도입을 건의하여 효종(1649~1659) 때 우리나라에 도입되었다.

4 국학 연구

15세기 중엽에 세종은 **김종서·정인지** 등에 명하여 『**고려사**』를 쓰게 하였다. 『고려사』는 본기(本紀)라는 용어를 쓰지 않고, 그것보다 한 단계 낮춘 세가(世家)라는 용어를 쓴 역사서이다. 『고려사』는 세가, 지, 열전 등으로 구성되었으며, 문종(1450~1452) 때 완성되었다. 15세기 후반에 성종(1469~1494)은 **서거정**에게 명하여 고조선에서 고려까지의 역사를 정리하여 『**동국통감**』을 편찬하게 하였다. 15세기에 고려까지의 역사를 모두 정리하였으므로『동국통감』은 '우리나라 최초의 통사(通史)'라는 타이틀을 가지게 되었다.

조선 후기에는 실학자들이 자료를 기반으로 하여, 문헌 고증 방식으로 역사를 서술하였다. **안정복**은 『**동사강목**』을 써서 고증 사학의 토대를 닦았다(1778). **유득공**은 『**발해고**』에서 **남북국**이라는 용어를 처음 사용하였다(1784). **한치윤**은 500여 종의 외국 자료를 참고하여 『**해동역사**』를 편찬하였다. **김정희**는 『**금석과안록**』을 지어 **북한산비가 진흥왕 순수비임**을 고증하였다. 그전까지 북한산비는 무학 대사의 비석이라는 오해를 받고 있었는데, 김정희가 이 비석의 주인공을 진흥왕으로 바로 잡았다.

조선 후기 영조(1724~1776) 때 **신경준**은 우리말의 음운을 연구한 『**훈민정음운해**』를 편찬하였다(1750). 순조(1800~1834) 때 **유희**는 한글과 한자의 음운을 연구한 『**언문지**』를 저술하였다(1824).

5 건축과 예술

| 건축

조선 전기

15세기(조선 초기)에는 도시의 궁궐이나 성곽·성문·학교 건축이 발달하였지만, 사원이나 석탑은 불교가 쇠퇴함에 따라 크게 발달하지 못하였다. 그러나 이 시기에 만들어진 사찰 건축물 중에는 예술적 가치가 높은 것이 적지 않다. 15세기의 대표적인 불교 건축물에는 **원각사지 10층 석탑, 경남 합천 해인사 장경판전, 전남 강진 무위사 극락보전** 등이 있다.

원각사지 10층 석탑

조선 후기

김제 금산사 미륵전은 임진왜란 때 소실된 것을 인조(1623~1649) 때 다시 지은 것으로, 17세기의 대표적인 건축물 중의 하나이다. (김제 금산사는 후백제 견훤이 유폐되었던 사찰로 유명하다.)

17세기의 또 다른 불교 건축물로는 **공주 마곡사 대웅보전, 구례 화엄사 각황전, 보은 법주사 팔상전**이 있다. 이 중 법주사 팔상전은 상륜부를 갖춘 다층의 높은 건물로, 현존하는 우리나라 유일의 조선 시대 목탑이다. 통층으로 구성된 건물 내부에는 석가모니의 생애를 여덟 장면으로 표현한 불화가 그려져 있다.

김제 금산사 미륵전

구례 화엄사 각황전

보은 법주사 팔상전

| 글

기행문

조선 전기 성종(1469~1494) 때 **신숙주**는 일본 기행문인 『**해동제국기**』를 편찬하였다. 여기에서의 해동(海東)은 우리 입장에서 '바다 동쪽'에 있는 나라, 즉 일본을 말한다. 신숙주는 세종(1418~1450) 때 일본에 다녀왔지만, 『해동제국기』를 편찬한 시기는 성종 때이다.

조선 후기에 실학자들은 앞다투어 청의 문물을 경험하러 중국에 다녀왔다. **박지원**은 청에 다녀와 『**열하일기**』를 썼고, **홍대용**은 『**연행록**』을 썼다.

전기수와 한글 소설

조선 후기에는 「홍길동전」, 「춘향전」 등의 한글 소설이 등장하였다. 그러나 책을 읽을 수 있는 사람이 많지 않으므로, '전기수(傳奇叟)'라는 직업이 생기기도 하였다. 전기수란 이야기책을 전문적으로 읽어 주던 사람을 말한다. 전기수는 「심청전」, 「설인귀전」 등 한글로 된 소설을 자주 읽었다.

음악

조선 전기 성종(1469~1494) 때 음악 이론을 정리한 『악학궤범』이 간행되었다. 『악학궤범』은 **성현** 등이 편찬한 '음악책'이다.

그림

조선 전기

조선 전기의 대표적인 그림에는 '몽유도원도', '고사관수도', '초충도' 등이 있다. **몽유도원도(夢遊桃源圖)**는 세종(1418~1450) 때 **안견**이 안평 대군의 꿈을 바탕으로 비단에 수묵담채로 그린 그림이다 (1447). **고사관수도(高士觀水圖)**는 강희안이 무념무상에 잠긴 선비의 모습을 그린 그림이다. 초충도(草蟲圖)는 신사임당이 풀과 벌레를 소박하고 섬세하게 그린 그림이다.

몽유도원도

고사관수도

조선 후기

조선 후기에는 **진경산수화**가 발달하였다. 진경산수화를 개척한 화가는 18세기에 활약한 **겸재 정선**이다. 대표적인 작품은 '**인왕제색도**'와 '**금강전도**'이다. 조선 후기의 산수화로서 빼어난 것 중의 하나는 **강세황**의 '**영통동구도(영통골 입구도)**'이다. 이것은 고려의 수도였던 개성 지역을 여행하면서 그린 그림인데, 서양화 기법인 **원근법을 사용**하여 앞에 있는 바위는 크게 그리고 뒤에 있는 바위는 작게 그렸다.

인왕제색도

금강전도

영통동구도

조선 후기에는 **풍속화**도 발달하였다. 특히 **김홍도**는 '**무동**', '**씨름**' 등의 그림에서 18세기 후반의 생활상과 활기찬 사회 모습을 보여줬다. **신윤복**은 '**월하정인**', '**단오풍정**' 등의 그림을 통해 도시인의 풍류 생활과 부녀자의 풍속을 해학적으로 표현하였다. '**파적도**'를 그린 **김득신**도 김홍도의 영향을 받아 풍속화를 많이 남겼다.

김정희의 '**세한도**'는 초라한 집 한 채와 고목(古木) 몇 그루가 떨고 있는 모습을 표현하였다. 이 그림은 조선 후기 세도 정치기에 그려진 그림이다.

씨름

무동

월하정인

파적도

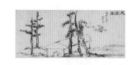
세한도

| 공연·도자기

공연

조선 후기에는 **산대놀이**가 민중 오락으로 정착되어 도시의 상인이나 중간층의 지원으로 성행하였다. 산대놀이는 말뚝이, 취발이 등이 등장해서 승려의 타락과 양반의 몰락을 극화하는 탈놀이였다.

판소리는 조선 후기 서민 문화의 중심이 되었다. 노래와 사설로 줄거리를 풀어 가고, 관중들과 함께 어울리며 호흡할 수 있어 큰 호응을 받았다. 이 시기에는 **춘향가, 심청가, 흥보가** 등의 판소리가 성행하였다.

도자기

고려 시대 원 간섭기부터 조선 초기까지 주로 만들어진 도자기는 **분청사기**(粉靑沙器)이다. 그러다가 16세기에 사림파가 등장하면서 아무런 무늬가 없는 **순백자**가 유행하였다.

조선 후기에는 도자기에 다양한 안료를 사용하여 무늬를 그렸다. 이 시기의 대표적인 도자기는 **청화 백자**(靑華白磁)이다. 회회청 안료(코발트)를 사용하여 청색 무늬를 그렸다.

백자 청화죽문
각병

빈출 개념 한눈에 암기하기

1. 성리학의 발달과 양명학

성리학의 발달	• 1) : 『성학십도』 저술, 예안 향약 시행 • 2) : 『성학집요』·『동호문답』 저술, 해주 향약 시행
양명학의 수용	• 기본 교리: 심즉리, 치양지, 지행합일 • 대표 학자: 3) (『하곡집』·『존언』 저술, 강화 학파 형성)

2. 실학

중농학파	유형원(균전론 제시, 『반계수록』 저술), 4) (한전론 제시, 『곽우록』·『성호사설』 저술), 5) (여전론 → 정전론 제시, 거중기 제작, 『마과회통』·『경세유표』·『목민심서』·『흠흠신서』 저술)
중상학파	유수원(『우서』 저술), 6) (지전설·무한 우주론 주장, 혼천의 제작, 『의산문답』 저술), 7) (한전론 제시, 『과농소초』·『한민명전의』·『열하일기』·『양반전』 저술), 박제가(『북학의』 저술)

3. 과학 기술의 발달

지도	혼일강리역대국도지도, 동국지도, 대동여지도
지리지	『팔도지리지』, 『동국여지승람』, 『택리지』, 『아방강역고』
농서	『농사직설』, 『금양잡록』, 『농가집성』, 『산림경제』, 『색경』, 『임원경제지』
의서	『향약집성방』, 『동의보감』, 『침구경험방』, 『마과회통』, 『동의수세보원』
역법	『칠정산』, 시헌력 도입

4. 국학 연구

역사 연구	『고려사』(김종서·정인지), 『동국통감』(서거정), 『동사강목』(안정복), 『발해고』(8)), 『해동역사』(한치윤), 『금석과안록』(9))
국어 연구	『훈민정음운해』(신경준), 『언문지』(유희)

5. 건축과 예술

건축	• 전기: 원각사지 10층 석탑, 합천 해인사 장경판전, 강진 무위사 극락전 등 • 후기: 김제 금산사 미륵전, 구례 화엄사 각황전, 보은 법주사 팔상전 등
예술	• 그림: 조선 후기에 진경산수화(겸재 정선), 10) (김홍도·신윤복) 발달 • 공예: [공연] 조선 후기 산대놀이·11) 성행, [도자기] 분청사기 → 순백자 → 청화 백자

정답 1) 이황 2) 이이 3) 정제두 4) 이익 5) 정약용 6) 홍대용 7) 박지원 8) 유득공 9) 김정희 10) 풍속화 11) 판소리

Ⅳ. 조선 시대

해커스 이명훈 스토리로 암기하는 한국사능력검정시험 심화 상

퀴즈

1 키워드와 관련된 것을 알맞게 연결해보세요.

① 서거정 • • ㉠ 『동국통감』

② 한치윤 • • ㉡ 『동사강목』

③ 안정복 • • ㉢ 『해동역사』

2 〈보기〉에서 골라 빈칸을 채워보세요.

┌─ 보기 ─────────────────────────┐
    홍대용   박제가   유수원
└──────────────────────────────┘

① (   )은 『우서』에서 사농공상의 직업적 평등과 전문화를 주장하였다. [49회]

② (   )는 『북학의』에서 재물을 우물에 비유하여 절약보다 소비를 권장하였다. [49·47회]

③ (   )은 『의산문답』에서 중국 중심의 세계관을 비판하였다. [50·49회]

3 아래 표에 있는 초성을 완성해보세요.

중농학파	토지 개혁론의 내용
유형원	『반계수록』에서 자영농 육성을 위해 신분에 따라 토지를 차등 분배하자는 ㄱㅈㄹ을 제시함
이익	『곽우록』에서 영업전을 설정하고 토지 매매를 제한하는 ㅎㅈㄹ을 제시함
정약용	마을 단위의 토지 분배와 공동 경작을 제안한 ㅇㅈㄹ을 주장함 → 이후 정전론을 주장함

4 아래 기출 자료와 관련 있는 것을 써보세요.

┌────────────────────────────────┐
• 김정호가 제작한 총 22첩의 목판본 지도
• 10리마다 눈금을 표시하여 거리를 알 수 있게 함
• 역참, 봉수 등 주요 시설물을 기호로 표기하여 다양한 지리 정보를 전달함   [54·45회]
└────────────────────────────────┘

→ ☐☐☐☐☐

대표 기출 문제

1   52회 20번

(가) 인물에 대한 설명으로 옳은 것은?   [2점]

이 자료는 (가) 이/가 지어 왕에게 바친 『성학십도』의 일부입니다. 그는 성리학에 대한 체계적 이해를 바탕으로 군주가 스스로 인격과 학문을 수양하기 위해 노력해야 함을 강조하였습니다.

① 양명학을 연구하여 강화 학파를 형성하였다.

② 일본에 다녀와서 『해동제국기』를 편찬하였다.

③ 예안 향약을 시행하여 향촌 교화를 위해 노력하였다.

④ 유학 경전을 주자와 달리 해석한 『사변록』을 저술하였다.

⑤ 『가례집람』을 저술하여 예학을 조선의 현실에 맞게 정리하였다.

2   47회 26번

(가) 인물에 대한 설명으로 옳은 것은?   [2점]

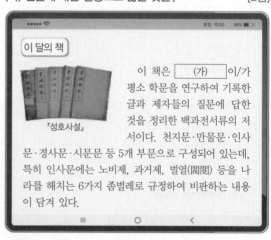

이 달의 책

이 책은 (가) 이/가 평소 학문을 연구하여 기록한 글과 제자들의 질문에 답한 것을 정리한 백과전서류의 저서이다. 천문문·만물문·인사문·경사문·시문문 등 5개 부문으로 구성되어 있는데, 특히 인사문에는 노비제, 과거제, 벌열(閥閱) 등을 나라를 해치는 6가지 좀벌레로 규정하여 비판하는 내용이 담겨 있다.

『성호사설』

① 북경에 다녀온 후 연행록을 남겼다.

② 양명학을 연구하여 강화 학파를 형성하였다.

③ 북한산비가 진흥왕 순수비임을 고증하였다.

④ 토지 매매를 제한하는 한전론을 제시하였다.

⑤ 『북학의』를 저술하여 절약보다 소비를 권장하였다.

3

52회 27번

(가) 인물에 대한 설명으로 옳은 것은? [2점]

(가) 이/가 과학 기술인 명예의 전당에 헌정되었습니다. 그는 천문학에 조예가 깊어 기존의 혼천의를 개량했으며, 그의 학문은 『담헌서』로 정리되어 오늘날 전해지고 있습니다.

(가) , 과학 기술인 명예의 전당에 헌정

① 『의산문답』에서 무한 우주론을 주장하였다.
② 『기기도설』을 참고하여 거중기를 설계하였다.
③ 자동 시보 장치를 갖춘 자격루를 제작하였다.
④ 사상 의학을 정립한 『동의수세보원』을 편찬하였다.
⑤ 서양의 과학 기술을 정리한 『지구전요』를 저술하였다.

4

46회 24번

밑줄 그은 '시기'에 볼 수 있는 모습으로 적절한 것은? [2점]

한글로 쓰인 『을병연행록』에 대해 말씀해 주세요.

연행사 일행으로 홍대용이 연경에 갔던 시기에 보고 들은 내용을 기록한 것입니다.

① 제중원에서 치료받는 환자
② 도병마사에서 회의하는 관리
③ 곤여만국전도를 열람하는 학자
④ 당백전을 주조하는 관청 소속 장인
⑤ 벽란도에서 교역하는 아라비아 상인

5

47회 27번

(가)의 작품으로 옳은 것은? [1점]

이 그림은 겸재 (가) 이/가 한양 근교의 경치를 그린 경교명승첩 중 한 작품이야.

그는 우리나라의 산천을 사실적으로 표현한 진경 산수화의 대표적인 화가로 금강전도를 비롯한 뛰어난 작품을 남겼지.

조선 후기 회화전

① ②

③ ④

⑤

6

49회 27번

(가)에 들어갈 문화유산으로 옳은 것은? [1점]

문화유산 소개하기

국보 제258호인 이 자기는 회회청 또는 토청 등의 코발트 안료를 사용하여 만들어진 것입니다. 이러한 종류의 자기는 조선 전기부터 생산되었고, 후기에 널리 보급되었습니다.

(가)

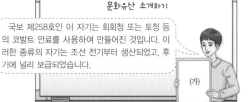

① ② ③

④ ⑤

대표 기출 문제의 정답 및 문제풀이 방법을 다음 페이지에서 확인하세요. →

대표 기출 문제 정답 및 문제풀이 방법

1	2	3	4	5	6
③	④	①	③	②	④

1 퇴계 이황

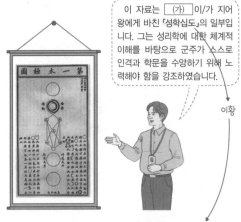

이 자료는 ⟨ (가) ⟩이/가 지어 왕에게 바친 『성학십도』의 일부입니다. 그는 성리학에 대한 체계적 이해를 바탕으로 군주가 스스로 인격과 학문을 수양하기 위해 노력해야 함을 강조하였습니다.

이황

③ 예안 향약을 시행하여 향촌 교화를 위해 노력하였다.

태극도(사진)를 포함하여 열 개의 그림으로 구성된 『성학십도』를 저술한 인물은 **퇴계 이황**이다. 이황은 '군주가 스스로' 공부해야 한다고 강조한 인물이다. 이황은 고향인 **예안**(안동의 옛 이름)에 향약을 시행하여 향촌 교화를 위해 노력하였다.

오답 체크
① 양명학을 연구하여 강화 학파를 형성하였다. → **정제두**
② 일본에 다녀와서 『해동제국기』를 편찬하였다. → **신숙주**
④ 유학 경전을 주자와 달리 해석한 『사변록』을 저술하였다. → **박세당**
⑤ 『가례집람』을 저술하여 예학을 조선의 현실에 맞게 정리하였다.
　 → **김장생**

✔ 또 나올 암기 포인트
이황과 이이

구분	이황	이이
사상	근본적·이상주의적	현실적·개혁적
저서	『성학십도』, 『전습록논변』	『성학집요』, 『동호문답』
활동	예안 향약 실시	해주 향약 실시

2 성호 이익

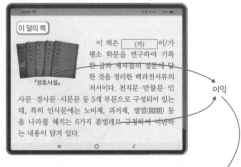

이 달의 책

이 책은 ⟨ (가) ⟩이/가 평소 학문을 연구하여 기록한 글과 제자들의 질문에 답한 것을 정리한 백과전서류의 저서이다. 천문문·만물문·인사문·경사문·시문문 등 5개 부문으로 구성되어 있는데, 특히 인사문에는 노비제, 과거제, 벌열(閥閱) 등을 나라를 해치는 6가지 좀벌레로 규정하여 비판하는 내용이 담겨 있다.

『성호사설』

이익

④ 토지 매매를 제한하는 한전론을 제시하였다.

천지문·만물문·인사문·경사문·시문문의 5개 부문으로 구성되어 있는 『성호사설』을 지었고, 나라를 해치는 6가지 좀벌레(6좀)를 지적한 인물은 **이익**이다. 이익은 각 가정마다 영업전을 주고 **영업전 이외의 토지만 매매를 허용하자는 한전론**을 제시하였다.

오답 체크
① 북경에 다녀온 후 연행록을 남겼다. → **홍대용**
② 양명학을 연구하여 강화 학파를 형성하였다. → **정제두**
③ 북한산비가 진흥왕 순수비임을 고증하였다. → **김정희**
⑤ 『북학의』를 저술하여 절약보다 소비를 권장하였다. → **박제가**

✔ 또 나올 암기 포인트
이익

한전론	가정의 기본 생활을 위한 영업전을 설정하여 매매를 금지하자고 주장(토지 소유의 하한선 설정)
6좀 지적	노비 제도, 과거 제도, 양반 문벌 제도, 게으름, 승려, 사치를 사회 폐단으로 지적함
저서	『성호사설』(우리나라·중국 문화에 대한 백과사전식 저서), 『곽우록』(국가 제도 전반에 대한 의견 제시)

3 담헌 홍대용

> [(가)]이/가 과학 기술인 명예의 전당에 헌정되었습니다. 그는 천문학에 조예가 깊어 기존의 혼천의를 개량했으며, 그의 학문은 『담헌서』로 정리되어 오늘날에 전해지고 있습니다.

→ 홍대용

[(가)], 과학 기술인 명예의 전당에 헌정

① 『의산문답』에서 무한 우주론을 주장하였다.

혼천의를 개량했고, 『담헌서』를 저술한 인물은 홍대용이다. 홍대용은 『의산문답』에서 지구가 자전한다는 **지전설**과 지구가 우주의 중심이 아니라는 **무한 우주론**을 주장하였다.

오답 체크

② 『기기도설』을 참고하여 거중기를 설계하였다. → **정약용**
③ 자동 시보 장치를 갖춘 **자격루**를 제작하였다. → **장영실**
④ 사상 의학을 정립한 『동의수세보원』을 편찬하였다. → **이제마**
⑤ 서양의 과학 기술을 정리한 『지구전요』를 저술하였다. → **최한기**

4 조선 후기의 모습(곤여만국전도)

> 한글로 쓰인 『을병연행록』에 대해 말씀해 주세요.

> 청나라에 파견된 사신
> 연행사 일행으로 홍대용이 연경에 갔던 시기에 보고 들은 내용을 기록한 것입니다.

→ 조선 후기

③ 곤여만국전도를 열람하는 학자

연행사는 조선 후기에 청나라에 파견된 사절단이며, **홍대용**은 조선 후기의 인물이다. 조선 후기에는 세계 지도인 곤여만국전도가 조선에 소개되면서 조선인들이 서양에 대한 새로운 지식을 얻게 되었다.

오답 체크

① 제중원에서 치료받는 환자 → **근대**
② 도병마사에서 회의하는 관리 → **고려 시대**
④ 당백전을 주조하는 관청 소속 장인 → **흥선 대원군 집권기(조선)**
⑤ 벽란도에서 교역하는 아라비아 상인 → **고려 시대**

5 겸재 정선의 인왕제색도

> 이 그림은 겸재 [(가)]이/가 한양 근교의 경치를 그린 경교 명승첩 중 한 작품이야.

> 그는 우리나라의 산천을 사실적으로 표현한 진경 산수화의 대표적인 화가로 금강전도를 비롯한 뛰어난 작품을 남겼지.

→ 정선

② → 인왕제색도

호가 겸재이고, 진경산수화의 대표적인 화가이며, 금강전도를 그린 인물은 정선이다. 정선은 인왕제색도를 그렸다.

오답 체크

① 총석정도 → **김홍도**
③ 영통동구도 → **강세황**
④ 세한도 → **김정희**
⑤ 몽유도원도 → **안견**

6 조선 후기의 청화 백자

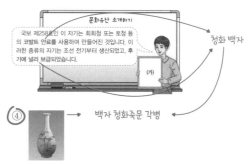

> 문화유산 소개하기
> 국보 제258호인 이 자기는 회회청 또는 토청 등의 코발트 안료를 사용하여 만들어진 것입니다. 이러한 종류의 자기는 조선 전기부터 생산되었고, 후기에 널리 보급되었습니다.

→ 청화 백자

④ → 백자 청화죽문 각병

코발트 안료를 사용한 도자기는 청화 백자이다. ④는 청화 백자의 하나인 백자 청화죽문 각병이다. 한편 청화 백자는 조선 전기부터 생산되었지만, 조선 후기에 널리 보급되었다.

오답 체크

① 분청사기 박지 연화어문 편병 → **조선 전기**
② 청동 은입사 포류수금문 정병 → **고려 시대**
③ 청자 상감 운학문 매병 → **고려 시대**
⑤ 청자 참외모양 병 → **고려 시대**

해커스

이명호
스토리로 암기하는
한국사
능력검정시험 심화
[1·2·3급]

상
선사-조선

초판 2쇄 발행 2023년 5월 1일
초판 1쇄 발행 2022년 7월 6일

지은이	이명호
펴낸곳	㈜챔프스터디
펴낸이	챔프스터디 출판팀

주소	서울특별시 서초구 강남대로61길 23 ㈜챔프스터디
고객센터	02-566-0001
교재 관련 문의	publishing@hackers.com
	해커스한국사 사이트(history.Hackers.com) 교재 Q&A 게시판
동영상강의	history.Hackers.com

ISBN	978-89-6965-296-6 (13910)
Serial Number	01-02-01

한국사능력검정시험 1위,
해커스한국사(history.Hackers.com)

해커스한국사

- 해커스 스타강사의 **본 교재 인강**(교재 내 할인쿠폰 수록)
- **한국사 무료 동영상강의**, 한국사 기선제압퀴즈, 데일리 한국사 퀴즈 등
  다양한 무료 학습 자료

이렇게 고퀄인데 모두 무료!?

해커스한국사 무료 학습자료 모음